Karlheinz Hartung

Eisenbahn
Reiseführer

Schweiz

**Unterwegs
im Bahnland
Nr. 1**

W0044421

trans
press

Für Martina

Einbandgestaltung: Nicole Lechner
Titelbild: Regionalzug auf der Bernina-Bahn (Strecke Nr. 950) zwischen Alp
Grüm und Ospizio Bernina, im Hintergrund leuchtet der Palü-Gletscher.
Foto: Claus-Jürgen Honzera

Alle Fotos und Zeichnungen im Inhalt: Karlheinz Hartung

ISBN: 3-613-71078-1

© 1998 by transpress Verlag, Postfach 10 37 43, 70032 Stuttgart
Ein Unternehmen der Paul Pietsch Verlage GmbH + Co.
1. Auflage 1998

Lektorat: Claus-Jürgen Jacobson
Innengestaltung: Viktor Stern
Druck: Gulde-Druck, 72070 Tübingen
Bindung: E. Riethmüller, 70176 Stuttgart
Printed in Germany

Vorwort

Die Vielzahl unterschiedlicher Naturschönheiten – buchstäblich an der Spitze natürlich die imposante Bergwelt der Alpen – haben zur touristischen Beliebtheit der Schweiz ebenso beigetragen wie die vielen idyllischen Dörfer und Städte. Nicht von ungefähr wurde hier schon vor mehr als einundhalb Jahrhunderten der Tourismus »erfunden«. Und die (fast) immer perfekte Gastronomie und Hotellerie haben an der Popularität der Schweiz als Ferienland wohl einen gleich grossen Anteil wie die gute verkehrliche Erschliessung.

Selbstverständlich verfügt auch die Schweiz über gut ausgebaute Strassen. Viel kennzeichnender im Vergleich mit anderen Staaten ist aber das dichte und mit häufiger Zugfolge betriebene Schienennetz. Mit insgesamt rund 5000 km Streckenlänge liegt die Schweiz in der Relation zur Bevölkerungszahl an der Weltspitze. Die abwechslungsreiche Landschaft in komfortablen Schnellzügen oder in den kühnen Bergbahnen zu »erfahren« – dieses Erlebnis gönnen sich in der Schweiz weitaus mehr Reisende als sonst irgendwo. Zudem führt die Bahn vor allem in den höheren Regionen der Alpen zu vielen Zielen, die mit dem Auto gar nicht erreichbar sind.

Kurz und gut: Das Reisen mit der Bahn ist in der Schweiz ein Erlebnis, das sich auch die passioniertesten Autofahrerinnen und -fahrer nicht entgehen lassen dürfen!

Dieser kleine Reiseführer soll darum nicht nur allen Eisenbahnfreunden, sondern auch den von diesem Virus (noch) nicht infizierten Normalbürgerinnen und -bürgern ein Helfer bei den Reisevorbereitungen sein und unterwegs ein praktischer Begleiter. Und den »angefressenen« Hobbyfreunden mag er ein wenig helfen, den Blick gelegentlich auch auf Schönheiten jenseits des Bahndammes zu richten.

Mein Dank gilt den stets auskunftsbereiten Mitarbeiterinnen und Mitarbeitern der SBB und der Privatbahnen, aber auch allen anderen, die am Zustandekommen dieses Buches geholfen haben: den freundlichen Damen und Herren in den Verkehrsbüros und den aufmerksamen Saaltöchtern, denen ich manch gute Kontakte verdanke, den Eisenbahnfreunden Jürgen Burmeister, René Studer und Jörg Wyler, die mir ihre privaten Archive öffneten, besonders aber meiner Lebensgefährtin Elisabeth, die mich auf zahlreichen Exkursionen durch alle Schweizer Kantone hilfreich und geduldig begleitet hat.

Düsseldorf, im April 1998   Karlheinz Hartung

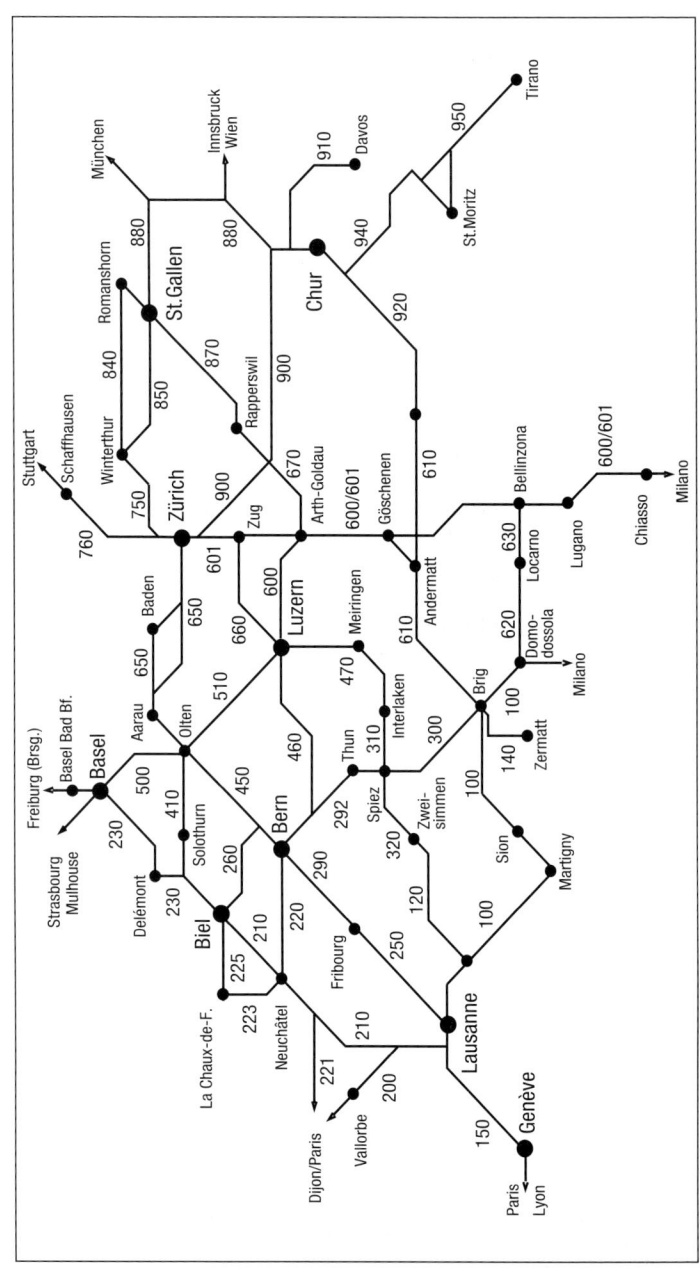

Inhalt

*Die nebenstehende Übersichtskarte zeigt die Hauptstrecken der Schweizer
Eisenbahnen mit ihren dem Kursbuch 1997/98 entsprechenden Streckennum-
mern. Einzelkarten der touristisch besonders interessanten Gebiete Berner
Oberland (Strecken 300ff), Gotthardbahn (600ff) und Graubünden (900ff) sind im
Reiseteil zu finden.*

»Top of Europe« lautet der Werbeslogan der Jungfraubahn. Im übertragenen Sinne kann er aber auch für die Bahnen der Schweiz in toto gelten. Das Bild zeigte einen Zug der JB vor der gewaltigen Kulisse von Mönch und Jungfraujoch, dem 3454 m ü.d.M. gelegenen Endpunkt der Bahn

Bahnland Nr. 1

Für den Eisenbahnfreund ist die Schweiz durch die bunte Vielfalt der zahlreichen normal- und schmalspurigen Privatbahnen von besonderem Interesse. Mehr als zwei Fünftel der Bahnstrecken gehören nicht zum Netz der SBB *(Schweizerische Bundesbahnen),* sondern den Konzessionierten Transportunternehmen (KTU), umgangssprachlich Privatbahnen genannt, auf die etwa 30 % der Beförderungsleistungen entfallen. Einige von ihnen dienen vor allem dem touristischen Verkehr, insbesondere die meist schmalspurigen Zahnradbahnen, deren wohl bekannteste die Jungfraubahn mit ihrem auf 3454 m ü.d.M. höchstgelegenen Bahnhof Europas ist.

Die Aufgaben der Privatbahnen sind aber vielgestaltiger, sie reichen von überwiegend dem Gütertransport dienenden Stichstrecken, wie die der nur 4 km langen OeBB *(Oensingen–Balsthal–Bahn),* über den Agglomerationsverkehr der grossen Städte, hier sei die RBS *(Regionalverkehr Bern–Solothurn)* genannt, bis zum wichtigsten Verkehrsmittel einer ganzen Region, der RhB *(Rhätische Bahn),* die in Graubünden ein schmalspuriges Streckennetz von fast 400 km Länge umfasst.

Aber auch die Strecken der SBB sind unterschiedlichster Art, von der berühmten Gotthardbahn mit ihren imposanten Kunstbauten bis zur eher bescheidenen Regionalstrecke, an der aber vielleicht dennoch interessante Sehenswürdigkeiten zu finden sind. Selbst auf solchen Nebenstrecken verkehrt – natürlich auch an den Wochenenden – meist zu jeder Stunde in jeder Richtung mindestens ein Zug, auf stärker frequentierten Strecken ist der Verkehr entsprechend dichter.

Die bunte Vielfalt der Eisenbahnen in der Schweiz zeigt sich aber auch im Fahrzeugpark, von den »Lok 2000« der SBB und der BLS bis zum kleinen und einzigen Zahnrad-Triebwagen der Bergbahn Rheineck–Walzenhausen und von den ein Jahrhundert alten Dampflokomotiven der Brienz-Rothorn-Bahn bis zu modernen Pendelzügen für den Regionalverkehr.

Und wo die Bahnlinien enden, bringen den Reisenden die Autobusse der Post (PTT) oder privater Gesellschaften bis in die entlegensten Bergdörfer. Auch die grossen Alpenpässe werden von den Autobussen überquert; zusammen mit der Bahn ergeben sich vielfältige Möglichkeiten zu reizvollen Rundfahrten.

Auf die Gipfel der Berge führen zahlreiche Standseilbahnen, Luftseilbahnen und Gondelbahnen, deren Talstationen fast immer auch in unmittelbarer Nähe von Bahnhöfen oder aber Bushaltepunkten liegen. Nicht zu vergessen schliesslich die Schiffslinien auf den schweizerischen Seen, die ebenfalls eine ideale Ergänzung zum Reisen auf Schienen bilden.

Die Eisenbahn macht Geschichte

Das Zeitalter der Eisenbahn begann in der Schweiz ein wenig später als in den anderen Ländern Europas. Der erste Bahnhof auf dem Gebiet der Eidgenossenschaft wurde zwar 1844 in Betrieb genommen, diese in Basel unweit der Grenze gelegene Station war jedoch nur Endpunkt der aus dem Elsass über Mulhouse fahrenden StB *(Chemin de fer Strasbourg–Bâle)*.

Die im Volksmund »Spanisch-Brötli-Bahn« genannte, 23 km lange Strecke Zürich–Baden der S.N.B. *(Schweizerische Nordbahn)* wurde als erste »richtige« Eisenbahn der Schweiz am 9. August 1847 eröffnet. Schon zuvor gab es viele Pläne und oft konkurrierende Projekte für weitere Bahnverbindungen. Aber erst die nach dem Sonderbundskrieg, einem religiös bestimmten Bürgerkrieg, geschaffene Bundesverfassung von 1848 schaffte die politischen und wirtschaftlichen Voraussetzungen für die Entstehung eines Streckennetzes und das Eisenbahngesetz von 1852 beendete die Diskussionen über ein Staatsbahnsystem zugunsten privater Eisenbahngesellschaften unter der Oberaufsicht der Kantone.

Führend hierbei waren die Basler SCB *(Schweizerische Centralbahn-Gesellschaft)* und die 1853 als Nachfolgerin der S.N.B. gegründete NOB *(Schweizerische Nordostbahn)*. Am 19. Dezember 1854 eröffnete die Centralbahn ihren ersten Abschnitt Basel–Liestal und in der Folgezeit begann man die Versäumnisse der vergangenen Jahre rasch aufzuholen: Die NOB des Zürcher »Eisenbahn-Königs« Alfred Escher eröffnete 1855 die Strecke Oerlikon–Winterthur–Romanshorn, die OS *(Chemins de fer Ouest Suisse)*, älteste Vorgängerin der späteren grossen JS *(Chemins de fer Jura–Simplon)* nahm auf dem Abschnitt Yverdon–Morges den Betrieb auf und mit der Strecke Winterthur–Wil–Flawil wurde der Grundstein für das Netz der VSB *(Vereinigte Schweizer Bahnen)* gelegt.

Fünf Jahre später hatte das Streckennetz bereits eine Länge von mehr als 1000 km, es gab nun über Zürich–Olten–Neuchâtel–Lausanne eine durchgehende Verbindung vom Bodensee bis nach Genève, an die auch die Städte Bern, Luzern, Chur, St. Gallen, Schaffhausen und selbstverständlich Basel bereits angeschlossen waren.

Über den richtigen Weg der seit langem geplanten Alpenüberquerung wurde viele Jahre heftig gestritten. Erst nachdem Österreich (Semmering 1854, Brenner 1867) und Frankreich mit Italien (Mont Cenis 1871) ihre Alpenbahnen eröffnet hatten, fiel auch in der Schweiz eine Entscheidung und 1882 konnte nach Fertigstellung des 15 km langen Scheiteltunnels die Gotthardbahn ihren Betrieb aufnehmen.

Das Netz der privaten Eisenbahn-Gesellschaften war in der gesamten Schweiz weiter gewachsen und hatte die Schwächen dieses Systems immer deutlicher werden lassen. Besonders in der Westschweiz waren Pleiten, Fusionen und Neugründungen der alleine aus Gewinnstreben errichteten Bahnen fast an der Tagesordnung; die 1890 schliesslich gegründete, bereits halbstaatliche JS hatte in 35 Jahren rund 20 Vorgänger-Gesellschaften. Vor allem aber der immer stärker werdende Einfluss ausländischen Kapitals gab der Staatsbahnidee neuen Auftrieb.

In einem ersten Schritt war 1872 die Eisenbahn-Hoheit von den Kantonen auf den Bund übertragen worden. Nach einer Volksabstimmung übernahm dann die neu gegründete SBB *(Schweizerische Bundesbahnen)* ab 1902 zunächst die vier grossen Gesellschaften SCB, NOB, VSB und JS sowie einige kleinere Privatbahnen; 1909 wurde auch die Gotthardbahn verstaatlicht, das SBB-Netz umfasste nun eine Streckenlänge von fast 2700 km. Drei Jahre vorher war die noch als Konkurrenz zur Gotthardstrecke initiierte Simplonbahn mit ihrem 19,8 km langen Tunnel eröffnet worden.

Von den zahlreichen kleineren Privatbahnen wurden nur noch die Tössthalbahn (1918) und die Seethalbahn (1922) der SBB angegliedert, Eigentümer der anderen Gesellschaften waren und blieben überwiegend die Kantone und Gemeinden. Das Fernstrecken-Netz war in den davorliegenden Jahrzehnten kontinuierlich erweitert und um zahlreiche Nebenstrecken ergänzt worden.

1871 hatte die Vitznau-Rigi-Bahn als erste Zahnradbahn der Schweiz ihren Betrieb aufgenommen und 1889 wurde die mit Steigungen von 480 ‰ bis heute steilste Zahnradbahn von Alpnachstad auf den Pilatus eröffnet.

Mit dem 1873 fertiggestellten Abschnitt Lausanne–Cheseaux der heutigen LEB begann die Entstehung der zahlreichen Schmalspurbahnen. Zwar meist nur kurze Nebenstrecken, die aus topografischen und wirtschaftlichen Gründen in Normalspur oft kaum hätten gebaut werden können, haben sie zusammen mit den überwiegend auch schmalspurigen Zahnradbahnen in ihrer bunten Vielfalt heute einen Anteil von fast 30 % am Schienennetz der Schweiz.

Die dem Verkehrsaufkommen nach grösste Privatbahn, die BLS (urspr. *Berner Alpenbahn-Gesellschaft Bern–Lötschberg–Simplon,* Ende 1997 anlässlich der Fusionierung mit BN, GBS und SEZ in *BLS Lötschbergbahn AG* geändert) nahm 1913 die auf lange Zeit letzte grosse Ergänzung des normalspurigen Netzes in Betrieb und mit der Fertigstellung der schmalspurigen FO-Strecke Gletsch–Andermatt–Disentis/Mustér wurde 1926 auch der Bau von Schmalspurbahnen im wesentlichen abgeschlossen.

Die Lötschbergbahn wurde, wie zuvor schon die Simplonbahn, ein wichtiger Meilenstein bei der Elektrifizierung der Eisenbahnen. Erste elektrische Bahn der Schweiz war die 1888 eröffnete VMC *(Tramway Vevey–Montreux–Chillon)*, die ihre bis 1958 existierende 1000-mm-Strecke mit Gleichstrom 500 V betrieb. 1891 nahm die ebenfalls schmalspurige BLM *(Bergbahn Lauterbrunnen–Mürren)* ihren elektrischen Betrieb auf, und 1894 gab es mit der 4 km langen OC *(Chemin de fer Orbe–Chavornay)* auch die erste elektrifizierte Normalspurstrecke, sie hat ihre Gleichstrom-Traktion bis heute beibehalten.

Die seit 1898 mit Drehstrom 550 V 40 Hz betriebene GGB *(Gornergratbahn)* ist die älteste elektrifizierte Zahnradbahn. Für Drehstrom entschied sich auch die als erste elektrische Vollbahn Europas 1899 eröffnete BTB *(Burgdorf–Thun-Bahn)*, die Spannung betrug 750 V bei 40 Hz. Einen weiteren Fortschritt brachte 1906 die gemeinsam mit der italienischen FS durchgeführte Elektrifizierung des Simplon-Tunnels mit Drehstrom 3300 V 16 6/3 Hz.

Aber schon im Jahr zuvor waren die Weichen in eine andere Richtung gestellt worden: In Zürich wurden auf dem Abschnitt Seebach–Affoltern unter Leitung der Maschinenfabrik Oerlikon Versuchsfahrten mit Einphasen-Wechselstrom 15 kV 50 Hz aufgenommen, auf der 1907 bis Wettingen verlängerten Strecke fanden weitere erfolgreiche Erprobungen bei 15 kV 15 Hz statt. Zwei Lokomotiven dieses bis 1909 durchgeführten Versuchsbetriebs sind zusammen mit Fahrzeugen der VMC, der OC und der BTB im Verkehrshaus der Schweiz ausgestellt. 1912 fiel bei der SBB die Entscheidung für das heutige Wechselstrom-System, als wichtigste Strecke sollte zuerst die Gotthardbahn elektrifiziert werden.

Die BLS war jedoch schneller, sie hatte bereits 1910 den Abschnitt Spiez–Frutigen und bei ihrer Fertigstellung 1913 die gesamte Lötschbergbahn mit dem «Einheits«-Wechselstrom 15 kV 16 2/3 Hz elektrifiziert. Die damals noch selbständige Seethalbahn elektrifizierte 1910 ihre Strecke mit Wechselstrom 5,5 kV 25 Hz und die RhB *(Rhätische Bahn)* nahm 1913 ihre ersten mit 11 kV 16 2/3 Hz elektrifizierten Strecken in Betrieb.

Der Kohlenmangel im Ersten Weltkrieg veranlasste die SBB, zunächst die Strecken Bern–Scherzligen (Thun) und Brig–Sion zu elektrifizieren, letztere noch mit Drehstrom. 1920 konnten dann die Rampenstrecken der Gotthardbahn elektrisch betrieben werden und bis 1928 wurde mehr als die Hälfte der SBB-Strecken elektrifiziert. Die Umstellung ging auch danach kontinuierlich weiter und wurde 1960 mit den beiden letzten Abschnitten Cadenazzo–Luino und Niederweningen–Oberglatt abgeschlossen. Das Netz der SBB ist damit bis auf die kurze Güterstrecke Etzwilen–Singen vollständig »unter Draht«. Auch die Privatbahnen werden fast ausnahmslos elektrisch betrieben, wobei die zahlreichen kurzen Schmalspurstrecken eine Gleichstrom-Domäne geblieben sind.

Streckenstillegungen – sonst überall nicht nur für Eisenbahnfreunde ein grosses Ärgernis – hat es bei der SBB so gut wie nicht gegeben. Stattdessen wurden immer wieder kleinere und grössere Strecken-Verbesserungen vorgenommen, so bereits 1916 mit der Eröffnung des neuen Hauenstein-Tunnels. Die 1975 fertiggestellte Heitersberg-Linie an der Strecke Olten–Zürich oder die 1981 in Betrieb genommene Schleife bei Sargans sind Beispiele aus der neueren Zeit, ebenso der Anschluss der Flughäfen von Zürich und Genève an das Schnellzugnetz der SBB.

Bei den Privatbahnen hat es zwar einige Einstellungen und Streckenkürzungen gegeben, aber im Vergleich mit anderen Ländern nimmt sich auch ihr Umfang recht bescheiden aus. Betroffen waren überwiegend schmalspurige Nebenstrecken, die oft wegen ihres Verlaufs im Strassentrassee dem wachsenden Autoverkehr weichen mussten. Dem stehen jedoch auch grosse Verbesserungen gegenüber, wie beispielsweise der Bau des Furka-Basistunnels oder der Doppelspur-Ausbau der Lötschbergbahn.

Bevor mit dem nächsten Kapitel ein kurzer Blick in die Zukunft der Schweizer Eisenbahnen folgt, hier abschliessend noch ein paar Zahlen zur Streckenstatistik: Das gesamte Schienennetz hat heute eine Länge von gut 5000 km. Auf die SBB entfallen davon einschliesslich der schmalspurigen Brünigbahn knapp 3000 km. Von den rund 2000 km der Privatbahnen sind fast 1400 km Schmalspurstrecken. Die reinen Zahnradbahnen haben hieran einen Anteil von knapp 100 km.

Bahn 2000 – Ein Blick nach vorne

Im Gegensatz zu den Bahnverwaltungen der Nachbarländer setzt die SBB für die Zukunft der Bahn nicht auf den Bau einzelner Höchstgeschwindigkeits-Transversalen für den Fernverkehr. Unter dem Motto »Bahn 2000« wurde stattdessen ein Gesamtkonzept entwickelt, das neben der Beschleunigung des Fern- und des Regionalverkehrs weitere Massnahmen zur Attraktivitäts-Verbesserung umfasst. Bahn 2000 ist ausgerichtet auf die Ziele «häufiger – rascher – direkter – bequemer».

Kernstück des ursprünglichen Konzeptes war die Schaffung eines Systems von Knotenbahnhöfen, zwischen denen die Reisezeit durch den Ausbau oder Neubau von Streckenabschnitten jeweils exakt eine oder aber eine halbe Stunde betragen sollte. Dadurch hätten nicht nur viele Direktverbindungen deutlich beschleunigt werden können, auch die Anschlüsse in der Region wären wesentlich verbessert worden. Das im Dezember 1987 vom Schweizer Volk mit ei-

High-Tech in Weiss: Oben eine Re 460 der SBB in Werbelivree mit den ab 1997 beschafften Intercity-Doppelstockwagen, in der Mitte ein Neigezug ETR 470 der CISALPINO von 1996,

unten eine RhB-Lok-200 Ge 4/4 III von 1994, die ihr normalerweise rotes Kleid der Werbung zuliebe ebenfalls ablegen musste

ner Mehrheit von 57 Prozent gutgeheissene Projekt musste zwar unter dem Dik-
tat des Rotstiftes inzwischen zurückbuchstabiert und etappiert werden, man
hofft jedoch, mit etwa der Hälfte der geplanten neuen Anlagen immer noch drei
Viertel des erwarteten Nutzens realisieren zu können:

Der 1982 eingeführte Stundentakt soll bis zum Jahre 2005 auf vielen Fernstrecken zum Halbstundentakt verdichtet werden, zum Fahrplanwechsel 1997
wurde er auf den Verbindungen Zürich–Bern, Zürich–St.Gallen und Bern–Fribourg bereits eingeführt. Knotenbahnhöfe mit Anschlussgruppen zur jeweils
vollen oder halben Stunde sollen jetzt nur noch Basel, Olten, Bern und Zürich
werden, während Biel, Lausanne, Luzern und St. Gallen jeweils zur Minute 15
bzw. 45 erreicht werden sollen. Wichtigste Neubaustrecke bleibt der 45 km lange Abschnitt Mattstetten–Rothrist zwischen Bern und Olten. Auf der Jurafusslinie über Biel/Bienne und Neuchâtel sollen unter dem Motto »Elektronik statt Be-
ton« ab 2001 neue Triebzüge mit Neigetechnik die Fahrzeiten verkürzen. Kapa-
zitätsprobleme auf anderen Fernstrecken werden durch die seit 1997 in Dienst
gestellten IC-2000-Doppelstockwagen gelöst und durch die Ausstattung von IC-
und Schnellzügen mit Steuerwagen können diese als Pendelzüge rationeller geführt werden. Mit den als »Lok 2000« bekannten Hochleistungsmaschinen der
Reihe Re 460 stehen Triebfahrzeuge modernster Bauart zur Verfügung, für den
Regionalverkehr wird über eine Weiterentwicklung der «Kolibri»-Pendelzüge
RBDe 560 nachgedacht. Nahverkehrs-Doppelstockzüge, wie sie seit 1990 das
Bild der Zürcher S-Bahn bestimmen, könnten künftig auch für die Agglomerati-
ons-Verkehre in Basel, Bern und Genève zum Einsatz kommen.

»Bahn 2000« betrifft nicht nur allein die SBB, sondern ebenso die Privatbahnen, bei denen vor allem Anschlüsse optimiert und die Verkehrsdichte er-
höht werden. Und damit Bahn 2000 auch abseits der Schienen Verbesserungen
bringt, sind die anderen öffentlichen Verkehrsmittel, insbesondere die Auto-
busdienste, in das Gesamtkonzept eingebunden.

Über den Rahmen von Bahn 2000 weit hinaus geht das NEAT-Projekt (Neue
Eisenbahn-Alpen-Transversale). Im September 1992 von zwei Dritteln der
Schweizer Bürger befürwortet, soll vor allem der internationale Schienen-Gü-
terverkehr über die Alpen wesentlich verbessert werden. Auch eine Volksinitia-
tive zur Verlagerung des Transitverkehrs von der Strasse auf die Schiene fand
1994 ausreichenden Zuspruch. Diskutiert wurde und wird angesichts knapper
Finanzen über den zeitgleichen Bau eines 57 km langen Gotthard-Basistunnels
zwischen Erstfeld und Bodio einschliesslich der Zufahrten und eines 34 km langen Lötschberg-Basistunnels von Frutigen ins Wallis. Derzeit wird als Kompro-
miss der Verzicht auf das zweite Gleis am Lötschberg und auf die Zufahrten am
Gotthard propagiert, eine weitere Volksabstimmung ist für Ende 1998 zu er-
warten.

Die schönsten Strecken

Eine Art »Hit-Liste« der Schweizer Eisenbahnen aufzustellen, ist bei der Vielzahl
landschaftlich wie bautechnisch beeindruckender Strecken kein leichtes Unter-
fangen. Begnügen wir uns daher mit einer Liste von jeweils zehn ausgewählten
Strecken in der Reihenfolge ihrer Kursbuch-Nummern; wobei in die grossen
(oder auch kleineren) **Durchgangsstrecken** und die meist überwiegend dem
Tourismus dienenden **Bergbahnen** unterschieden wird:

Durchgangsstrecken

100	Lausanne–Brig–Domodossola (Simplonbahn)	178 km
120	Montreux–Zweisimmen–Lenk (MOB)	75 km
132	Martigny–Le Châtelard–Frontière (MC)	18 km
300	Spiez–Lötschberg–Brig (BLS)	74 km
470	Luzern–Interlaken (Brünigbahn)	74 km
600	Luzern–Chiasso (Gotthardbahn)	225 km
610/920	Brig–Andermatt–DisentisMuster–Chur (FO/RhB)	155 km
620	Locarno–Domodossola (Centovallibahn FART/SSIF)	50 km
940	Chur–St. Moritz (Albulabahn der RhB)	89 km
950	St. Moritz–Tirano (Berninabahn der RhB)	61 km

Bergbahnen

121	Montreux–Rochers-de-Naye (MTGN)	11 km
126	Aigle–Monthey–Champéry (AOMC)	23 km
140/142	Brig–Zermatt/Zermatt–Gornergrat (BVZ/GGB)	44+9 km
311/312	Interlaken–Jungfraujoch (BOB/WAB/JB)	31+37 km
314	Wilderswil–Schynige Platte (SchPB)	7 km
473	Alpnachstad–Pilatus (PB)	5 km
475	Brienz–Rothorn (BRB)	8 km
602/603	Arth–Goldau–Rigi/Rigi–Vitznau (ARB/VRB)	9+7 km
636	Capolago–Monte Generoso (MG)	9 km
930	Chur–Arosa (RhB)	26 km

Die Alpenregion nimmt mit der Vielfalt und Eindrücklichkeit ihrer Bergwelt und den kühnen Gebirgsstrecken natürlich einen besonders hervorragenden Platz ein, so sind fast zwangsläufig alle Strecken der vorstehenden Liste in dieser Region zu finden. Die Schweiz hat aber auch andernorts viele reizvolle Landschaften mit interessanten Bahnlinien, von denen darum in einer eigenen Liste eine Auswahl zusammengestellt sei:

155	Nyon–St-Cergue–La Cure (NSTCM)	27 km
212	Yverdon–Ste-Croix (YSteC)	24 km
236	La Chaux-de-Fonds–Glovelier (CJ)	51 km
445	Langenthal–Huttwil–Wolhusen (RM)	39 km
460	Bern–Langnau–Luzern	95 km
651	Lenzburg–Luzern (Seetalbahn)	47 km
670	Rapperswil–Arth–Goldau (SOB)	39 km
854	Gossau SG–Appenzell–Wasserauen (AB)	32 km
870	Rapperswil–St. Gallen–Romanshorn (BT)	80 km
900	Zürich–Chur	117 km

Für viele der touristisch interessanten Strecken gibt es spezielle Zugangebote, von denen der klassische »Glacier-Express« Zermatt–St.Moritz der bekannteste ist. Eine lange Tradition hat auch die »Golden-Pass-Route« Montreux–Interlaken–Luzern. Der »Bernina-Express« Chur–Tirano führt über die Albulabahn und die Berninabahn, er kann mit einer Busfahrt Tirano–Lugano kombiniert werden. Der »Wilhelm-Tell-Express« verbindet eine Schiffsreise Luzern–Flüelen mit der Fahrt über die Gotthardbahn. Ähnliches bietet der »Rhône-Express« mit einer Schiffstour Genf–Montreux und Fahrten über die Simplonstrecke und die Zermattbahn.

Die Fahrzeuge und ihre Bezeichnungen

Nirgendwo in Europa finden wir einen so vielgestaltigen Fahrzeugpark wie in der Schweiz. Die breite Palette reicht von den Hochleistungs-Lokomotiven der Reihe Re 465, die mit 7000 kW und ausgelegt für eine V/max. von 230 km/h zu den stärksten Triebfahrzeugen weltweit gehören, bis zum nur wenige kW starken schmalspurigen Rangier-Traktor und von nostalgischen Dampflokomotiven aus dem vorigen Jahrhundert bis zum modernen Regional-Pendelzug. Trotz aller Trends zu Vereinheitlichungen in der Entwicklung und kostensparender Sammelbestellungen findet man noch mehrere hundert verschiedene Fahrzeug-Bauarten auf dem schweizerischen Schienennetz.

Bei den Privatbahnen, insbesondere bei den kleineren Betrieben mit ihren oft nur kurzen Strecken und relativ geringem Verkehrsaufkommen dominieren die Triebwagen, die gelegentlich sogar »als Mädchen für alles« auch für den Güterverkehr eingesetzt werden und sich in ihrem Leistungsvermögen mit manchen Lokomotiven oft durchaus messen können. Sehr verbreitet sind zwei-, drei- und mehrteilige Pendelzüge (in Deutschland weniger präzise als Wendezüge bezeichnet), neuerdings setzt die SBB sogar IC-Züge mit Steuerwagen ein.

Bei den Zahnradbahnen wird grundsätzlich zwischen reinem Zahnradbetrieb und gemischtem Adhäsions-/Zahnradbetrieb unterschieden. Auf Bergbahnen wie der BRB oder der WAB ist aus Sicherheitsgründen der Schiebebetrieb bei Bergfahrt vorgeschrieben, das Triebfahrzeug steht also immer auf der Talseite.

Nachdem die SBB in den letzten Jahren ihre Lokveteranen ausrangiert hat, finden wir bei den Normalspurbahnen heute nur noch wenige Fahrzeuge aus der Vorkriegszeit. Bei einigen Schmalspurbahnen sind jedoch neben modernen Fahrzeugen auch noch interessante Oldtimer zu finden – sei es im täglichen Einsatz oder als Betriebsreserve im Depot [➤ Abschnitt »Historische Elektro-Lokomotiven und Triebwagen«].

Da sowohl die SBB als auch die Privatbahnen fast vollständig elektrifiziert sind, spielen thermische Traktionsarten nur eine untergeordnete Rolle. Diesellokomotiven findet man fast nur im Rangierdienst, Dampflokomotiven sind jedoch im Sommer noch täglich fahrplanmässig auf der Brienz-Rothorn-Bahn [➤ Abschnitt »Dampf nach Fahrplan«] eingesetzt.

Detaillierte Informationen zum aktuellen Fahrzeugpark der Schweizer Eisenbahnen bietet mein ebenfalls im transpress Verlag erschienes Buch »Kleine Typenkunde Schweizer Triebfahrzeuge«, in dem auf 240 Seiten die Streckenlokomotiven und Triebfahrzeuge der SBB und der Privatbahnen beschrieben und abgebildet sind. Auch durch sein handliches Format ist dieser Titel eine ideale Ergänzung zum vorliegenden Reiseführer.

Die Bezeichnungssysteme

In seinen Grundzügen stammt das bisherige Bezeichnungssystem aus den achtziger Jahren des vorigen Jahrhunderts, es wird bei der SBB und den Privatbahnen gleichermassen verwendet. Nachfolgend die wichtigsten Kennbuchstaben der Triebfahrzeuge:

Lokomotiven und Triebwagen

Serie R	Triebfahrzeuge, die mit erhöhter Kurvengeschwindigkeit und mit über 110 km/h Höchstgeschwindigkeit verkehren dürfen.

Lokomotiven

Serie A	Lokomotiven mit Höchstgeschwindigkeit über 80 km/h
Serie B	Lokomotiven mit Höchstgeschwindigkeit von 70 bis 80 km/h
Serie C	Lokomotiven mit Höchstgeschwindigkeit von 60 und 65 km/h
Serie D	Lokomotiven mit Höchstgeschwindigkeit von 45 bis 55 km/h
Serie E	Rangierlokomotiven
Serie G	schmalspurige Lokomotiven für Adhäsionsbetrieb
Serie H	Lokomotiven für Zahnradbetrieb
Serie HG	Lokomotiven für Adhäsions- und Zahnradbetrieb
Serie T	Traktoren

Triebwagen

Serie A	Personentriebwagen 1. Klasse
Serie AB	Personentriebwagen 1. und 2. Klasse
Serie B	Personentriebwagen 2. Klasse
Serie BD	Personentriebwagen 2. Klasse mit Gepäckabteil
Serie D	Gepäck-Triebwagen

Betriebsart

Index e	elektrische Triebfahrzeuge mit Stromabnehmer
Index a	Akkumulatoren-Triebfahrzeuge
Index ea	elektrische Triebfahrzeuge mit Stromabnehmer und Akkumulatoren-Batterie
Index em	elektrische Triebfahrzeuge mit Stromabnehmer und Dieselmotor
Index m	Triebfahrzeuge mit Dieselmotor
Index h	Triebwagen mit Zahnradantrieb Bei Triebwagen für reinen Zahnradbetrieb steht der Index h vor, bei Triebwagen für gemischten Betrieb hinter dem Index für die Traktionsart
Index f	mit Funkfernsteuerung ausgerüstet

Achsenzahl

Die Anzahl der Achsen wird als Bruch angegeben, der Zähler stellt die angetriebenen Achsen, der Nenner die Gesamtachsenzahl dar.

Index

Mit den römischen Ziffern I, II usw. werden verschiedene Bauarten der gleichen Gattung unterschieden.

1988 hat die SBB für ihre Triebfahrzeuge ein neues, an den internationalen Gepflogenheiten orientiertes Bezeichnungssystem entwickelt. Dessen sechsstellige Nummern sind für die elektronische Datenverarbeitung geeignet, hierzu werden sie als siebte Stelle um eine Kontrollziffer ergänzt. Die ersten drei Stellen bilden die Bauartnummer, während die mit einem Zwischenraum abgetrennten weiteren drei Ziffern die Ordnungsnummern darstellen. Die Serienbezeichnungen und Indexbuchstaben des bisherigen Systems bleiben mit Ausnahme der Bauarten-Indizes auch künftig erhalten, die Angaben der Achszahlen entfallen jedoch.

14

In einer überarbeiteten Fassung wurde dieses neue Nummernschema so weiterentwickelt, dass es auch auf die normalspurigen Privatbahnen übertragbar ist und dabei deren bisherige Fahrzeugnummern weitgehend erhalten bleiben können. Die jeweiligen Bahnen sind dabei in den dritten und vierten Stellen der Gesamtnummer verschlüsselt, also in der letzten Ziffer der Bauartnummer und der ersten Ziffer der Ordnungsnummer.

Die Umstellung erfolgt bei der SBB und den Privatbahnen nicht zu einem bestimmten Stichtag, sondern sukzessive, dabei können Fahrzeuge buchmässig bereits mit neuen Nummern geführt werden, ohne dass auch die Anschriften sofort geändert werden. Bei der SBB haben zunächst nur Neubeschaffungen sowie revidierte Fahrzeuge die neuen Bezeichnungen erhalten, den Auftakt machten seinerzeit die S-Bahn-Lokomotiven Re 450. Mit den NPZ-Triebwagen RBDe 4/4, neu RBDe 560 haben inzwischen auch reine Umzeichnungen begonnen. Bei den Privatbahnen wird die Umstellung unterschiedlich gehandhabt. So geht zum Beispiel die BLS-Gruppe ähnlich vor wie die SBB, während einige kleinere Bahnen schon komplett umgestellt haben.

Historische Elektro-Lokomotiven und Triebwagen

Konnte man vor wenigen Jahren noch Altbau-Lokomotiven wie die Ae 4/7 im täglichen Einsatz sehen, so hat sich dieses Bild nicht nur bei der SBB inzwischen gründlich gewandelt. Nachdem die neuen Reihen Re 460 und 465 ihre Kinderkrankheiten überwunden haben, kann auch auf Nachkriegs-Bauarten wie die Re 4/4 I der SBB und die Ae 4/4 und Ae 8/8 der BLS schon verzichtet werden.

Immerhin sehen sich aber viele Bahnen der langen Tradition verpflichtet, die die elektrische Traktion in der Schweiz hat und berücksichtigen auch die nostalgische Attraktion der »Oldies«, wenn sie einzelne Fahrzeuge im Bestand halten und pflegen.

Von der SBB werden die folgenden Lokomotiven und Triebwagen als historische Fahrzeuge gepflegt:

Re 4/4 I 10001 von 1946 (Depot Olten)
Ae 3/5 10217 von 1924 (Bern)
Ae 3/6 I 10664 von 1925 (Rorschach)
Ae 3/6 I 10700 von 1927 (Bern)
Ae 3/6 II 10439 von 1925 (Olten)
Ae 3/6 III 10264 von 1926 (Lausanne)
Ae 4/7 10905 von 1927 (Rorschach)
Ae 4/7 10976 von 1929 (Lausanne)

Ae 8/14 11801 von 1931 (Erstfeld)
Be 4/6 12320 von 1921 (Winterthur)
Be 4/7 12504 von 1922 (Biel)
Ce 6/8 II 14253 von 1920 (Erstfeld)
Ce 6/8 III 14305 von 1926 (Basel)
De 4/4 1679 von 1928 (Rorschach)
RAe 2/4 1001 von 1935 (Bern)

Um die Loks betriebsfähig zu halten, kommen sie nicht nur für Sonderfahrten, sondern zum Teil auch regelmässig vor Nah-Güterzügen zum Einsatz.

Auch bei den Privatbahnen gibt es noch einige Oldtimer. Manche werden noch in untergeordneten Diensten verwendet, andere liebevoll gepflegt und für besondere Anlässe vorgehalten. Vielen sieht man jedoch nach mehr oder weniger starken Umbauten und Modernisierungen ihr wahres Alter kaum noch an.

»Old-Tech«, aber augenscheinlich unverwüstlich: Von oben nach unten eine Ce 4/4 der BLS von 1920, eine De 2/2 der RhB von 1911, ein Deh 120 der SBB-Brünigbahn von 1941 und eine He 2/2 der Jungfraubahn von 1912

Neben dem Bemühen um historisch-authentische Aussenlackierungen sind kitschig-bunte Werbeanstriche wie die der ASD-Triebwagen im »Trans-Ormonan«-Look bislang die Ausnahme geblieben, als vorbildlich können dagegen Fahrzeuge wie der BCe 2/4 70 der CJ von 1913, der CFe 4/4 11 der RBS von 1916 oder der BCFeh 4/4 5 der AB von 1931 gelten.

Von den zahlreichen Lokomotiven und Triebwagen sollen hier nur einige erwähnt werden:

Normalspur			1913
BLS:	Ae 6/8 205 von 1939		Ge 4/6 353 von 1914
	Ce 4/4 311, 313 und 316		Ge 6/6 I 411ff von 1925
	von 1920	RhB-BB:	Ge 2/2 161 und 162 von
BT:	Be 4/4 11 und 12 von		1911
	1931		De 2/2 151 von 1909
OC:	De 2/2 32 von 1902		ABe 4/4 I von 1908
OeBB:	De 6/6 15301 von 1926		
RM:	Be 4/4 101ff von 1932		
SOB:	Be 4/4 14 von 1931	*Zahnradbahnen*	
STB:	BDe 4/6 102 + 103 von		
	1938	BOB:	HGe 3/3 24 von 1914
		BVB:	He 2/2 2 von 1900
		BVZ:	HGe 4/4 I 11ff von 1929
Schmalspur		JB:	He 2/2 6ff von 1904
		MC:	BDeh 4/4 14 und 15 von
BLM:	BDe 2/4 11 von 1913		1908
GFM:	Be 4/4 107 und 111 von	MTGN:	He 2/2 2 von 1909
	1903		Bhe 2/4 201ff von 1938
MOB:	DZe 6/6 2001 und 2002	PB:	Bhe 1/2 21ff von 1937
	von 1932	RB:	BDhe 2/3 6 von 1911
	ABDe 4/4 11 von 1904	SPB:	He 2/2 11ff von 1910
NStCM:	ABDe 4/4 11 von 1918		
RhB:	Ge 2/4 221 und 222 von		

Dampf nach Fahrplan

Da die Bahnen der Schweiz schon früh und fast vollständig elektrifiziert worden sind, hat hier der Dampfbetrieb auch bei den historisch interessierten Eisenbahnfreunden einen anderen Stellenwert als in den Nachbarländern. Schon 1917, also rund zehn Jahre, bevor in Deutschland die Ära der grossen Einheits-Baureihen überhaupt erst begann, hat die SBB ihre letzten Dampflokomotiven in Dienst gestellt. Es gibt aber auch heute noch Gelegenheiten, planmässigen Dampfbetrieb auf schweizerischen Eisenbahnstrecken zu erleben.

An erster Stelle ist hier die Zahnradbahn BRB *(Brienz-Rothorn-Bahn)* zu nennen, da sie während ihrer von Juni bis Oktober dauernden Betriebsperiode als einzige Bahn noch täglich fahrplanmässig Dampfzüge einsetzt Kursbuchfeld und Streckenbeschreibung [➤ 475]. Von den Lokomotiven der Reihe H 2/3 stammen fünf noch aus den Jahren 1891/92, die Nummern 6 und 7 wurden 1933 und 1936 gebaut. Die ab 1992 beschafften neuen Dampflokomotiven H 2/3 12, 14 und 15 zeigen, welch hohen Stellenwert der nostalgische Dampfbetrieb für die BRB heute hat.

Ein eigenes Kursbuchfeld [➤ 615] hat auch die DFB (Dampfbahn Furka-Bergstrecke). Sie macht von Ende Juni bis Anfang Oktober an Freitagen, Samstagen und Sonntagen auf dem wiederhergestellten Abschnitt Realp–Furka Betrieb. Mit grossem Einsatz wurden 1990 vier ehemalige FO-Dampflokomotiven HG 3/4 von 1913, die anlässlich der Elektrifizierung nach Vietnam verkauft worden waren, in die Schweiz zurückgeholt. Zwei Maschinen sind in Meiningen aufgearbeitet worden und kommen nun mit ihren neuen Namen »Furkahorn« und »Gletschhorn« zum Einsatz, ausserdem wurde die ehemalige BVZ-Lok HG 2/3   17

»Weisshorn« von 1902, die zuvor auf einem Schulhof in Chur aufgestellt war, wieder betriebsfähig gemacht.

Die Museumsbahn BC *(Chemin de fer-musée Blonay–Chamby)* macht von Anfang Juni bis Ende Oktober Betrieb, auch ihre fahrplanmässigen Züge sind im Kursbuch zu finden [→ 105]. 1998 feiert sie ihr 30jähriges Bestehen, aus dem umfangreichen Fahrzeugbestand kommt dann auch die frisch revidierte Mallet-Lok G 2x2/2 der früheren Zell–Todtnau-Bahn von 1918 zum Einsatz. Beliebt sind auch die BC-Sonderfahrten »Nostalgie et Nature« auf den Nachbarbahnen MOB und GFM zwischen Bulle und Gstaad.

Auf der SBB-Brünigbahn [→ 470] setzt der Verein BDB *(Ballenberg Dampfbahn)* an einigen Wochenenden im Sommer seinen Museumszug mit den beiden Lokomotiven HG 3/3 1067 von 1910 und G 3/4 208 von 1913 ein. Das ursprüngliche Vorhaben, das oberhalb von Brienz liegende Freilichtmuseum Ballenberg mit einer eigenen Bahnstrecke zu erschliessen, konnte allerdings leider nicht realisiert werden.

Weitere Bahnen, bei denen Dampflokomotiven für Publikumsfahrten eingesetzt werden, sind nachfolgend aufgelistet. Nur zum Teil handelt es sich dabei um eigene Maschinen, andere gehören rührigen Clubs und Vereinen oder befinden sich in ihrer Obhut. Soweit die Fahrpläne nicht im Kursbuch veröffentlicht werden, können sie über die Telefon-Nummern im Adressen-Teil dieses Buches erfragt werden.

Normalspur

BLS	Ed 3/3 3 der GTB von 1900 [→ 298, 310]
DVZO	Ed 3/3 401 von 1901 u.a. der Museumsbahn Bauma–Hinwil des DVZO *(Dampfbahn-Verein Zürcher Oberland)* [742]
OeBB	E 3/3 1 und 2 von 1899/1909 [→ 412]
PBr	E 3/3 8523 von 1915 der CTVJ *(Compagnie du train à vapeur Vallée de Joux)*
RM	Ed 4/5 8 von 1914 der DBB *(Dampf-Bahn Bern)*
	Ed 3/4 11 von 1908 der EV *(Eurovapor)* [→ 440]
RVT	Museumszug des VVT *(Club Vapeur Val-de-Travers)* [→ 221]
ThBE	»Rive-Bleue-Express« von Bouveret nach St-Gingolph und über die stillgelegte SNCF-Strecke am Südufer des Genfer Sees nach Evian [→ 100, 131]

Schmalspur

CJ	Dampfzug des Vereins *La Traction* mit Mallet-Lok E 206 aus Portugal [→ 236, 237]
LEB	G 3/3 8 von 1910 [→ 101]
RBS	G 2/2 101 (früher Mittelbadische Eisenbahn MEG) von 1948 der EV *(Eurovapor)* [→ 294, 420]
RhB	G 3/4 1 von 1889
	G 4/5 107 und 108 von 1906 [→ 910, 920, 960]
SchBB	Garrat-Lok G 2x3/5 von 1927 u.a. auf dem 600-mm-Rundkurs in Schinznach-Dorf [→ 700]
WB	G 3/3 5 »G.Thommen« von 1902 [→ 502]

Zahnradbahnen

MTGN	H 2/3 von 1992 [→ 121]
RB	H 2/3 16 und 17 von 1923/25 [→ 603]

Dampf auf allen Spuren: Oben die normalspurige E 3/3 2 der OeBB aus dem Jahre 1909, in der Mitte das 750-mm-Lökeli G 3/3 5 der WB von 1902, unten eine der modernen ölgefeuerten Zahnradlokomotiven H 2/3 der BRB von 1992

Von der SBB werden die folgenden Dampflokomotiven im Bestand gehalten, nach dem Jubiläumsjahr 1997 jedoch nur selten angeheizt:

A 3/5 705 von 1904 (Depot Zürich)
B 3/4 1367 von 1916 (Zürich)
C 5/6 2978 von 1917 (Biel)
Eb 2/4 5469 von 1891 (Basel)
Eb 3/5 5819 von 1912 (Zürich)
D 1/3 »Limmat«, Nachbau von 1947 (Verkehrshaus Luzern)
CZm 1/2 31 von 1902 (Zürich)

Auch bei anderen Bahnen werden noch Dampflokomotiven betriebsfähig gehalten, die zu bestimmten Anlässen, wie beispielsweise Bahnhofsjubiläen, angeheizt werden und oft mit historischem Wagenmaterial für Sonderfahrten zu mieten sind.

Allgemeine Informationen und praktische Tips

Die Schweiz in Zahlen

In den 23 Kantonen der Schweizerischen Eidgenossenschaft (so lautet die amtliche Bezeichnung) leben rund 7 Millionen Einwohner, davon etwa 1,3 Millionen Ausländer. Rund 70 % der Schweizer haben Schwyzerdütsch als Muttersprache, 21 % Französisch, 8 % Italienisch und knapp 1 % Rätoromanisch.

Die Fläche der Schweiz beträgt knapp 41300 km², ihre Ausdehnung von West nach Ost etwa 350 km und in nordsüdlicher Richtung etwa 220 km.

Höchste Erhebung ist die Dufourspitze des Monte-Rosa-Massivs mit 4634 m, tiefster Punkt ist mit 193 m ü. d. M. der Wasserspiegel des Lago Maggiore. Die grösste Stadt der Schweiz ist Zürich mit etwa 343 000 Einwohnern, die Bundesstadt Bern liegt mit 145 000 Einwohnern nach Basel und Genève auf dem vierten Platz.

Geografie

Wenn auch die Alpenregion der touristische Hauptanziehungspunkt der Schweiz ist, so darf nicht vergessen werden, dass sie nur etwa 60 % der Landesfläche ausmacht. Das hügelige und dicht besiedelte Mittelland, es zieht sich diagonal vom Bodensee bis zum Genfer See, bedeckt etwa 30 %, das restliche Zehntel entfällt auf den Jura, dessen Höhenzüge sich nordwestlich des Mittellandes bis zu den Grenzen nach Frankreich und Deutschland erstrecken.

Auch für die Mehrzahl der Eisenbahnfreunde stehen natürlich die Alpen mit ihren grossartigen Gebirgsstrecken und kühnen Bergbahnen im Vordergrund des Interesses. Aber auch im Mittelland und vor allem im Jura gibt es sehr reizvolle Gegenden und besuchenswerte Bahnstrecken.

Reisezeit und Klima

So unterschiedlich wie die geografische Gliederung sind auch die Klimazonen. In den Voralpen, dem Mittelland und dem Jura herrscht das gemässigte Klima Mitteleuropas, in den Regionen der Hochalpen liegt die mittlere Jahrestemperatur weitaus tiefer, während im südlichen Tessin das Wetter bereits mediterran beeinflusst ist.

Die sommerliche Reisesaison beginnt im Mai und reicht bis in den Oktober, als zumeist trockenster Monat empfiehlt sich der September. Die Wintersaison dauert je nach Höhenlage von Anfang Dezember bis Ende April.

Bei der Planung von Bahnreisen ist zu bedenken, dass auf einigen Bergbahnen der Verkehr im Winter ruht, auch viele Postautobusse über die Alpenpässe verkehren nur in den Sommermonaten. Genaue Angaben zu den individuell sehr unterschiedlichen Betriebszeiten findet man im Kursbuch.

Unterkunft

Die Hotellerie hat in der Schweiz eine lange Tradition und einen guten Ruf, der nicht nur den Luxus-Unterkünften gilt. Fast überall findet man auch gediegene Gasthäuser und Familienpensionen. Für längere Urlaubsaufenthalte sind Ferienwohnungen und Chalets eine preiswertere Alternative.

In der Hochsaison sollte man wie überall rechtzeitig Zimmer reservieren. Der Schweizer Hotelier-Verein gibt alljährlich ein umfangreiches Verzeichnis der ihm angeschlossenen Beherbergungsbetriebe heraus, es ist zum Preis von Fr. 15.– bei der Tourismus-Zentrale in Zürich und deren Auslands-Vertretungen erhältlich. Kostenlose Informationen über das Hotelangebot bestimmter Orte erhält man in den Reisebüros oder von den jeweiligen Verkehrsvereinen.

Essen und Trinken

Auch auf den Speisekarten finden wir die unterschiedlichen Kulturgebiete der Schweiz wieder. Im Westen hat die Küche einen starken französischen Einschlag, im Tessin ist sie italienisch geprägt und bäuerliche Traditionen sorgen im Alpenland für deftige regionale Gaumenfreuden. Neben allgemein bekannten Gerichten, wie dem Zürcher Geschnetzelten, den Berner Rösti oder dem Käse-Fondue, werden in allen Kantonen eigene Spezialitäten angeboten. Basler Klöpferli, Zuger Ballen, Schwyzer Gamsbraten, Engadiner Bindenfleisch, Eglis aus dem Vierwaldstätter See und Tessiner Polenta seien hier nur als Beispiele genannt.

Eine besondere Erwähnung ist das reichhaltige Käseangebot wert. Emmentaler, Appenzeller und Gruyère sind international bekannt, probieren sollte man aber auch einmal den Reblochon, den auf der Girolle gehobelten Tête de Moine oder im Winter den nach früheren Affären heute wieder tadellosen Vacherin Mont d'Or.

Von den Schweizer Weinen sind der rote Dôle und die Weissweine Fendant, Dézaley und Aigle die bekanntesten. Cardinal und Feldschlösschen sind die namhaftesten Biere der Schweiz, den Eisenbahnfreunden sind sie wegen der im Werksverkehr immer noch eingesetzten Dampflokomotiven bekannt.

Einkaufen

Die Geschäfte sind zumeist von 8.30 bis 18.30 Uhr geöffnet, in den grossen Städten zum Teil durchgehend, ansonsten mit ein bis zwei Stunden Mittagspause, samstags bis 16 Uhr. Vielerorts bleiben die Geschäfte am Montagvormittag geschlossen, einmal pro Woche ist Einkaufsabend bis 21 Uhr.

Die normalen Schalterstunden der Banken: Montags bis freitags von 9 bis 12 und 14 bis 16.30 Uhr. Ein kleiner Tip, natürlich nicht nur für Eisenbahnfreunde: Auch an den Fahrkartenschaltern der meisten Schweizer Bahnhöfe kann man zu deren Öffnungszeiten (also auch am Abend und an Wochenenden) Geld wechseln.

Eurocheques und Kreditkarten sind in der Schweiz gängige Zahlungsmittel. Die Ein- und Ausfuhr von Schweizer Franken und Devisen unterliegt keinerlei Beschränkungen.

Kursbuch

Die wichtigste Lektüre für den reisenden Eisenbahnfreund ist natürlich das Kursbuch. In der Schweiz wird es alljährlich zum Fahrplanwechsel im Frühjahr als »Offizielles Kursbuch« von der SBB herausgegeben.

Der blaue Hauptband der dreiteiligen Ausgabe enthält in der Reihenfolge der Strecken-Nummern, die auch Ordnungsgrundlage dieses Führers sind, die Fahrpläne der SBB und der Privatbahnen sowie der Seilbahnen und der Schiffslinien. Der Umschlag enthält als Ausklapptafel eine stilisierte Netzkarte mit allen Streckennummem.

Die Autobus-Linien der PTT und der konzessionierten Transportunternehmen sind im gelben Teil enthalten, der auch über die städtischen Verkehrsmittel informiert.

Im dritten Teil sind die Auslandsverbindungen zusammengestellt.

Das Offizielle Kursbuch ist in der Schweiz an allen Bahnhöfen, im Ausland über die Schweizer Verkehrsbüros erhältlich. Die in privaten Verlagen erscheinenden Kursbücher enthalten die gleichen oder ähnliche Fahrplan-Tabellen wie die SBB-Ausgabe und meist eine Auswahl wichtiger Postauto-Linien.

Und wem das Kursbuch eine zu »schwerwiegende« Lektüre ist, der kann sich in den von der SBB und vielen Privatbahnen herausgegebenen Fahrplänen einzelner Regionen und Städteverbindungen informieren, sie werden an den Bahnhöfen meist kostenlos abgegeben.

Autobusse

Eine Gesamtlänge von etwa 8500 km haben die Linien des Postautodienstes der PTT und der konzessionierten Transportunternehmungen. Damit ergänzen sie in idealer Weise das Eisenbahn-Netz und machen auch entlegene Ortschaften ohne privaten Pkw erreichbar. Die Bedienungshäufigkeit ist hoch, so haben selbst winzige Dörfchen – gegebenenfalls mit Kleinbussen – meist mehrmals am Tage Anschluss an grössere Gemeinden oder Verkehrswege.

Für den Touristen sind die Postauto-Kurse über die grossen Alpenpässe besonders reizvoll. Seit dem Sommer 1997 werden mancherorts spezielle Exkursions-Programme angeboten, da die fahrplanmässigen Rundfahrten über den Susten-, den Grimsel-, den Furka-, den Nufenen- und den Gotthard-Pass in Folge von Sparmassnahmen leider erheblich eingeschränkt worden sind.

Der Bahnfreund schätzt die Postautos natürlich vor allem, um bei Rundreisen Lücken zwischen den Bahnlinien zu überwinden. In den nachstehenden Streckenbeschreibungen werden auch hierzu viele Anregungen gegeben.

Seilbahnen

Mehr als 350 Seilbahnen fahren hinauf in die Bergwelt der Alpen, der Voralpen und des Jura. Betrieblich unterscheidet man zwischen Standseilbahnen, Luftseilbahnen, Gondelbahnen und Sesselbahnen.

Bei den Standseilbahnen werden die auf Schienen laufenden Wagen mit einem Drahtseil emporgezogen, das System ist also den Eisenbahnen verwandt. Meist pendeln zwei Kabinen an einem Drahtseil mit einer Ausweichstelle in Streckenmitte. Da die äusseren Räder einen doppelten Spurkranz, die inneren jedoch keinen besitzen, können durch diese Art von Zwangsführung die Ausweichstellen ohne verstellbare Gleisteile gebaut werden. Die älteste noch in Betrieb befindliche Standseilbahn der Schweiz ist die Giessbachbahn am Südufer des Brienzer Sees. Die steilste Standseilbahn führt von Ambri-Piotta an der Gotthardbahn hinauf zum Ritom-Stausee, ihre Neigung beträgt bis zu 878 ‰. Am höchsten hinauf geht es mit der »Metro alpin«, die im Skigebiet von Saas Fee in 3500 m ü.d.M. auf den Mittelallalin führt.

Bei den Luftseilbahnen pendeln zwei Kabinen an einem gemeinsamen Seil zwischen Berg- und Talstation, die Kabinen fassen bei grossen neueren Anlagen mehr als 100 Personen. Für ein geringeres Verkehrsaufkommen sind die Gondelbahnen und Sesselbahnen angelegt, bei denen an einem umlaufenden Seil mehrere Gondeln mit vier oder sechs Plätzen oder offene Sessel befestigt sind. Die höchste Bergstation einer Luftseilbahn befindet sich 3820 m ü.d.M. auf dem Kleinen Matterhorn bei Zermatt.

Um das Gewicht der Seile in Grenzen zu halten oder aus topografischen Gründen sind viele Seilbahnen in zwei oder mehr Sektionen unterteilt. Dies bietet die Möglichkeit, die Fahrt zu unterbrechen oder einen Teil des Weges zu Fuss zurückzulegen. Oft liegen auch sehr schöne Höhenwege zwischen zwei Seil-

Wo die Bahngleise enden, helfen oft Seilbahnen noch höher hinauf: Rechts die Standseilbahn Mürren-Allmendhubel im Berner Oberland, darunter eine Grosskabine der Seilbahn zum Corvatsch im Oberengadin und eine etwas bescheidenere Anlage bei Kalpetran im Wallis.

Nicht nur für Dampf-Enthusisasten bietet die Schiffahrt auf dem Genfer-, dem Thuner-, dem Brienzer-, dem Vierwaldstätter- und dem Zürich-See fahrplanmässig Dampfschifffahrten an

bahnen, wie zum Beispiel im Oberengadin zwischen der Standseilbahn Muottas Muragl und der Sesselbahn Alp Languard. Viele Seilbahnen erleben im Winter beim Skibetrieb ihre Hauptsaison, andere verkehren nur während der Sommermonate. Die Fahrpläne und die genauen Betriebszeiten sind im Eisenbahn-Kursbuch unter den Strecken-Nummern 2001 bis 2995 zu finden.

Schiffsverkehr

Auf allen grösseren Seen der Schweiz bestehen Schiffskurse, ihre Fahrpläne sind ebenfalls im Eisenbahn-Kursbuch enthalten (3000er-Nummern). Die Ausflugsschiffe sind für den Touristen eine willkommene Ergänzung des Verkehrs-Angebotes von Bahn und Postauto und lassen sich mit ihnen zu schönen Rundfahrten kombinieren.

Wer sich für den Dampfbetrieb nicht nur auf der Eisenbahn interessiert, dem seien speziell die auf dem Brienzer See, dem Lac Léman (Genfer See), dem Vierwaldstätter See und dem Zürichsee verkehrenden Dampfschiffe empfohlen.

Wandern

Mit einem Netz von etwa 50 000 km markierten Wanderwegen bietet die Schweiz ein breites Angebot unterschiedlichster Wanderungen. Den Eisenbahnfreund interessieren natürlich besonders die parallel zu den Bahnstrecken verlaufenden Routen. Die bekanntesten sind der »Eisenbahnhistorische Lehrpfad« der RhB an der Albulabahn von Preda nach Bergün und die Höhenwege Lötschberg-Südrampe und -Nordrampe der BLS. Von den vielen anderen reizvollen Strecken sollen hier nur einige beispielhaft erwähnt werden: Goms (FO), Vispertal (BVZ), Morteratsch – Ospizio Bernina – Alp Grüm (RhB), Brünig-Pass – Lungern – Giswil (SBB), Gais – Altstätten (SGA). Die Gotthardstrecke hat seit dem Autobahnbau für den Wanderer leider an Reiz verloren. Auch viele Bergbahnen können – genügend Kondition und gutes Schuhwerk vorausgesetzt – erwandert werden. Reizvoll sind ebenso Wanderungen, die im Rahmen von Rundreisen zwei Bahnstrecken miteinander verknüpfen, auch hier nur ein paar Anregungen: Waldenburg (WB) – Oberhauenstein–Balsthal (OeBB), Kandersteg (BLS) – Gemmi-Pass–Leuk (SBB), Engelberg (LSE) – Trübsee – Meiringen (SBB). Oftmals kann die zwischen den Bahnstationen liegende Wegstrecke durch Postauto-Linien oder Seilbahnen verkürzt werden.

In der gesamten Schweiz sind die Wanderwege mit gelben Schildern markiert, die meist auch Hinweise über die durchschnittliche Wegezeit geben. Weiss-rot-weisse Kennzeichnungen verweisen auf Bergwege, die nur geübten Wanderern zu empfehlen sind.

Vor längeren Gebirgstouren ist unbedingt die Wettervorhersage zu beachten; eine sorgfältige Planung ist überhaupt bei allen Wanderungen, die über blosse Spaziergänge hinausgehen, angebracht. Sehr zu empfehlen sind die topografischen Landeskarten für einzelne Gebiete, von vielen Verkehrsvereinen werden auch kostenlose oder recht preiswerte Wanderführer angeboten. Bei den Bahngesellschaften hat sich vor allem die Rhätische Bahn um Informationsmaterial für Wanderer sehr verdient gemacht.

Literatur

Aus der grossen Fülle interessanter Bücher kann hier nur eine kleine Auswahl genannt werden:

Allgemeine Titel

Navé, Harald: Bahnpanorama Schweiz
Schwabe, Hansrudolf/Amstein, Alex: 3 x 50 Jahre – Schweizer Eisenbahnen in Vergangenheit, Gegenwart und Zukunft
Studer, Bernhard: Schweizer Bahnen – Unterwegs in die Zukunft
Suter, Hans-Ulrich: Schweizer Eisenbahn-Kuriositäten

Treichler, H.P. u.a.: Bahnsaga Schweiz – 150 Jahre Schweizer Bahnen
Wägli, Hans G./Bossard, Guido: Schienennetz Schweiz – Ein technisch-histori-
scher Atlas

Einzelne Bahnen, Züge, Strecken
Eggermann, Anton u.a.: Die Bahn durch den Gotthard
Fader, Klaus: Furka-Oberalp-Bahn
Granguillaume, Michel: MOB, 2 Bde. (frz.)
Häsler, Hans: Die Berner-Oberland-Bahnen
Hettlinger, Richard: Albula
Jeanmaire, Claude: Das Brienzer Rothorn und seine Zahnradbahn
Nething, Hans-Peter: Der Gotthard
Mezzanotte, Riccardo: Züge der Alpen – Die 55 schönsten Strecken
Röhr, Gustav: Appenzellerland mit Bahn und Bus
Röhr, Gustav u.a.: Schmalspurparadies Schweiz, 2 Bde.
Rossberg, Ralf Roman: Die Jungfrau-Region und ihre Bahnen
Schweers, Hans: Furka-Oberalp
Staffelbach, Hans: Vitznau-Rigi
Stolz, Theo/Schoepfer, Dieter: Brig-Visp-Zermatt-Bahn
Studer, Bernhard: Die Rhätische Bahn
Verkehrsverein Bergün: Bahnhistorischer Lehrpfad
Waldburger, Hans/Senn, Martin: Die Brünigbahn
Wall, Henning: Bernina-Express

Fahrzeuge
Hartung, Karlheinz: Kleine Typenkunde Schweizer Triebfahrzeuge
Hartung, Karlheinz: Schweizer Fahrzeug-Archiv, 3 Bde.: Normalspurbahnen,
Schmalspurbahnen, Zahnradbahnen
SBB-Broschüren: Lokomotiven und Triebwagen, Reisezug- und Gepäckwagen,
Güterwagen, Dampflokomotiven
Stolz, Theo: Die Triebfahrzeuge der Bahnen der Jungfrauregion
Stolz, Theo/Hänecke, Andreas: Die Streckentriebfahrzeuge und Schneeschleu-
dern der Rhätischen Bahn
Vogel, Kaspar: 125 Jahre Schweizerische Lokomotiv- und Maschinenfabrik

Neben die zahlreichen Bildbände und Monographien sind in den letzten
Jahren verstärkt Zeitschriften-Sonderhefte getreten, die vor allem durch ihre
vielen Farbbilder beeindrucken und als aktuelle Ergänzungen zu den Standard-
Werken in Buchform gute Dienste leisten.

Zur allgemeinen Reise-Vorbereitung ist der seit einigen Jahren auch in deut-
scher Ausgabe erhältliche grüne Michelin-Reiseführer zu empfehlen, da er auf
kleinstem Raum eine Fülle an Informationen bietet. Und wer beim Reisen gerne auch gut speisen möchte, dem sei die rote Michelin, die »Bibel« der Gastronomie, ans Herz gelegt.
Die von der SBB herausgegebene »Bahnkarte Schweiz« im Massstab
1:301000 ist zur Reisevorbereitung ideal, da sie nicht nur alle Bahnstrecken, sondern auch die zugehörigen Streckennummern sowie Buslinien und Seilbahnen
enthält.

Unter den Periodika bietet die »Schweizer Eisenbahn-Revue« die fundier-
teste Vorbild-Berichterstattung. Der »Eisenbahn-Amateur« wendet sich gleichermassen an die Modelleisenbahner und die Freunde der Grosstraktion,
während bei der »Loki« der Modellbahnteil dominiert.

Beim Bahnfahren sparen

Normaltarife

Die Eisenbahnen in der Schweiz haben keinen festen Kilometer-Grundpreis, wie ihn zum Beispiel die Deutsche Bahn AG kennt. Die Billettpreise sind vielmehr mit der Streckenlänge fallend gestaffelt. Für Hin-und-Rückfahrkarten gibt es ab 50 km weitere Ermässigungen und recht problemlos erhält man auch die kompliziertesten Rund- und Zickzack-Fahrten auf einem einzigen Billett. Hierbei können nicht nur SBB und Privatbahnen, sondern auch Postautokurse, Schiffskurse und viele Seilbahnen nahezu beliebig kombiniert werden. Mit allzu ausgefallenen Wünschen sollte man jedoch nicht unbedingt zur Hauptverkehrszeit und fünf Minuten vor Zugsabfahrt an den Bahnschalter treten. Stolz darf man dann aber ein Billett entgegennehmen, das gegenüber dem normalerweise in der Schweiz nicht einmal kreditkartengrossen Format vielleicht auf die doppelte Grösse oder mehr gewachsen ist. Wer beispielsweise eine Rundfahrt von Basel über Olten, Bern, Lausanne, Brig, Interlaken, Luzern und Zürich zurück nach Basel macht, würde für die 771 km lange Strecke bei etappenweise einzeln gekauften Billetten insgesamt 231,60 Franken zu zahlen haben, für das Rundfahrtbillett zahlt er nur 150,– Franken.

Eine komplette Tarif-Tabelle ist im Offiziellen Kursbuch zu finden. Hier nur ein paar Beispiele, alle Angaben in Schweizer Franken für Billette 2. Klasse (Stand April 1998):

Entfernung	Einfache Fahrt	Hin und zurück
10 km	3,60 (je –,36.0)	7,20 (je –,36.0)
30 km	9,60 (je –,32.0)	19,20 (je –,32.0)
50 km	15,80 (je –,31.6)	31,00 (je –,31.0)
100 km	30,00 (je –,30.0)	51,00 (je –,25.5)
200 km	54,00 (je –,27.0)	92,00 (je –,23.0)
400 km	87,00 (je –,21.8)	148,00 (je –,18.5)

Die Preise für die 1. Klasse liegen etwa 65 % höher.

Für die Preisberechnung werden auch in der Schweiz nicht die tatsächlichen Entfernungen, sondern die sogenannten Tarif-Kilometer zugrunde gelegt. Bei der SBB sind die Unterschiede meist nur gering, so werden beispielsweise für die 60 km lange Strecke Genève–Lausanne 64 Tarif-Kilometer berechnet und für die 225 km lange Gotthardbahn von Luzern bis Chiasso 230 Tarif-km.

Bei den Privatbahnen muss man oftmals etwas tiefer in die Tasche greifen. Zwar gilt bei den grossen Bahnen die gleiche Preisstaffel, bei der RhB werden aber beispielsweise aus der 59 km langen Strecke Chur–Disentis/Mustér immerhin 84 Tarif-km und aus den tatsächlichen 84 km der Lötschbergbahn zwischen Thun und Brig werden sogar 126 Tarif-km.

In einer Ortsliste und einer Übersichtskarte im Anhang des SBB-Kursbuches kann man sich über die Tarif-Entfernungen zwischen grösseren Bahnhöfen der Schweiz informieren, in tabellarischer Form sind im Anschluss daran die Tarif-Kilometer nach Kursbuchstrecken aufgelistet. In den Streckenbeschreibungen dieses Buches sind immer die tatsächlichen, zur exakten Fahrpreis-Ermittlung also nicht dienlichen Entfernungen angegeben.

Für viele kleinere, touristisch wichtige Privatbahnen sind im Kursbuch-Anhang in weiteren Tabellen die Fahrpreise direkt aufgelistet. Wer sich einmal die Mühe macht, die Tarife dieser Bahnen zu den echten Strecken-Kilometern in Relation zu setzen, wird sich vielleicht über die zum Teil recht hohen Preise wundern. Dabei ist jedoch zu bedenken, dass die Unterhalts- und Betriebskosten bei diesen Bahnen schon alleine durch die Topografie meist deutlich höher liegen als bei der SBB. Und die überwiegend oder ganz alleine dem Tourismus dienenden Bergbahnen werden natürlich auch weniger oder gar nicht aus Steuermitteln subventioniert, sondern müssen sich selbst finanzieren. So bezahlt man beispielsweise für die 33 km lange Strecke der FO von Brig nach Münster und zurück 30,- Franken, die BVZ verlangt für die 35 km von Visp nach Zermatt und zurück 58,- Franken. »Top of Europe« lautet der Werbeslogan der Jungfraubahn, und so sind für die 31 km lange Route von Interlaken über Lauterbrunnen zum Jungfraujoch und zurück immerhin 153,20 Franken zu berappen.

Ganz entgegen den sonstigen Gepflogenheiten kostet diese Fahrt bei einzeln gekauften Billetts Interlaken–Wengen, Wengen–Kleine Scheidegg und Kleine Scheidegg–Jungfraujoch »nur« 148,80 Franken. Viel mehr kann man aber sparen, wenn man die Spezial-Angebote der Schweizer Eisenbahnen nutzt:

Swiss Pass

Speziell für ausländische Touristen (exakte Definition: für jedermann mit ständigem Wohnsitz ausserhalb der Schweiz und des Fürstentums Liechtenstein) gibt es den »Swiss Pass«. Er bietet als Netzkarte freie Fahrt mit der SBB, den meisten Privatbahnen, den Postautos und den Ausflugsschiffen in der gesamten Schweiz. Ausserdem gilt die Freifahrt auch auf den Netzen von 35 städtischen Verkehrs-Betrieben. Bei Bergbahnen wie der JB, der GGB oder der BRB und bei vielen Seilbahnen erhält man jedoch nur Ermässigungen von etwa 25 %.

Die Preise sind nach Gültigkeitsdauer gestaffelt, sie betragen in Schweizer Franken (Stand Frühjahr 1998):

Zeitraum	2. Klasse	1. Klasse
4 Tage	256,–	384,–
8 Tage	320,–	460,–
15 Tage	372,–	536,–
1 Monat	512,–	740,–

Besonders für den die Bahn intensiv benutzenden Reisenden macht sich der Swiss Pass schnell bezahlt. Er bietet ausserdem den enormen Vorteil, dass man auch während der Fahrt seine Reisepläne spontan ändern kann. Erhältlich ist er bei vielen Reisebüros, bei den Schweizer Verkehrsbüros, an grossen Bahnhöfen sowie den Schweizer Grenzbahnhöfen, nicht jedoch in der Schweiz selbst.

Swiss Flexi Pass

Bei diesem Angebot gelten die gleichen »Spielregeln« wie beim Swiss Pass, er gilt jedoch an 3 frei wählbaren Tagen innerhalb der 15tägigen Gültigkeitsdauer. Die Preise entsprechen dem Swiss Pass mit 4 Tagen Gültigkeit.

Swiss Card

Unter dem Namen »Swiss Card« gibt es ein weiteres Angebot für ausländische Touristen. Mit ihr kann man beliebig viele Billette für Bahn, Postauto und Schiff 27 zum halben Preis kaufen, dies gilt auch für Bergbahnen wie JB oder GGB. Der besondere Clou: Die Swiss Card berechtigt zusätzlich zu einer einmaligen Gratis-Fahrt vom Grenz- oder Flughafenbahnhof zu einem beliebigen Zielort in der Schweiz und wieder zurück. Die Preise in Schweizer Franken (Stand Frühjahr 1998):

Zeitraum	2. Klasse	1. Klasse
1 Monat	172,–	208,–

STS-Familienkarte

Für Familien bietet das »Swiss Travel System« (STS) eine kostenlose Zusatzkarte, mit der eigene Kinder bis zum Alter von 16 Jahren gratis mitreisen können. Kinder bis zum Alter von 6 Jahren reisen ohnehin kostenlos, für Kinder bis zu 16 Jahren, die nicht zur Familie gehören, werden Swiss Pass, Swiss Flexi Pass und Swiss Card um 50 % ermässigt angeboten.

Regional Pass

Wer sich bei seinen Reisen auf eine bestimmte Region beschränken will, kann mit diesem Angebot, das allerdings nur im Sommer gilt, sehr günstig reisen. Den »Regional Pass« gibt es für die acht Ferien-Gebiete Montreux/Vevey, Chablais, Berner Oberland, Zentralschweiz, Appenzellerland/Toggenburg, Graubünden, Locarno/Ascona und Lugano. Die Gültigkeitsdauer beträgt 7 bzw. 15 Tage, davon kann man an 5 oder 2 bzw. 3 frei wählbaren Tagen zum »Nulltarif« fahren, an den anderen Tagen und bei weiteren Strecken über den engeren Geltungsbereich hinaus kann man unbeschränkt Billette zum halben Preis erwerben. Im Berner Oberland beispielsweise reicht das Freifahr-Gebiet von Saanen bis Meiringen und von Thun bis Goppenstein und Grindelwald, der 50-%-Bereich reicht sogar bis Montreux, Bern, Luzern, Andermatt und Zermatt, für 15/5 Tage kostet dieser Regional Pass für die 2. Klasse 200,– Franken. Ein an den Bahnhöfen erhältlicher Prospekt informiert jedes Jahr aktuell über alle Details dieses Angebotes, das nicht nur für ausländische Touristen gilt.

Halbtax-Abo

»Die ganze Schweiz zum halben Preis!« Dieser Slogan beschreibt das sehr erfolgreiche und inzwischen oft kopierte Angebot der Schweizer Bahnen, bei dem man für eine einmalige Pauschale von 150,– Franken ein Jahr lang beliebig viele Billette für Bahn, Postauto und Schiffe zum halben Preis kaufen kann. Und wer sich gleich für zwei Jahre entscheiden kann, zahlt derzeit sogar nur 222,– Franken.

Im Unterschied zur Deutschen Bahn AG gibt es keine teure »First«-Variante, sondern man kann nach Lust und Laune, Geldbeutel und Mitreisenden mal 2. und mal 1. Klasse fahren. Als »Rail Card« ist das Halbtax-Abo gegen Aufpreis auch mit verschiedenen Kreditkarten zu kombinieren.

Je nach Bedarf kann das Halbtax-Abo auch zum General-Abonnement, also zum Freifahrschein für das Gesamtnetz, ergänzt werden. Hierzu gibt es Tageskarten einzeln zum Preis von 50,– Franken oder im »Sixpack« zu 250,– Franken oder eine Monatskarte zu 325,– Franken, alle Preise für 2. Klasse. Auch zum Halbtax-Abo gibt es eine Familienkarte, die einmal im Jahr pauschal 20,- Franken kostet. Die vorstehend erwähnten Regional-Pass-Angebote werden an Inhaber von Halbtax-Abos etwa 20% preiswerter verkauft.

Auch für Touristen kann das Halbtax-Abo eine interessante Alternative zum »Swiss Pass« oder zur »Swiss Card« sein, zumal es – mit Ausnahme der Ergänzungskarten zum General-Abonnement – auch für die teuren Bergbahnen und viele Seilbahnen gilt. Für eine einmalige Reise wird es sich kaum rentieren, bei mehr oder weniger regelmässigen Schweiz-Touren lohnt sich aber ein genauer Preisvergleich.

Sparpreis Schweiz

Flensburg–Poschiavo oder Rostock–Lugano oder Düsseldorf…, hin und zurück für nur 284,– DM, Mitfahrer die Hälfte. Diese äusserst attraktive Variante des »Sparpreises« der Deutschen Bahn AG hat die DB zusammen mit den Schweizer Bahnen 1997 probeweise eingeführt und vorerst »bis auf weiteres« verlängert. Wenn man in etwa nördlich der Main-Linie wohnt, kann man die Reise bis zum Urlaubsort in der Schweiz kaum noch günstiger gestalten.

Grundsätzlich gilt der Sparpreis von jedem Bahnhof in Deutschland zu jedem Bahnhof in der Schweiz, ausgenommen sind Gipfelstationen wie Jungfraujoch, Pilatus oder Gornergrat. In den Konditionen, die denen des DB-Sparpreises ähneln, sind Fahrtunterbrechungen innerhalb der Geltungsdauer ausdrücklich zugelassen und es ist nicht vorgeschrieben, dass Zielort und Ferienort identisch sein müssen. Wer also beispielsweise in Spiez Urlaub macht, als Zielort jedoch Zermatt wählt und samstags anreist, könnte gleich am ersten Sonntag seines Urlaubs eine kostenlose Fahrt über die Lötschbergbahn und mit der BVZ einplanen.

Umfassende Informationen über Tarife und weitere Angebote der Schweizer Bahnen, wie Mehrfahrtenkarten und Gruppenbillette enthält ausser dem Kursbuch auch die SBB-Broschüre »Die günstigen Preise der Bahn«.

Beim Bahnfahren sparen: Eine Fahrt quer durch die Schweiz von Basel ins Engadin und mit dem Bernina-Express – hier ein Zug in die Pass-Region bei Ospizio Bernina – bis zur Grenze nach Italien kostet zum Normaltarif schon wesentlich mehr als der pauschale, ab jedem DB-Bahnhof geltende Sparpreis Schweiz

Vom Genfer See bis nach Graubünden

124 Strecken der SBB und der Privatbahnen sind im folgenden Reiseteil in der Reihenfolge ihrer Kursbuch-Streckennummern (KBS) beschrieben. Das Buch enthält somit eine nahezu vollständige Darstellung des Schienennetzes der Schweizer Eisenbahnen; lediglich auf einige für den Eisenbahnfreund wie für den Touristen weniger wichtige Regionalstrecken wurde verzichtet.

Im Kopf der Beschreibungen sind jeweils die mit den Fahrplanfeldern identischen Streckennummern und die Initialen der Bahngesellschaften angegeben, darunter der Linienweg und die Länge der Strecke. Besonders eindrucksvolle und schöne Routen sind mit einem Sternchen gekennzeichnet, zur Reiseplanung sind sie in der Einleitung nochmals zusammengefasst.

Historischen Rückblicken zur Entstehung der Strecken und den beteiligten Bahngesellschaften folgen die eigentlichen Routenbeschreibungen. Über die für den Eisenbahnfreund interessanten Angaben hinaus wird über die durchfahrene Landschaft ebenso informiert wie über Dörfer und Städte entlang der Strecke und ihre Sehenswürdigkeiten. Besonders interessante Streckenabschnitte, Bahnbauten, Aussichtspunkte Baudenkmäler etc. sind in fetter Schrift mit einem Sternchen gekennzeichnet.

Bei vielen Orten ist zur Orientierung ausser der Höhenangabe auch die Einwohnerzahl vermerkt, bei wichtigen Ferienzielen zusätzlich Anschrift, Telefon- und Fax-Nummer des Verkehrsbüros. Den grossen Städten sind eigene Beschreibungen gewidmet, die auch Hinweise zum öffentlichen Nahverkehr enthalten.

Die das Schienennetz ergänzenden Postauto-Kurse, Seilbahnen und Schiffahrtslinien werden vor allem dann erwähnt, wenn sie sich für Rundfahrten oder interessante Abstecher anbieten.

Durch die in eckige Klammern gesetzten Verweise auf andere Strecken werden die Beschreibungen zum Gesamtnetz der schweizerischen Eisenbahnen verknüpft. Auch auf die Kursbuch-Nummern der Seilbahnen und der Schiffahrtslinien wird in eckigen Klammern verwiesen.

Für alle Bahngesellschaften sind die wichtigsten betrieblichen Daten jeweils in einem separaten Kasten zusammengefasst. Als Eröffnungsdatum ist hier ggf. nur die erste Teilstrecke angegeben, weitere Angaben sind den Texten zu entnehmen. Die Namen der Gesellschaften werden im Text sowohl in den offiziellen, oft recht langen Bezeichnungen wie auch in den gebräuchlichen Kurzformen verwendet, besonders bei häufiger Wiederholung werden nur die Initialen benutzt.

Auf mehr oder weniger rasch veraltende Angaben, insbesondere auf Fahrpläne, wurde bewusst verzichtet, hier ist das Kursbuch ein aktuellerer Ratgeber. Individuelle Informationen und Prospektmaterial erhält man direkt bei den jeweiligen Bahnen, die wichtigsten Anschriften sind im Anhang zusammengestellt.

100 *   SBB
Lausanne–Brig–Simplon–Domodossola (188 km)

1857 wurde das erste Teilstück dieser Strecke in Betrieb genommen, 1878 konnte der durchgehende Verkehr von Lausanne bis Brig aufgenommen werden und am 18. Mai 1906 schliesslich fuhr der erste Zug durch den Simplon-Tunnel bis ins italienische Domodossola.

Die Geschichte der Simplonbahn ist ein recht eindrückliches Beispiel für die wechselvolle Entwicklung des privaten Eisenbahnwesens besonders in der Westschweiz vor der Gründung der SBB im Jahre 1902: Die private Bahngesellschaft OS *(Chemin de fer Ouest Suisse)* hatte 1855 ihre erste Strecke von Yverdon in Richtung Genève bis Morges fertiggestellt [200, 210, 150] und ein Jahr später mit einem Abzweig von Renens aus Lausanne erreicht. 1857 wurde auf dem Abschnitt Villeneuve–Bex der Betrieb aufgenommen, 1860 war die Strecke dann bis St-Maurice in Betrieb. Dort traf sie auf das im Jahr zuvor eröffnete erste Teilstück Bouveret–Martigny [100.2/131] der LI *(Nouvelle Compagnie de la ligne internationale d'Italie par le Simplon*, kurz *Ligne d'Italie)*, die bis 1868 im weiteren Ausbau durch das Rhônetal Sierre erreichte, wenig später jedoch in Liquidation geriet.

Bereits 1861 war von der OS Lausanne mit Villeneuve verbunden worden, 1872 wurde die Gesellschaft zusammen mit den benachbarten Bahnen FS *(Franco-Suisse)* [→210] und LFB *(Lausanne-Fribourg-Bern)* [→ 250] von der neugegründeten SO *(Chemin de fer Suisse-Occidentale)* übernommen. Die LI ging 1874 auf die Simplon *(Chemin de fer du Simplon)* über, die bis 1878 die Strecke zum vorläufigen Endpunkt Brig fertigstellte. 1881 übernahm die neue SOS *(Chemin de fer Suisse occidentale et du Simplon)* die in Finanznöte geratene Simplon sowie die SO und ging schliesslich nach wirtschaftlichen Schwierigkeiten 1890 zusammen mit der JBL *(Jura-Bern-Luzern-Bahn)*, die selbst ein halbes Dutzend Vorgänger-Gesellschaften hatte [→223, 225, 460] in der bereits halbstaatlichen JS *(Chemins de fer Jura-Simplon)* auf. Noch während der Bauarbeiten am Simplon-Tunnel erfolgte 1903 im Zuge der Bahn-Verstaatlichungen die Übernahme der JS durch die neugegründete SBB.

In Zusammenarbeit mit der italienischen FS wurde auf der Tunnelstrecke schon bei der Eröffnung 1906 der elektrische Betrieb zunächst mit Drehstrom 3300 V 16 2/3 Hz aufgenommen, 1919 wurde wegen Kohlemangel auch der anschliessende Abschnitt Brig–Sion elektrifiziert. Da sich die SBB inzwischen aber für das Wechselstrom-System entschieden hatte, erfolgte die weitere Elektrifizierung 1923/24 mit dem »Einheits«-Strom 15 kv 16 2/3 Hz, bis 1930 wurde auch der Drehstrom-Betrieb bis Domodossola auf Wechselstrom umgestellt, die FS fährt auf ihrer anschliessenden Strecke heute mit Gleichstrom 3000 V.

Soweit dieser Ausflug in die recht bewegten Jugendjahre der Schweizer Eisenbahnen. Die im Rahmen dieses Buches nur in Stichworten zu schildernde Entstehungs-Geschichte verlief auch bei vielen anderen Strecken recht wechselvoll. Beginnen wir nun mit unserer Reise über die Simplonbahn am Ausgangspunkt Lausanne.

Die Stadt in südöstlicher Richtung verlassend, haben wir auf der rechten Seite schon bald einen schönen Blick auf den nahen See und durchfahren die kleinen Weinorte der Corniche de Lavaux. Am Rebenhang über uns verläuft bis Puidoux fast parallel die Strecke Lausanne–Fribourg [→250]. Bei km 18 wird Vevey, Ausgangspunkt der schmalspurigen CEV [→112] und der Verbindungsbahn nach Puidoux [→111] erreicht und nach weiteren 7 km Montreux, der Hauptort des wegen seines milden Klimas »Waadtländer Riviera« genannten Gebietes. Am benachbarten Bahnsteig warten die Schmalspurzüge der MOB [→120], dahinter liegt – unter einem Hotel etwas verborgen – die Talstation der MTGN [→ 121]. Wenige Minuten nach der Abfahrt von Montreux passieren wir das in den See ragende mächtige ***Schloss Chillon**. In Villeneuve verlassen wir das Seeufer und wenden uns nach Süden dem Rhônetal zu. Durch das Weinbaugebiet des Chablais erreichen wir bei km 39 das Städtchen Aigle, wo auf dem Bahnhofsvorplatz die gemeinsame Station der von hier ausgehenden Bahnen ASD, AL und AOMC liegt [→124, 125, 126]. Bei St-Triphon unterqueren wir die AOMC-

Lausanne

Hauptstadt des Kantons Vaud (Waadt), 447 m ü.d. M., 127 000 Einwohner, Office du Tourisme et des Congrès, Avenue de Rhodanie 2, 1007 Lausanne, Tel. 021 613 73 73, Fax 021 616 86 47.

Die lebhafte Metropole des Waadtlandes in reizvoller Hanglage am Nordufer des Genfer Sees besitzt ein interessantes Stadtbild durch die Schluchten der im Zentrum allerdings überbauten Flüsse Flon und Louve. Die *Kathedrale Notre Dame ist der wichtigste frühgotische Sakralbau der Schweiz, mit»Rosenfenstern« aus der Mitte des 13. Jh.; vom südlichen Vorplatz schöne Aussicht auf Stadt und See.

Eisenbahn: Der SBB-Bahnhof liegt zwischen dem Hafen Ouchy und dem höher gelegenen Zentrum der Stadt. Das langgestreckte Empfangsgebäude und die grosse Bahnhofshalle stammen aus den Jahren 1912 bis 1916. Hier münden die von Westen kommenden Strecken aus Genève [➙ 150], aus Vallorbe [➙ 200] und Biel/Bienne [➙ 210]. In östliche Richtung führen die Strecken nach Fribourg [➙ 250] und zum Simplon [➙ 100]. Über Vallorbe–Frasne–Dijon gibt es mit den Hochgeschwindigkeitszügen TGV eine direkte Verbindung nach Paris.

Das grosse SBB-Depot liegt westlich vom Bahnhof.

Gut 10 Gehminuten entfernt hat beim Place Chauderon die nach Bercher führende schmalspurige LEB [➙ 101] vorerst noch ihre unterirdische Endstation, die Fortführung bis zum Place du Flon direkt oberhalb des SBB-Bahnhofes ist im Bau. Dort nimmt auch die 1991 eröffnete»Métro Ouest« der TSOL [➙ 102] ihren Ausgang.

Stadtverkehr: Neben den Autobus- und Trolleybus-Linien ist die kurze Zahnradbahn der LO ein wichtiges Stadtverkehrsmittel [➙ 103/104]. Der 1896 eröffnete Trambahnbetrieb der TL und der REJ (Regionaux électriques du Jorat), er umfasste in seinen besten Zeiten einschliesslich der auch Güterverkehr aufweisenden Überlandlinien ein Netz von 66 km Länge und reichte bis Moudon an der heutigen KBS 251.1, wurde in mehreren Etappen bis 1964 eingestellt.

Strecke und kommen nach weiteren 9 km in das kleine Solbad Bex. Von hier führt die BVB [➙127/128] hinauf zum Col-de-Bretaye.

Bald hinter dem Ort wird erstmals die Rhône überquert und damit auch die Kantonsgrenze zum Valais (dt. Wallis). Das Tal verengt sich und wir erreichen bei km 52 St-Maurice. Die *Augustiner Abtei, ältestes Kloster der Schweiz, besitzt einen weltberühmten Kirchenschatz. Hier mündet die von der französischen Grenze bei St-Gingolph kommende, auch als»Tonkin-Bahn« bekannte Nebenstrecke [100.2] auf unsere Route. Für den internationalen Verkehr hatte diese Linie nie eine grosse Bedeutung, zumal auf dem weiterführenden SNCF-Abschnitt nach Evian der Personenverkehr schon 1938 eingestellt wurde. An Sommerwochenenden pendelt hier der Touristenzug »Rive-Bleue-Express«.

Durch das nun wieder breiter werdende Tal kommen wir bei km 67 nach Martigny. Von den hier ihren Ausgang nehmenden Privatbahnen MO [➙133] und MC [➙ 132] bietet letztere eine schmalspurige Verbindung über die französische Grenze hinweg nach Chamonix und St-Gervais.

Unsere Strecke wendet sich hier am Rhôneknie dem Flusstal folgend nach Nordosten. Im Tal und an den Hängen wachsen Obst, Gemüse und die Trauben für den Fendant, einen der bekanntesten Schweizer Weissweine. Schneebedeckte Berggipfel begleiten unsere Reise. Die Kantonshauptstadt Sion (491 m ü.d. M., 23 000 Einwohner) mit den beiden charakteristischen Burghügeln Tourbillon und *Valère wird bei km 92 erreicht und in Sierre/Siders (km 108) überqueren wir den quer durch das Wallis verlaufenden»Röstigraben«, bei dem es sich allerdings nicht um eine geologische Verwerfung, sondern um die volkstümliche Bezeichnung der Sprachgrenze zur deutschsprachigen Schweiz handelt. Nördlich des Bahnhofs liegt die Talstation einer 4,2 km langen Standseilbahn, die in zwei Sektionen [2225] ins Skigebiet von Montana-Vermala führt. Die zahlreichen Seitentäler werden durch ein dichtes Netz von Postauto-Linien erschlossen. Zwischen Salgesch und Lenk zieht sich vom breiten Kiesbett der Rhône am gegenüberliegenden Hang der *Pfynwald empor. Hier hat die ansonsten durchgängig doppelspurige Simplonbahn wegen der schwierigen Topografie immer noch ein gut 5 km langes einspuriges Nadelör, dass in den nächsten Jahren durch eine neue Tunnelstrecke ersetzt werden soll. Gleich anschliessend folgt der in den achtziger Jahren als erste SBB-Strecke für 160 km/h zugelassene Abschnitt Leuk–Visp.

Das Städtchen Leuk (km 117) war Talstation der 1967 stillgelegten LLB zum 650 m höher liegenden Thermalkurort Leukerbad. Der interessante Zahnrad-Triebwagen BCFeh 4/4 10 dieser Bahn ist bei der Museumsbahn BC [→105] erhalten geblieben. Etwa ab Gampel (km 126) kann man am linken Berghang die sich langsam dem Talboden nähernde Lötschberg-Südrampe der BLS [→300] verfolgen und ab Visp wird bei km 137 unsere Strecke rechterhand von der bis 1930 hier endenden schmalspurigen BVZ [→140] begleitet. Alle drei Bahnen treffen sich bei km 146 im Eisenbahnknotenpunkt Brig, wo auch die FO [→610] ihren Ausgangspunkt hat.

Unmittelbar nach unserer Abfahrt in Brig passieren wir das Nordportal des *Simplon-Tunnels. Mit einer Länge von 19,8 km ist er der längste Alpentunnel und war noch lange Zeit nach seiner Eröffnung im Jahre 1906 sogar der längste Tunnel der Welt. Auf einer Scheitelhöhe von 705 m ü.d.M. unterquert er den 3553 m hohen Monte Leone; die Grenze zwischen der Schweiz und Italien liegt etwa in der Tunnelmitte. Zunächst nur einspurig, wurde bis 1922 der parallel ver-

---

SBB Schweizerische Bundesbahnen – Normalspur

Gegründet:	1902
Eröffnung der ältesten Strecke:	1847 (»Spanisch-Brötli-Bahn« der S.N.B.)
Streckenlänge:	2850 km
Spurweite:	1435 m
Stromart:	Wechselstrom 15 kV 16 $\frac{2}{3}$ Hz
max. Neigung:	39,7 ‰ (Chexbres-Villages–Puidoux-Chexbres)
Depots:	Basel, Bellinzona, Bern, Biel, Brig, Erstfeld, Genève, Lausanne, Luzern, Olten, Rorschach, Winterthur, Zürich

Triebfahrzeuge (Auswahl):

Re 4/4 I: Erste laufachslose Streckenlok der SBB, Einsatz zuletzt im Regionalverkehr, Serie wird zur Zeit ausrangiert.

Re 4/4 II: Stückzahlstärkste Lokserie, Universalmaschine für Personen- und Güterzüge, Unterserie Re 4/4 III mit geänderter Übersetzung.

Re 450: Triebkopf für die Doppelstock-Pendelzüge der S-Bahn Zürich. Erste SBB-Serie mit Drehstrom-Asynchron-Motoren.

Re 460: Als »Lok 2000« Flaggschiff und stärkste Lokserie der SBB. Einsatz im IC-Verkehr und vor schweren Güterzügen.

Ae 6/6: Ursprünglich für den Personen- und den Güterverkehr auf der Gotthardstrecke entwickelt, heute überwiegend im Flachland.

Re 6/6: Gotthardlok, führt jedoch auch schwere Züge im Flachland. Im Güterverkehr oft in Doppeltraktion mit Re 4/4 III.

RBe 540: Schwerer Triebwagen für den Einsatz in Pendelzügen, beförderte früher auch Städte-Schnellzüge, heute im Regionalverkehr.

RBDe 560: Triebwagen für die »Kolibri«-Pendelzüge, Einsatz mit modernisierten Einheitswagen und neuen Bt im Regional- und Agglomerationsverkehr.

Brig

684 m ü.d.M., 9 600 Einwohner, Offizielles Verkehrsbüro, Bahnhofplatz 1, 3900 Brig, Tel. 027 923 19 01, Fax. 027 924 31 44.

Im Hauptort des deutschsprachigen oberen Wallis beginnt die schon von den Römern benutzte Passroute über den Simplon. Oberhalb der kleinen Altstadt liegt der die Stadt überragende frühbarocke ***Stockalper-Palast** mit seinem arkadengesäumten Innenhof. Umgebung: Mit Postautobus und Luftseilbahn über Naters und Blatten zur Belaip (2137 m ü.d.M.), dort herrliche Aussicht auf den ***Grossen Aletschgletscher,** mit einer Fläche von 170 qkm der grösste Gletscher der Alpen.

Eisenbahn: Brig ist ein wichtiger Eisenbahnknotenpunkt, hier trifft die Lötschbergbahn der BLS [→ 300] auf die Simplonstrecke [→ 100]. Die ausgedehnten Bahnanlagen liegen zwischen Rhône und Stadtzentrum, sie erstrecken sich in östlicher Richtung bis zum Portal des Simplontunnels.

Auf dem Platz vor dem grossen Empfangsgebäude aus dem Jahre 1908 haben die schmalspurigen Strecken der FO [→610] und der BVZ [→140] ihren gemeinsamen Endpunkt.

laufende Hilfs- und Belüftungsstollen zur zweiten Fahrspur erweitert. Kaum hat der Zug kurz vor Iselle di Trasquera (km 168) den Tunnel verlassen, taucht er schon wieder ins Dunkle, in einen knapp 3 km langen Kehrtunnel, den er unterhalb von Varzo verlässt. Auf der weiteren Fahrt talwärts durch das Val Divedro passiert er noch eine Anzahl kleinerer Bergdurchstiche, um schliesslich bei km 188 unser Ziel, die norditalienische Provinzhauptstadt Domodossola, zu erreichen. Die Strecke der FS führt weiter südwärts, am malerischen Lago Maggiore vorbei nach Milano.

Zur Rückkehr in die Schweiz jedoch bieten sich ausser der Simplonbahn das Postauto durch die wildromantische ***Gondoschlucht** und über den Simplon-Pass oder die schöne Fahrt mit der »Centovalli-Bahn« SSIF/FART [→620] nach Locarno an.

---

101   LEB

Lausanne–Echallens–Bercher (23 km)

Seit 1873 verbindet diese meterspurige Strecke die Kantonshauptstadt mit der nördlichen Region des »Gros-de-Vaud«, sie ist damit die älteste Schmalspurbahn auf schweizerischem Boden. Die heutige LEB *(Chemin de fer Lausanne-Echallens-Bercher)* entstand 1913 durch Fusion der LE mit der CV *(Chemin de fer Central Vaudois)*, die 1889 die Strecke Echallens–Bercher in Betrieb genommen hatte.

Rund 800 m nordwestlich der Metro-Station Flon [→103/104] liegt am Place Chauderon der unterirdische Endbahnhof der LEB. Wieder am Tageslicht, verläuft die Strecke zunächst im Strassentrassee der Avenue d'Echallens, hinter Prilly dann meist parallel zur Nationalstrasse 5. Nach rund 14 km wird Echallens erreicht, hier enden etwa 50 % der heute vor allem für den Vorortverkehr von Lausanne wichtigen Zugverbindungen. Die restliche Strecke bis Bercher hat von dem Beförderungszuwachs der letzten Jahre weniger profitiert, der früher einmal umfangreiche Güterverkehr ist schon 1970 auf die Strasse verlagert worden.

Zur Zeit im Bau ist die unterirdische Verlängerung der Strecke vom Place Chauderon zum Place du Flon, wo die LEB dann mit der »Métro Ouest« der TSOL [→102] und den Zahnradbahnen der LO [→103/104] zusammentreffen wird.

LEB Chemin de fer Lausanne-Echallens-Bercher

Eröffnet:	1873	Stromart:	Gleichstrom 1500 V (seit 1936)
Streckenlänge:	23 km	max. Neigung:	40 ‰
Spurweite:	1000 mm	Depot:	Echallens

Fahrzeuge: Neben den modernen Pendelzügen Be 4/8 sind im Spitzenverkehr auch die älteren Be 4/4 noch nicht ganz zu entbehren.

---

102   TSOL
Lausanne-Flon–Renens (7,8 km)

Die 1991 eröffnete TSOL (Tramway du Sud-Ouest Lausannois) ist das jüngste Bahnunternehmen der Schweiz. Die normalspurige Schnellbahn, die umgangssprachlich auch als Métro Ouest bezeichnet wird, verbindet Lausanne mit dem benachbarten Renens.

Ihren Ausgangspunkt hat sie am Place du Flon in unmittelbarer Nachbarschaft zu den Zahnradbahnen der LO [→103/104]. Durch den 400 m langen Montbenon-Tunnel quert sie die SBB-Strecke und erreicht den tiefer gelegenen Ortsteil Malley. Über die Nationalstrasse hinweg geht es weiter zur »Cité universitaire«, dem grossen Hochschulviertel unweit des Genfer Sees. Über Eclubens erreicht die Strecke dann ihren Endpunkt Renens, wo sie im SBB-Bahnhof ein Kopfgleis erhalten hat. Ungewöhnlich für Schweizer Verhältnisse sind die Hochperrons an den Haltestellen, die ein niveaugleiches Ein- und Aussteigen ermöglichen. Der Fahrzeugunterhalt erfolgt im SBB-Depot Lausanne.

TSOL Tramway du Sud-Ouest Lausannois

Eröffnet:	1991	Stromart:	Gleichstrom 750 V
Streckenlänge:	7,8 km	max. Neigung:	60 ‰
Spurweite:	1435 mm	Depot:	Ecublens

Fahrzeuge: Die Gelenktriebwagen Bem 4/6 besitzen als Hilfsantrieb einen kleinen Dieselmotor, damit sie auch unter der SBB-Wechselstrom-Fahrleitung verkehren können.

103/104   LO
Lausanne–Ouchy (1,5 km)
Lausanne Gare CFF–Lausanne Flon (0,3 km)

Obwohl die auch als Métro bezeichneten Linien der LO *(Chemin de fer Lausanne-Ouchy)* rein innerstädtische Verkehrsmittel sind, so handelt es sich doch um »echte« Zahnradbahnen, die daher auch in das Kursbuch mit eigenen Strecken-Nummern Aufnahme gefunden haben.

1877 wurde die Verbindung von der zentralen Station am Place du Flon hinunter zum Hafen Ouchy als erste Standseilbahn der Schweiz in Betrieb genommen. Die benachbarte kurze Tunnelstrecke Gare CFF-Flon, sie verbindet den

Blonay–Chamby

SBB-Bahnhof mit dem höherliegenden Stadtzentrum, wurde 1879 ebenfalls als Standseilbahn eröffnet. 1954 erfolgte der Umbau auf elektrischen Zahnradbetrieb und 1958 wurde auch die Strecke nach Ouchy umgestellt; der ehemals respektable Güterverkehr wurde bei dieser Gelegenheit auf die Strasse verlegt.

LO Chemin de fer Lausanne–Ouchy

Eröffnet:	1954 (Standseilbahn 1877)	Stromart:	Gleichstrom 650 V
Streckenlänge:	1,8 km	max. Neigung:	120 ‰
Spurweite:	1435 mm	Werkstätte:	Ouchy
Betriebsart:	Zahnrad, System Strub (seit 1954/1958)		

Fahrzeuge: Die auf der Strecke Flon-Ouchy verkehrenden Pendelzüge werden von den Lokomotiven He 2/2 aus dem Jahre 1958 befördert; auf dem Abschnitt Gare CFF–Flon kommen die 1964 gebauten Triebwagen der Gattung Bhe 2/2 zum Einsatz.

105   BC/CEV
Blonay–Chamby (3 km)

Die Geschichte der BC (*Chemin de fer-musée Blonay-Chamby*) beginnt mit einer Streckenstillegung. 1966 stellte die seither nur noch von Vevey über Blonay nach Les Pléiades verkehrende CEV auf ihrer knapp 3 km langen Verbindung zur Station Chamby der MOB den Betrieb ein. Bevor die Strecke abgebrochen wurde, konnte sie von einigen Eisenbahn-Liebhabern erworben und 1968 in eine Museumsbahn umgewandelt werden. Von Anfang Mai bis Ende Oktober verkehren seither an den Wochenenden nach festem Fahrplan historische Lokomotiven und Wagen, die früher auf Schmalspurbahnen der gesamten Schweiz und des Auslandes im Einsatz waren.

BC Chemin de fer-musée Blonay–Chamby

Eröffnet:	1968	Stromart:	Gleichstrom 900 V
Streckenlänge:	3 km	max. Neigung:	50 ‰
Spurweite:	1000 mm	Depot:	Musée Chaulin

Fahrzeuge (Auswahl):

G 3/3 1 »Le Doubs« (1890, ex RdB/CMN)
HG 3/4 3 (1914, ex FO)
G 3/3 5 (1890, ex LEB)
G 3/3 6 (1901, ex BAM)
G 2/4 7 (1882, ex TM, Frankreich)
G 2x2/2 105 (1918, ex SEG, Deutschland)
G 5/5 99 193 (1927, ex DRG, Deutschland)
Dampfschneeschleuder Xrot d 9214 (1912, ex BB/RhB)

Ge 4/4 75 (1913, ex +GF+)
Ge 4/4 181 (1917, ex BB/RhB)
Te 2/2 926 (1935, ex StSZ)
BCFe 2/2 4 (1928, ex SeTB)
Ce 2/2 12 (1907, ex LJB/OJB)
BCFeh 4/4 (1909, ex MCM/AOMC)
BCFeh 4/4 10 (1915, ex LLB)
Ce 2/2 52 (1914, ex SSB)
Ce 2/2 125 (1920, ex CGTE)
Ce 2/3 28 (1913, ex TL)
Ze 2/2 31 (1914, ex RhStB)

Zum Fahrplanwechsel 1998 wird nun die Strecke aus ihrem Dornröschen-Schlaf wieder erwachen, neue Gelenk-Triebwagen Be 2/6 der CEV sollen dann durchgehend von Vevey über Blonay bis Chamby verkehren – an den Sommerwochenenden wird aber weiterhin die nun schon dreissig Jahre alte BC den Betrieb besorgen.

Wo in Blonay die Linie der CEV [➤112] mit dem Beginn der Zahnstange nach Norden abzweigt, führt die Museumsstrecke zunächst geradeaus weiter, hinauf in ein dichtes Waldgebiet. Die Baye de Clarens wird auf einem in einer Kurve liegenden Viadukt überquert. Kurz darauf durchfahren wir den 45 m langen Cornaux-Tunnel und passieren den neu angelegten Abzweig zum Museums-Depot Chaulin. Auf weiter ansteigender Strecke erreichen wir den Endpunkt Chamby, wo ein Gleisanschluss an die Strecke der MOB [➤120] besteht.

Hier macht unser Museumszug Kopf und fährt zurück zum Depot, wo ein grosser Teil der umfangreichen Fahrzeug-Sammlung Platz gefunden hat.

An den Betriebstagen fahren normalerweise elektrische Triebwagen sowie Dampfzüge, zusätzlich pendelt ein Tramwagen zwischen dem Depot und Chamby.

111   SBB/VCh
Vevey–Puidoux-Chexbres (8 km)

Diese kurze Querspange zwischen den Strecken Lausanne–Domodossola [➤ 100] und Lausanne–Fribourg [➤250] wurde 1904 von der VCh (Chemin de fer Vevey-Chexbres) eröffnet, der sie noch heute gehört. Die sehr kurvenreiche Strecke mit einer maximalen Neigung bis zu fast 40 ‰ wird jedoch seit ihrer Fertigstellung als Pachtstrecke durch die SBB betrieben und so ist die Existenz dieser Privatbahn ohne eigene Fahrzeuge sogar manchen Eisenbahnfreunden unbekannt. Mit dem in Sonderfarben lackierten NPZ »Train des Vignes« wird jedoch dem besonderen Status dieser Strecke Rechnung getragen. Am Rande ist vielleicht interessant, dass hier 1980 die ersten nicht mehr von Kondukteuren begleiteten SBB-Züge verkehrten und dass es sich – einmal abgesehen von ein paar kurzen Rampen der S-Bahn-Zürich – um die steilste Strecke im Normalspurnetz der SBB handelt.

Noch in Vevey [➤100] zweigen wir von der Simplonstrecke in nordwestliche Richtung ab und erreichen die neue Station Vevey-Funi, die Ausgangspunkt der Standseilbahn hinauf zum aussichtsreichen Mont Pèlerin ist [2050]. Über Corseaux gewinnen wir in dem an Weinbergen reichen Gebiet des Lavaux rasch an Höhe, halten bei km 7 noch einmal in Chexbres-Villages und erreichen dann über den steilsten Streckenabschnitt mit einer Maximal-Steigung von 39,7 ‰ den immerhin rund 230 Höhenmeter über Vevey liegenden Bahnhof Puidoux-Chexbres an der Strecke Lausanne–Fribourg [➤250].

112   CEV
Vevey–Blonay–Les Pléiades (10 km)

1902 nahm die CEV (Chemins de fer électriques Veveysans) ihre Meterspur-Strecke von Vevey über Blonay nach Chamby in Betrieb, die sie zwei Jahre später um die Verbindung St-Légier–Châtel-St-Denis ergänzte. 1911 wurden die beiden Strecken um die Zahnradbahn nach Les Pléiades erweitert. Wegen mangelnder Rendite musste zwar 1966 das Teilstück Blonay–Chamby stillgelegt werden, konnte aber zwei Jahre später als private Museumsbahn BC [➤105] wieder eröffnet werden. 1969 fiel dann auch die Strecke nach Châtel-St-Denis dem Rotstift zum Opfer. Seit 1990 wird die CEV von der benachbarten MOB [➤120] mitbetrieben.

Schon zur Römerzeit besiedelt, ist Vevey (383 m ü.d.M., 16 000 Einwohner, Office du Tourisme Vevey et environs, Grande-Place 29, 1800 Vevey, Tel. 021 922 20 26) heute ein gutbesuchter Kurort am Genfer See (Lac Léman). Im alten Ortskern liegt direkt am Seeufer mit der Grande Place mit Markthalle und altem Zollhaus. In Vevey hat nicht nur der Konzernmulti Nestlé seinen Firmensitz, sondern auch der Eisenbahnfahrzeug-Hersteller ACMV (Atelier de constructions mécaniques SA, Vevey).

In Vevey begann auch die 1888 eröffnete Strecke der ersten elektrischen Strassenbahn der Schweiz, die am Seeufer entlang über Montreux zunächst bis zum Schloss Chillon führte und 1903 nach Villeneuve verlängert wurde. Von 1952 bis 1958 wurde die fast 13 km lange VMCV (*Tramway Vevey–Montreux–Chillon–Villeneuve*) in Etappen auf Obus-Betrieb umgestellt; ein doppelstöckiger Triebwagen mit offenem Oberdeck aus dem Jahre 1888 ist im Verkehrshaus der Schweiz in Luzern erhalten geblieben.

CEV Chemins de fer électrique Veveysans

Eröffnet:	1902	Stromart:	Gleichstrom 900 V
Streckenlänge:	10 km	max. Neigung:	Adhäsion 50 ‰,
Spurweite:	1000 mm		Zahnrad 200 ‰
Betriebsart:	Adhäsion/Zahnrad,	Depot:	Vevey
	System Strub		

Fahrzeuge: Für die Talstrecke erhielt die CEV 1998 vier Niederflur-Gelenktriebwagen Be 2/6. Der planmässige Verkehr hinauf nach Les Pléiades wird mit den Triebwagen BDeh 2/4 aus dem Jahre 1970 abgewickelt. Die kleinen Zahnradloks der Gattung He 2/2 von 1911 kommen nur noch im Spitzenverkehr auf der Bergstrecke und vor Dienstzügen zum Einsatz.

Die Station der CEV in Vevey liegt mit einem gemeinsamen Bahnsteig direkt neben dem SBB-Bahnhof, von hier führt die Strecke in zahlreichen Kurven bergauf zum Dorf Blonay, wo auf dem Bahnhofsvorplatz bis zu ihrer Einstellung im Jahre 1955 die Tramlinie der CCB (*Tramway Clarens–Chailly–Blonay*) endete. Hier beginnt die Zahnstangenstrecke mit schönen Fernsichten zum Moléson im Norden und den Rochers-de-Naye [➤121] im Osten. Von der Bergstation auf dem 1360 m hohen Aussichtsberg ***Les Pléiades** hat man einen schönen Panoramablick bis zur Jurakette und über den See auf die Savoyer Alpen.

---

120 ✳   MOB

Montreux–Château-d'Oex–Gstaad–Zweisimmen–Lenk (75 km)

Eine Reise in den eleganten und komfortablen Wagen des »Panoramic-Express« von Montreux nach Zweisimmen oder Lenk zählt zu den attraktivsten Bahn-Erlebnissen der Schweiz. Schon 1880 gab es erste Vorschläge, das schöne Pays d'Enhaut, das Waadtländer Oberland, und das Simmental durch eine Bahnlinie vom Genfer See aus zu erschliessen. Diese Pläne wurden jedoch noch mehrfach verändert. Auf dem ersten Abschnitt Montreux–Les Avants konnte dann aber 1901 der Betrieb aufgenommen werden. Bis 1905 war die Gesamtstrecke der schmalspurigen MOB (*Chemin de fer Montreux-Oberland-Bernois*) bis Zweisimmen fertiggestellt.

Der Betrieb erfolgte von Anfang an elektrisch mit Gleichstrom 900 V, nur für Notfälle wurden auch zwei Dampflokomotiven beschafft.

Eigentlich sollte die Strecke von Saanen direkt nach Schönried geführt werden, während Gstaad durch die Verlängerung Les Diablerets–Pillon–Saanen der ASD [→124] Bahnanschluss erhalten sollte. Dieses Strecke wurde jedoch nie gebaut, die Planungen der MOB konnten aber noch rechtzeitig für den 3 km langen Umweg über Gstaad geändert werden.

Die Zweiglinie durchs Obersimmental nach Lenk wurde 1912 eröffnet. Ursprünglich war daran gedacht, diese Strecke, die bis vor wenigen Jahren noch eine eigene KBS-Nummer 321 besass , über Adelboden durch das Engstligental bis nach Frutigen [→300] zu führen, der Erste Weltkrieg vereitelte jedoch diese Pläne.

Als erste Schmalspurbahn der Schweiz nahm die MOB schon 1906 Speisewagen in Betrieb und 1931 wurde mit vier Pullman-Wagen der CIWL der »Golden-Mountain-Pullman-Express« eingerichtet, der wegen der Weltwirtschaftskrise jedoch nur einen Sommer lang verkehrte. Die Wagen wurden 1939 an die Rhätische Bahn abgegeben, wo sie heute noch in Sonderzügen eingesetzt werden. Ihre modernen Nachfolger bei der MOB sind die Aussichtswagen des »Panoramic-« und des »Crystal-Panoramic-Express«.

Montreux (395 m ü.d.M., 20000 Einwohner, Office des Congrès et du Tourisme de Montreux, rue du Théâtre 5, 1820 Montreux, Tel. 021 962 84 84, Fax 021 963 78 95) ist schon seit vielen Jahrzehnten das Zentrum des wegen seines milden Klimas auch »Waadtländische Riviera« genannten Feriengebietes am Genfer See. Die grossen Hotelpaläste vermitteln heute noch einen Eindruck vom Kurbetrieb um die Jahrhundertwende, das moderne Kongressgebäude wirkt da eher wie ein Fremdkörper. Von der Uferpromenade hat man einen prachtvollen Blick über den See auf die gegenüberliegenden Savoyer Alpen. Im Ortsteil Veytaux südlich des Zentrums liegt das auf einer Felsnase in den See hinausgebaute *Schloss Chillon, die Burg der Grafen und Herzöge von Savoyen, eines der eindrucksvollsten Baudenkmäler der Schweiz. In seinen Anfängen stammt es aus dem 10. Jh., wesentliche Erweiterungen wurden im 13. Jh. vorgenommen. Die sehr empfehlenswerte Besichtigung beginnt im Felsenkerker, dem Schauplatz von Lord Byrons Epos »Der Gefangene von Chillon«.

Das Schicksal der ersten elektrischen Strassenbahn der Schweiz ist bei der Strecke der CEV [→112] beschrieben. Zwei weitere inzwischen verschwundene Bahnen sollen hier nicht unerwähnt bleiben: 1898 wurde die elektrische Zahnrad-Strassenbahn TP vom Ortsteil Trait zum oberhalb gelegenen Planches eröffnet, schon 1912 musste die nur knapp 400 m lange Strecke nach einem Unfall des einzigen Triebwagens eingestellt werden. Die CCB (*Tramway Clarens–Chailly–Blonay*) war 1911 eröffnet worden, in Fontanivent bestand Verbindung mit der MOB, der auch die Betriebsführung oblag. Die Bahnlinie wurde 1955 durch einen Autobus-Kurs ersetzt. Montreux ist auch Ausgangspunkt der 800-mm-Zahnradbahn auf den Rochers-de-Naye [→121] und hat damit als eine von wenigen Bahnstationen Europas drei verschiedene Spurweiten aufzuweisen.

Das in steiler Hanglage errichtete Empfangsgebäude des SBB-Bahnhofes an der Simplon-Strecke [→100] stammt aus dem Jahre 1903 und besitzt ein bemerkenswertes Treppenhaus. Auf den Gleisen vier bis sechs halten die Züge der MOB. Gleich nach Verlassen des Bahnhofes führt eine steile Rampe zum ersten

Kehrtunnel, in mehreren Serpentinen windet sich die Strecke dann den Hang oberhalb der Stadt empor und bietet immer wieder schöne Ausblicke auf den See hinunter. In Chamby (km 7, 749 m ü.d.M.) zweigt linkerhand die Museums-strecke der BC [➤105] ab, unsere Route wendet sich in einem weiteren, 314 m langen Kehrtunnel wieder nach Südosten. In Les Avants (km 11, 970 m ü.d.M.) ist die Talstation der Standseilbahn nach Sonloup [2057], die auch zur MOB-Gruppe gehört. Unsere Strecke erreicht nun ihre maximale Steigung von 73 ‰ und durch einige kleinere Tunnels kommen wir zum Bedarfshalt Jor, hinter dem der 2424 m lange Jaman-Tunnel beginnt. Der Scheitelpunkt dieses längsten Tunnels der MOB liegt auf 1115 m ü.d.M., wir überschreiten hier auch die Kantonsgrenze zwischen Vaud und Fribourg. Danach geht unsere Fahrt durch das schöne Tal der Saane hinab nach Montbovon (km 22, 797 m ü.d. M.), wo wir auf die ebenfalls schmalspurige Strecke der GFM [➤256] treffen.

MOB Chemin de fer Montreux-Oberland-Bernois

Eröffnet:	1901	Stromart:	Gleichstrom 900 V
Streckenlänge:	75 km	max. Neigung:	73 ‰
Spurweite:	1000 mm	Depots:	Chernex, Montreux, Zweisimmen

Fahrzeuge: Die modernsten Triebfahrzeuge im umfangreichen Rollmaterial-Park der MOB sind die vier schweren Ge 4/4, die 1995 als Universallokomotiven für den Panoramic-Express und den Güterzugverkehr beschafft wurden. Neben den Gepäcklokomotiven GDe 4/4 von 1983, den Doppeltriebwagen ABDe 8/8 aus dem Jahre 1968 und den Pendelzügen BDe 4/4 + ABt von 1976 finden wir bei der MOB noch einige ältere Triebwagen, die zum Teil aus Occasionen stammen und meist nur noch für untergeordnete Dienste zum Einsatz kommen.
Die 1932 für den nur kurzlebigen »Golden-Mountain-Pullman-Express« beschafften Doppelloks DZe 6/6 stehen nicht mehr im Einsatz, eine dieser Maschinen soll aber als historisches Triebfahrzeug erhalten bleiben.
Besondere Erwähnung verdienen die klimatisierten Aussichtswagen der MOB. Schon 1976 wurde der erste Prototyp As 110 unter Verwendung alter Untergestelle gebaut, für das futuristische Design der Steuerwagen des ab 1993 beschafften »Crystal-Panoramic-Express« zeichnet der Italiener Pininfarina verantwortlich.

Vom Tal des Haut Gruyère führt unsere Reise jetzt wieder zurück ins Waadtland, ins idyllische Pays d'Enhaut. Bei km 33 erreichen wir den Ferienort Château-d'Oex (968 m ü.d.M., 4000 Einwohner), von hier aus besteht eine Postauto-Linie über den Col-des-Mosses nach Le Sépey zur ASD [➤124] und nach Leysin zur AL [➤125]. Rougemont (km 39) mit seiner schönen romanischen Kirche liegt unmittelbar vor der Kantonsgrenze nach Bern, mit der wir auch die Grenze zur deutschsprachigen Schweiz überschreiten. Über Saanen kommen wir bei km 46 zu dem bekannten Ferienort Gstaad (1049 m ü. d. M., 2000 Einwohner, Tourismusbüro Gstaad-Saanenland, Hauptstrasse, 3780 Gstaad, Tel. 033 748 81 81, Fax. 033 748 81 33). Das schöne Lauenental wird von hier aus durch eine Postauto-Linie erschlossen und statt der nie gebauten ASD-Fortsetzung führt über Gsteig und den Col-du-Pillon nach Les Diablerets [➤124] ebenfalls eine Postauto-Verbindung.

Nach einer engen Kurve und über die 109 m lange Grubenbach-Brücke geht es nun über weite Wiesenhänge steil bergauf. Zwischen Schönried und Saanenmöser passieren wir bei km 52 mit 1275 m ü.d.M. den Kulminationspunkt der gesamten Strecke. Weit oberhalb der hier durch eine Schlucht fliessenden Kleinen Simme geht es dann am bewaldeten Hang des Rinderberges hinunter nach Zweisimmen. Auf dem letzten Stück des Abstiegs beschreibt die Strecke noch eine Doppelschleife, hinter dem 298 m langen Moosbach-Kehrtunnel nähern wir uns der rechts im Tal verlaufenden Nebenlinie aus Lenk und erreichen den in einem weiten Wiesental liegenden Ferienort Zweisimmen (924 m ü.d.M.), der bei der hier anschliessenden Strecke der BLS nach Spiez [→320] beschrieben ist. Dort wird auch das MOB-Projekt »Dritte Schiene Golden Pass« näher erläutert, das durchgehende Schmalspurzüge von Montreux bis Interlaken und Luzern ermöglichen soll.

Zur Weiterfahrt nach Lenk müssen wir zumeist in Zweisimmen umsteigen, da nur wenige durchgehende Züge dort Kopf machen. Entlang der Simme geht die Fahrt auf der Ende der siebziger Jahre komplett erneuerten Strecke, auf der am 3. 11. 1983 mit einer MOB-Lok der Gattung GDe 4/4 der europäische Schmalspur-Geschwindigkeitsrekord von 110 km/h gefahren wurde, talaufwärts. Über die Orte St. Stephan (Kirche aus dem 15. Jh.) und Matten erreichen wir unser Ziel, den in einem weiten Talkessel unterhalb des 3243 m hohen Wildstrubels liegenden Luftkurort Lenk (1068 m ü.d.M., 2000 Einwohner). Zu Fuss oder mit dem Autobus der MOB erreichen wir von hier aus den 130 m hohen ***Iffigen Wasserfall**. In zwei Sektionen führt eine Luftseilbahn [2380] zur 1943 m hoch gelegenen Bergstation Leiterli auf dem Betelberg.

121 ✳   MTGN
Montreux–Glion–Caux–Rochers-de-Naye (11 km)

Die zu den ***Rochers-de-Naye** (2042 m ü.d.M.) hinaufführende Zahnradbahn mit 800 mm Spurweite wurde von zwei verschiedenen Gesellschaften in zwei Etappen fertiggestellt. 1892 nahm die GN (*Chemin de fer Glion-Rochers-de-Naye*) ihren Dampfbetrieb auf, der Anschluss von Montreux bestand durch die ehemalige Trambahnlinie der VMCV und die auch heute noch existierende Standseilbahn Territet–Glion. Erst 1909 kam mit der Eröffnung der von Anfang an elektrisch betriebenen MGI (*Chemin de fer Montreux-Glion*) eine direkte Verbindung zustande. 1938 wurde auch die Strecke der GN elektririziert, seither verkehren durchgehende Züge Montreux-Rochers-de-Naye. Erst 1988 wurden die beiden Bahnen, die unter dem gemeinsamen Dach der MOB-Gruppe betrieben werden, zusammengeführt und führen heute die Bezeichnung MTGN (*Chemin de fer Montreux-Territet-Glion-Rochers-de-Naye*).

Die Station der MTGN in Montreux (395 m ü.d.M.) liegt nördlich des SBB-Bahnhofes unmittelbar neben den Gleisen der MOB [→120], allerdings etwas versteckt unter einem am Hang errichteten Hotelgebäude. Schon kurz nach der

---

MTGN Chemin de fer Montreux–Territet–Glion–Rochers-de-Naye

Eröffnet:	1892	Stromart:	Gleichstrom 850 V
Streckenlänge:	11 km	max. Neigung:	220 ‰
Spurweite:	800 m	Depot:	Glion
Betriebsart:	Zahnrad, System Abt		

Fahrzeuge: Die in den Jahren 1938 bis 1966 gebauten Triebwagen der Gattung Bhe 2/4 wurden seit 1983 durch moderne Doppel-Einheiten Bhe 4/8 ergänzt. Die nostalgisch lackierte Kleinlok HGe 2/2 2 von 1909 kommt noch vor Dienstzügen zum Einsatz, für Sonderfahrten besitzt die MTGN seit 1992 eine Neubau-Dampflokomotive des von der BRB [→ 475] beschafften Typs H 2/3.

Abfahrt verschwindet unser Zug in einem 389 m langen Tunnel, in dem er – für den Fahrgast unbemerkt – auf einer unterirdischen Brücke von der Tunnelstrecke der MOB überquert wird. Wenn wir den Tunnel verlassen, überwinden wir die Baye de Montreux auf einer hohen Eisenbrücke. Nach kleineren Bergdurchstichen durchfahren wir den 385 m langen Valmont-Kehrtunnel und erreichen bei km 3 Glion (687 m ü.d.M.). Hier im alten Umsteigebahnhof von MGI und GN befindet sich auch die Bergstation der Standseilbahn von Territet [2054], die ebenfalls unter Regie der MOB betrieben wird. Nach einem kleinen Tunnel passieren wir die beiderseits des Gleises befindlichen Depotanlagen. Statt der bisher nur max. 130 â wird die Strecke nun mit bis zu 220 â merklich steiler. Zurückschauend haben wir immer wieder einen eindrucksvollen Blick hinunter auf den Genfer See und in das Rhônetal. Hinter Le Tremblex liegt abermals ein Kehrtunnel und bei km 5 kommen wir nach Caux (1054 m ü.d.M.). Die mit zahlreichen Kurven in nordöstlicher Richtung weiter steigende Strecke wechselt nun von den bewaldeten Hängen in alpines Gebiet, rechterhand sehen wir über dem Veraye-Tal unser Ziel, die Rochers-de-Naye, aufragen, im Norden liegt der Col-de-Jaman. Vor der gleichnamigen Bedarfshaltestelle (1742 in ü.d.M.) passieren wir einen weiteren Kehrtunnel, in dem sich unsere Fahrtrichtung nach Süden ändert. Wanderern kann der schöne Weg hinab zur Station Les Cases der MOB und weiter ins Haut Gruyère empfohlen werden. Nach dem 240 m langen Grand-Tunnel folgt in einer letzten grossen Schleife unterhalb der Felsgipfel noch ein kleiner Bergdurchstich, dann sind wir am Ziel, der Bergstation ***Rochers-de-Naye** (1973 m ü.d.M.). Das letzte Wegstück bis zum Gipfel ist zu Fuss zu bewältigen, der grossartige Rundumblick auf die Savoyer, die Walliser und die Berner Alpen und zum Jura entschädigt für die etwa 70 Höhenmeter.

---

124   ASD
Aigle–Sépey–Les Diablerets (22 km)

Die ASD (*Chemin de fer Aigle-Sépey-Diablerets*) eröffnete 1913 den ersten Abschnitt ihrer von Aigle ins Vallée des Ormonts führenden Schmalspurbahn, die im Jahr danach bis zum Endpunkt Les Diablerets fertiggestellt wurde. Ursprünglich sollte die Strecke in einem zweiten Abschnitt über den Col du Pillon nach Gstaad und Saanen mit Anschluss an die MOB [➜120] verlängert werden, dazu ist es jedoch nie gekommen. Die lange Zeit einstellungsbedrohte Bahn ist vor zehn Jahren zusammen mit den anderen von Aigle ausgehenden Bahnen AL [➜125] und AOMC [➜126] durchgreifend modernisiert worden, mit diesen und der ebenfalls schmalspurigen BVB [➜127/128] bildet die ASD innerhalb der Gruppe TPC (*Transports Public du Chablais*) eine Betriebsgemeinschaft. In jüngster Zeit haben MOB und ASD gemeinsam die Pläne einer Bahnverbindung über den Col du Pillon wieder zur Diskussion gestellt, damit könnte auch die »Golden-Pass-Route« [➜320] erheblich aufgewertet werden.

In Aigle (404 m ü.d.M., 4500 Einwohner), einem beschaulichen Städtchen am Nordrand des breiten Rhônetals, haben die drei Schmalspurbahnen AL, AOMC und ASD ihren gemeinsamen Endpunkt auf dem Vorplatz des SBB-Bahnhofes [➜100]. Durch die Strassen der Stadt und vorbei an dem inmitten ausgedehnter Weinberge liegenden mittelalterlichen Schloss verlassen wir das Tal der Rhône. Mit Steigungen bis zu 60 ‰ geht es aufwärts durch das malerische Vallée des Ormonts. Bei der Station Les Planches (km 12) zweigen wir in einer Spitzkehre über das 84 m hohe Grande-Eau-Viadukt, die älteste Stahlbeton-Eisenbrücke der Schweiz, auf die Stichstrecke nach Le Sépey (978 m ü.d. M.) ab, heute allerdings nur noch von etwa jedem zweiten Zug befahren wird. Hier be-

125 – Ein moderner Pendelzug der AL auf der doppelgleisigen Viaduktstrecke oberhalb von Leysin-Village

steht mit einer Buslinie Anschluss nach Leysin, dem Endpunkt der AL [→125], aber auch über den Col-des-Mosses nach Châteaux-d'Oex zur MOB [→120].

Wir machen hier Kopf, fahren zurück nach Les Planches und weiter aufwärts durch das bewaldete Tal. Das Bergland von Ormont-Dessus und -Dessous ist bei Wanderern wie bei Skifahrern gleichermassen beliebt. Auf kurvenreicher Strecke erreichen wir bei km 22 unser Ziel, den schön gelegenen Ferienort Les Diablerets (1155 m ü.d.M., 1300 Einwohner). Bei einer Rundreise können wir uns von hier mit dem TPC-Autobus über den Col-de-la-Croix nach Villars bringen lassen und mit der BVB [→127] von dort wieder hinab ins Rhônetal. Über den Col-du-Pillon können wir aber auch mit dem Postauto Gstaad und die MOB [→120] erreichen.

125   AL
Aigle-Leysin (6 km)

Seit der Jahrhundertwende ist der Luftkurort Leysin durch die schmalspurige Zahnradbahn der AL (*Chemin de fer Aigle-Leysin*) mit dem Rhônetal verbunden. Die ursprünglich nur bis zum Ortsteil Feydey reichende Strecke wurde 1916 durch den Bau eines 233 m langen Kehrtunnels bis zur heutigen Endstation Leysin-Grand-Hôtel verlängert. Die ebenfalls 1900 eröffnete Tramlinie der AL vom Bahnhof zum ehemaligen Grand Hôtel Aigle ist schon 1932 eingestellt worden. Mit den in Aigle benachbarten Schmalspurbahnen AOMC [→126] und ASD [→124] sowie der BVB in Bex [→127/128] bildet die AL eine Betriebsgemeinschaft innerhalb der TPC-Gruppe .

Wir beginnen unsere Fahrt in Aigle auf dem mit AOMC und ASD gemeinsam genutzten Bahnhofsvorplatz. Die Strecke führt zunächst durch die engen Strassen der Altstadt, überquert dann das Flüsschen Grande Eau und erreicht   43

Aigle-Monthey-Champéry

	AL	AOMC	ASD
	Chemin de fer Aigle-Leysin	Chemin de fer Aigle-Ollon-Monthey-Champéry	Chemin de fer Aigle-Sépey-Diablerets
Eröffnet:	1900	1907	1913
Streckenlänge:	6 km	24 km	22 km
Spurweite:	1000 mm	1000 mm	1000 mm
Betriebsart:	Adhäsion/Zahnrad System Abt	Adhäsion/Zahnrad, System Strub	Adhäsion
Stromart:	Gleichstrom 1300 V (seit 1946, vorher 650 V)	Gleichstrom 850 V (seit 1965, vorher 1200 V)	Gleichstrom 1500 V
max. Neigung:			
Adhäsion	38 ‰	50 ‰	60 ‰
Zahnrad	230 ‰	135 ‰	
Depot:	Aigle	Monthey	Aigle

Fahrzeuge: Alle drei Bahnen erhielten ab 1987 moderne Triebfahrzeuge zur Ergänzung bzw. Ablösung des überalterten Rollmaterials.
Bei der AL bewältigen seither Pendelzug-Kompositionen BDeh 4/4 + Bt die Hauptlast des Verkehrs, aber auch die älteren Triebwagen von 1946 und 1966 sind noch unverzichtbar.
Die AOMC setzt ebenfalls moderne BDeh 4/4 + Bt ein, die sich jedoch konstruktiv von den AL-Fahrzeugen deutlich unterscheiden. Neben den älteren BDeh 4/4 von 1954 kommen auf der Talstrecke bis Monthey auch die als Occasion von der BLT übernommenen Be 4/4 zum Einsatz.
Auch die ASD als einzige reine Adhäsionsbahn im TPC-Verbund verfügt über moderne Triebwagen BDe 4/4, für die Steuerwagen beschränkte man sich aber auf Umbauten älterer BLT-Wagen. Die letzten beiden Oldtimer ABDe 4/4 aus dem Eröffnungjahr 1913 erhielten leider eine wenig historische Werbelackierung und werden seither mit alten Beiwagen als »Trans Ormonan Express« für Sonderfahrten angeboten.

die Station Aigle-Dépôt. Hier beginnt die steil durch Weinberge aufwärts führende Zahnstangenstrecke; rechterhand öffnet sich der Blick hinunter ins Tal und auf die Strecke der ASD und ihre Depotanlagen.
Hinter dem Bahnhof Leysin-Village (km 5) überquert die hier doppelgleisig ausgebaute Strecke einen langgezogenen Viadukt und erreicht Feydey. Durch den gleich anschliessenden Kehrtunnel wendet sich die Bahn dann nach Westen zum Endpunkt Grand-Hôtel (1451 m ü.d.M.).

126 ✳   AOMC
Aigle-Monthey-Champéry (24 km)

Die von Aigle hinauf ins Skizentrum von Champéry führende Schmalspurbahn wurde von zwei zunächst getrennten Gesellschaften errichtet: 1907 nahm die damalige AOM (*Chemin de fer Aigle-Ollon-Monthey*) ihren Betrieb im Rhônetal auf, ein Jahr später wurde die Zahnradbahn der MCM (*Chemin de fer Monthey-Champéry-Morgins*) eröffnet, deren geplante Seitenlinie vom Val d'Illiez nach

Morgins jedoch nie realisiert wurde. 1946 schlossen sich beide Gesellschaften zur heutigen AOMC (*Chemin de fer Aigle-Ollon-Monthey-Champéry*) zusammen. Die 1909 von der MCM eröffnete Verbindungslinie zwischen Monthey-Ville und dem SBB-Bahnhof wurde 1976 eingestellt. Insbesondere die Talstrecke war lange Zeit stillegungsbedroht, sie ist jedoch inzwischen grundlegend modernisiert worden. 1991 wurde die AOMC vom bisherigen Endpunkt im Ort Champéry um etwa einen Kilometer bis zur Talstation der Planachaux-Seilbahn [2110] verlängert. Innerhalb der Gruppe TPC (*Transports Public du Chablais*) bildet sie zusammen mit den ebenfalls von Aigle ausgehenden AL und ASD sowie mit der BVB eine Betriebsgemeinschaft.

Von Aigle aus beschreibt die Strecke zunächst einen weiten Bogen am Nordhang des Tals entlang und vorbei am Winzerdorf Ollon. Sie überquert dann die Simplonstrecke [→100], die Rhône und mit ihr die Kantonsgrenze zum Wallis, um bei km 11 Monthey (409 m ü.d.M., 11000 Einwohner) zu erreichen. In der neuerbauten grosszügigen Station Monthey-Ville machen wir Kopf und biegen von der Talstrecke nach etwa einem Kilometer linkerhand ab. Hier beginnt der erste von drei Zahnstangen-Abschnitten und oberhalb des Flüsschens Vieze steigen wir hinauf ins malerische ***Val d'Illiez**. Mit Blick auf die wildzerklüfteten Dents du Midi erreichen wir unser Ziel, den Wintersportort Champéry (1049 m ü.d.M., 1000 Einwohner). Mehrere Seilbahnen erschliessen das weite Ski- und Wandergebiet in unmittelbarer Nähe der französischen Grenze.

127/128   BVB
Bex–Villars (12 km) / Villars–Col-de-Bretaye (5 km)

Das erste Teilstück der damaligen BGV (*Chemin de fer Bex-Gryon-Villars*), die gut 3 km lange Tallinie von Bex nach Bévieux, wurde 1898 in Betrieb genommen. 1901 war die Strecke bis Villars fertiggestellt und fünf Jahre später erfolgte eine Verlängerung nach Chesières. Mit der 1913 eröffneten Bergbahn VB (*Chemin de fer Villars-Col-de-Bretaye*) vereinigte sich die BGV 1943 zur heutigen BVB (*Chemin de fer Bex-Villars-Bretaye*). Der Abschnitt Villars–Chesières wurde 1963 auf Busbetrieb umgestellt, während auf der alten Tallinie Bex–Bévieux immer noch ein zusätzlicher Trambetrieb [129] besteht. Mit den von Aigle ausgehenden Schmalspurbahnen AL [→125], AOMC [→126] und ASD [→124] bildet die BVB innerhalb der Gruppe TPC (*Transports Public du Chablais*) eine Betriebsgemeinschaft.

Die Endstation der BVB befindet sich auf dem Bahnhofs-Vorplatz von Bex [→100]. Wir besteigen einen der dunkelroten Triebwagen, der uns durch das

---

BVB Chemin de fer Bex-Villars-Bretaye

Eröffnet:	1898	Stromart:	Gleichstrom 700 V
Streckenlänge:	17 km	max. Neigung:	Adhäsion 57 ‰,
Spurweite:	1000 mm		Zahnrad 195 ‰
Betriebsart:	Adhäsion/Zahnrad, System Abt	Depot:	Bévieux, Villars

Fahrzeuge: Neben modernen, zwei- bzw. dreiteiligen Pendelzügen mit den BDeh 4/4 von 1977 und 1987 kommen auch die alten BDeh 2/4 aus dem Jahre 1940 weiter zum Einsatz. Speziell für die Wintersportzüge wurden die beiden Lokomotiven HGe 4/4 beschafft, den Trambetrieb auf der Tallinie versehen die kleinen blauen Be 2/3 von 1948.

Bex–Villars–Col-de-Bretaye

Zentrum des alten Solbades nach Bévieux bringt. Hier endet die von den blauen Dreiachsern bediente Tramstrecke, für uns beginnt der Aufstieg über den steilen Zahnstangenabschnitt durch das Tal der L'Avan on d'Anzende nach Gryon (km 8, 1131 m ü.d.M.). Im Adhäsionsbetrieb geht es weiter bis zum Wintersportort Villars-sur-Ollon (1253 m ü.d.M.), von dessen Terrassenlage wir einen schönen weiten Blick hinunter ins Tal haben.

Zur Weiterfahrt über den zweiten Zahnstangenabschnitt müssen wir umsteigen; die grosszügigen modernen Bahnanlagen sind vor allem auf den umfangreichen Wintersportbetrieb ausgerichtet. In weitem Bogen verlassen wir Villars und bald weicht der dichte Nadelwald kargen Bergwiesen. Am Ziel, der in 1808 m Höhe gelegenen Endstation Col-de-Bretaye, erwartet uns eine Sesselbahn [2094] zum Gipfel des **Chamossaire** (2118 m ü.d.M.) mit herrlichem Panoramablick über den Genfer See und die Savoyer, die Walliser und die Berner Alpenketten. Vom benachbarten Roc d'Orsay führt eine Gondelbahn [2090] zurück nach Villars. Im Rahmen einer Rundfahrt haben wir von hier aus per Postauto über den Col-de-la-Croix Anschluss nach Les Diablerets, zur Endstation der nach Aigle führenden ASD [➤124].

132 ✳   MC
Martigny–Le Châtelard-Frontière (18 km)

Die 1906 eröffnete schmalspurige Zahnradbahn MC (*Chemin de fer Martigny-Châtelard*) gehört nicht nur landschaftlich zu den »Highlights« im Bahnland Schweiz, sie bietet auch eine eisenbahntechnische Besonderheit: In Anlehnung an die 1901 von der französischen PLM (heute SNCF) in Betrieb genommene Strecke St-Gervais–Chamonix, die bis 1908 über Vallorcine zur Schweizer Grenze bei Le Châtelard verlängert und dadurch mit der MC verbunden worden ist, wurde die Strecke überwiegend mit einer seitlichen Stromschiene ausgestattet, wie man sie sonst vorwiegend bei U-Bahnen findet. Lediglich die Talstrecke Martigny–Vemayaz wurde mit Oberleitung ausgerüstet, in den letzten Jahren wurden weitere Abschnitte umgebaut.

Die in Martigny ursprünglich durch die Stadt führende Strecke wurde 1931 durch eine direkte Linie vom SBB-Bahnhof nach La Bâtiaz ersetzt, die dadurch selbständige TrMB (*Tramway Martigny-Bourg*) verkehrte weiter auf einem Teil der alten Strecke, sie wurde 1956 stillgelegt. Während man bis 1997, aus der Schweiz kommend, in Le Châtelard-Frontière oder in Vallorcine umsteigen musste und nur zeitweise Steuerwagen an der Grenze auf französische Triebwagen umgestellt wurden, kann man heute mit den gemeinsam von SNCF und MC be-

MC	Chemin de fer Martigny-Châtelard		
Eröffnet:	1906	Stromart:	Gleichstrom 830 V
Streckenlänge:	18 km	max. Neigung:	Adhäsion 70 ‰,
Spurweite:	1000 mm		Zahnrad 200 ‰
Betriebsart:	Adhäsion/Zahnrad, System Strub	Depot:	Vernayaz

Fahrzeuge: Zusammen mit der SNCF beschaffte die MC für den grenzüberschreitenden Verkehr 1997 moderne Doppeltriebwagen BDeh 4/8 mit grosszügiger Panorama-Verglasung. Die älteren BDeh 4/4 von 1957 und 1979 sind aber auch weiterhin im Einsatz.

132 – Gleich oberhalb von Vernayaz endet die Oberleitung und es beginnt die Stromschiene der MC, die einen für Schweizer Verhältnisse ungewöhnlich engen Tunnelquerschnitt erlaubt

schafften Doppeltriebwagen des »Mont-Blanc-Express« die Strecke wieder durchgehend befahren.

Die Kopfstation der MC in Martigny (467 m ü.d.M., 11300 Einwohner, Ausgrabungen der Römersiedlung Octodurus und Fondation Pierre Gianadda mit eindrucksvollem Museumsbau und Skulpturenpark, Office du tourisme, Rue Hôtel de Ville 1, 1920 Martigny, Tel. 027 721 22 20, Fax. 027 721 22 24) liegt direkt neben dem SBB-Bahnhof der Simplon-Linie [➤ 100], in dem auch die MO [➤ 133] ihren Ausgangspunkt hat. Durch das Rhônetal fahren wir parallel zur SBB-Strecke zunächst in nordwestlicher Richtung bis Vernayaz (km 5, 457 m ü.d.M.). Hier beginnt der Zahnstangen-Abschnitt und wir begegnen ertsmals der Stromschiene. Die Strecke überquert die aus ihrer engen Schlucht heraustretende Trient und nach einem kurzen Tunnel haben wir von der in steiler Hanglage hinaufführenden Strecke einen weiten Blick ins Rhônetal. Der 419 m lange Charbons-Kehrtunnel bringt uns in südwestliche Richtung. Hoch über der Trient erreichen wir durch das schluchtartige Tal Salvan (km 7, 934 m ü. d.M.). Hier endet die Zahnstange, die weitere Strecke weist mit bis zu 70 %oaber immer noch beachtliche Steigungen auf. Vor Le Trétien überqueren wir auf einer hohen Brücke zwischen zwei Tunnels die Gorge du Trièges. Durch den 589 m langen Grand-Lachat-Tunnel und mit immer wieder neu beeindruckenden Blicken nach links hinunter in die Schlucht erreichen wir bei km 14 Finhaut (1224 m ü.d.M.), den Kulminationspunkt der MC-Strecke, der Ferienort wird von dem grossartigen Trient-Gletscher und den Ausläufern des Mont-Blanc-Massivs überragt. Durch zahlreiche kleinere Tunnels geht unsere Fahrt am steilen Hang weiter nach Le Châtelard-Giétroz (km 17).

Hier befindet sich etwas versteckt hinter dem grossen Gebäude des SBB-Kraftwerkes die Talstation der Barberine-Standseilbahn [2143]. Die zum Bau einer Staumauer in den zwanziger Jahren errichtete Bahn wurde 1975 von der SATEB (*Société anonyme de transports Emosson-Barberine*) übernommen. Mit Steigungen bis zu 870 ‰, zahlreichen Kurven und Gefällsbrüchen überwindet sie bis zur Bergstation Château d'Eau (1821 m ü.d. M.) eine Höhendifferenz von fast 700 m. Für die Weiterfahrt zum Fuss der Staumauer des Lac d'Emosson hat die SATEB auf einem Teil des Trassees der ehemaligen Baubahn eine »Panoramabahn« angelegt, auf der bei einer Spurweite von nur 600 mm kleine Akku-Loks 47 die offenen Wagen über die knapp 2 km lange Strecke befördern. Am Steilhang entlang und durch mehrere Tunnels bietet die Strecke eine herrliche Aussicht auf das Mont-Blanc-Massiv. Die Kombination von Standseilbahn und Adhäsionsbahn erinnert etwas an die BLM im Berner Oberland [➔313], den Fahrplan der nur in den Sommermonaten betriebenen Bahn wird man allerdings im Eisenbahn-Kursbuch vergebens suchen, er ist im Seilbahnen-Teil unter der Nummer 2143 versteckt. Von der Endstation führt die »Minifunic«, eine moderne kleine Standseilbahn mit Stehkabinen, hinauf zum Emosson-See.

SATEB Société anonyme de transports Emosson-Barberine

Eröffnet:	1975	Stromart:	Akkubetrieb
Streckenlänge:	2 km	max. Neigung:	10 ‰
Spurweite:	600 mm	Depot:	Château-d'Eau

Fahrzeuge: Die Akku-Bauloks der Gattung Ta 2/2 wurden 1952 von Siemens als Typ EL 8 gebaut.

In Le Châtelard-Frontière (km 18, 1116 m ü.d. M.) erreichen wir die Grenze nach Frankreich, hier endet der Betrieb der MC. Bei der empfehlenswerten Weiterfahrt über Vallorcine und durch das Tal der Arve erwartet den Eisenbahnfreund in Chamonix die schmalspurige Zahnradbahn CM (*Chemin de fer Chamonix–Montenvers*). In St-Gervais-les-Bains-le-Fayet endet unsere Fahrt. Hier ist auch die Talstation der TMB (*Tramway du Mont Blanc*), deren Zahnstangen-Strecke hinauf zum Glacier de Bionnassay führt. Die Rückfahrt in die Schweiz kann von St-Gervais aus auch mit Normalspurzügen der SNCF über Annemasse nach Genève erfolgen.

---

133   MO

Martigny–Sembrancher–Orsières (19 km)
Sembrancher–Le Châble (6 km)

Im Gegensatz zu den meisten anderen Privatbahnen der Westschweiz wurde die 1910 von der MO (*Chemin de fer Martigny-Orsières*) fertiggestellte Strecke nicht in Meterspur, sondern als Normalspurbahn angelegt. Der Grund war der erwartete Güterverkehr für eine geplante Bauxit-Hütte, die jedoch nie gebaut wurde. Frühere Ideen einer weiter durch den Grossen St. Bernhard ins italienische Aosta-Tal führenden Alpendurchquerung waren schon lange zu den Akten gelegt worden, nachdem die Entscheidung endgültig zugunsten der Simplonbahn gefallen war. Die MO war von Anfang an mit Einphasen-Wechselstrom 8 kV 15 Hz elektrifiziert und gehört damit zu den Pionieren dieser damals neuen Technologie, 1949 wurde der Betrieb auf den »Einheits-Strom« 15 kV 16 2/3 Hz umgestellt.

Die in Sembrancher nach Le Châble abzweigende Seitenlinie wurde erst 1953 eröffnet und diente zunächst hauptsächlich dem Material-Transport beim Bau der Staumauer des Lac de Mauvoisin.

In Martigny (467 m ü.d.M.) im Rhônetal zweigt unsere Strecke von der Simplonlinie [➔100] ab, hier ist auch der Endpunkt der schmalspurigen MC nach Le Châtelard [➔132]. In einem Bogen umfahren wir die Stadt und durch das Tal

100 – Zwischen den besten Weinlagen des Wallis passiert ein IC der SBB das einspurige Nadelör der Simplonstrecke bei Salgesch

100 – Zwar nicht das ganze Land, wie dieses Bild des Bahnhofs Martigny fast vermuten lässt, aber doch nahezu ausnahmlos alle Bahnen der Schweiz sind »unter'm Draht«

MO Chemin de fer Martigny-Orsières

Eröffnet:	1910	Stromart:	Wechselstrom 15 kV 16 $^2/_3$ Hz
Streckenlänge:	25 km	max. Neigung:	37 ‰
Spurweite:	1435 mm	Depot:	Martigny-Croix

Fahrzeuge: Die in den Pendelzügen eingesetzten ABDe 4/4 aus dem Jahre 1965 entsprechen den von mehreren Schweizer Bahnen beschafften EAV-Triebwagen.

der Drance geht es mit einer erneuten Kehrtwendung bergauf nach Sembrancher (km 13, 717 m ü.d.M.). Hier beginnt die nach Le Châble führende Seitenlinie, wir bleiben zunächst auf unserer nach Süden abbiegenden Stammstrecke. Talaufwärts fahren wir durch das Val d'Entremont; auf diesem schon den Kelten bekannten Weg überquerten einst Karl der Grosse, Friedrich Barbarossa und auch Napoleon in wenig friedlicher Absicht die Alpen. In Orsières (902 m ü.d.M.), dem Endpunkt der Strecke, können wir in einen Autobus umsteigen, der uns im Sommer über die eindrucksvolle Pass-Strasse des Grossen St. Bernhard und im Winter durch den 1963 eröffneten Tunnel nach Aosta bringt. Auch das romantische ***Val Ferret** ist durch eine Buslinie der MO erschlossen. Sie endet im 1750 m hoch gelegenen Ferret, einem beliebten Ausgangspunkt für Hochgebirgswanderungen im nahen Dreiländereck.

Die Seitenlinie führt vom Bahnhof Sembrancher über die sich hier vereinigenden Arme der Drance ins Val du Bagnes hinauf nach Le Châble (820 m ü.d.M.). In das Skigebiet bei Verbier bringt uns eine Gondelbahn [2160], mit dreimaligem Umsteigen erreichen wir in weiteren Seilbahnen [2162 bis 2164] den Gipfel des 3023 m hohen Mont Gelé mit hervorragendem Panoramablick. Bis zur Staumauer des erwähnten Lac de Mauvoisin führt eine Postauto-Linie durch das schöne Val des Bagnes.

140 * BVZ
Brig–Visp–Zermatt (44 km)

Zermatt war schon im vorigen Jahrhundert einer der bevorzugten Fremdenverkehrs-Orte in den Schweizer Alpen. So entstand bereits in den achtziger Jahren der Plan, das unwegsame Tal der Matter Vispa durch eine Bahnlinie zu erschliessen, vorgesehen war hierbei zunächst eine Spurweite von nur 750 mm. Die VZ (*Compagnie du Chemin de fer de Viège – Zermatt*) baute die Strecke dann in Meterspur für gemischten Adhäsions- und Zahnradbetrieb. Der Abschnitt Visp–Stalden wurde 1890 eröffnet, im Jahr darauf konnte der durchgehende Betrieb bis Zermatt aufgenommen werden. Eine Ende des Jahrhunderts geplante Zweiglinie nach Saas Fee konnte wegen Finanzierungsschwierigkeiten nicht gebaut werden, ebensowenig die projektierte Verbindungsbahn von Visp hinauf nach Lalden an der Lötschbergrampe.

Die zunächst nur für den Sommerbetrieb eingerichtete Bahn wurde nach langen Diskussionen zwischen den Zermatter Hoteliers und der VZ durch Schutzbauten winterfest gemacht, 1933 wurde der planmässige Ganzjahresbetrieb aufgenommen. Bereits 1929 war die VS elektrifiziert worden und 1930 konnte die langersehnte Verlängerung bis Brig zur Anbindung an die Furka-Oberalp-Bahn fertiggestellt werden. 1961 wurde dann auch der Name in die heutige Bezeichnung BVZ (*Brig-Visp-Zermatt-Bahn*) erweitert. Da Zermatt einer der wenigen für den privaten Autoverkehr gesperrten Orte ist, betreibt die BVZ von

Täsch ausgehend einen dichten Pendelverkehr, der sogar im Kursbuch eine eigene Fahrplantabelle füllt [141]. Aus dem gleichen Grund hat auch der von der Umladestation in Visp aus erfolgende Gütertransport einen hohen Anteil am Gesamtverkehr der BVZ.

BVZ Brig-Visp-Zermatt-Bahn

Eröffnet:	1890	Stromart:	Wechselstrom 11 kV 16 $2/3$ Hz
Streckenlänge:	43 km	max. Neigung:	Adhäsion 27 ‰ ,
Spurweite:	1000 mm		Zahnrad 125 ‰
Betriebsart:	Adhäsion/Zahnrad,	Depot:	Brig-Glis, Visp, Zermatt
	System Abt		
	(seit 1929)		

Fahrzeuge: Die im Elektrifikationsjahr 1929 beschafften Lokomotiven der Reihe HGe 4/4 I sind ab 1990 durch die gemeinsam mit der FO und der SBB-Brünigbahn beschafften HGe 4/4 II abgelöst worden. Im Personenverkehr kommen neben den schweren Triebwagen ABDeh 6/6 und ABDeh 8/8 aus den sechziger Jahren auch Pendelzüge mit den Gepäck-Triebwagen Deh 4/4 von 1975 zum Einsatz. Für den Einsatz im »Glacier-Express« besitzt die BVZ moderne Panoramawagen. Spezielle Niederflurwagen, in denen die Reisenden ihr Gepäck auf Kofferkulis belassen können, wurden für den »Auto-Ersatzverkehr« Täsch–Zermatt beschafft. Für Sonderfahrten wird die aus dem Jahre 1906 stammende Dampflokomotive HG 2/3 7 »Breithorn« einsatzbereit gehalten.

In Brig liegt die gemeinsame Station von BVZ und FO auf dem Vorplatz des SBB-Bahnhofs. Durch das breite Rhônetal verläuft unsere Route parallel zur Simplonbahn [‑►100] und vorbei an der grossen Depothalle der BVZ in Glis nach Visp (km 9, 650 m ü.d. M.), dessen hübscher alter Stadtkern von den grossen Industrieanlagen der Lonzawerke überschattet wird. Hier biegen wir nach Süden in das enge Vispertal und erreichen über den ersten Zahnstangen-Abschnitt bei km 16 das am Zusammenfluss von Matter und Saaser Vispa liegende Stalden (799 m ü.d.M.). Statt der einst projektierten Zweigbahn fährt von hier das Postauto hinauf zum Wintersportgebiet von Saas Fee und dem am Talende liegenden Mattmark-Stausee.

Unsere Strecke führt rechterhand durch die enge Kinschlucht mit einigen kurzen Tunnels und der imposanten Mühlebach-Brücke hinauf nach St. Niklaus (km 25, 1127 m ü.d.M.). An den bewaldeten Hängen des Mattertals fahren wir weiter talaufwärts durch die herrliche Bergwelt. Im Westen werden die Gipfel vom Weisshorn (4506 m ü.d.M.) überragt, linkerhand liegt die Mischabel-Gruppe mit dem Dom (4545 m ü.d.M.).

Im Dörfchen Täsch (km 38) befinden sich neben der BVZ-Strecke riesige Parkplätze, hier müssen auch die hartnäckigsten Autofahrer in den Zug umsteigen. Unmittelbar vor unserem Ziel weitet sich der Blick nach Süden bis zum majestätischen Gipfel des Matterhorns (4478 m ü.d.M.).

In Zermatt (1605 m ü.d.M., 3500 Einwohner, Kur-und Verkehrsverein, Bahnhofplatz, 3920 Zermatt, Tel. 027 967 01 81, Fax. 027 967 01 85, Internet: zermatt@wallis.ch) begann die Entwicklung zum weltbekannten Fremdenverkehrsort schon 1830 mit einigen englischen Bergsteigern. Im dem als Lawinenschutz betonüberdachten Bahnhof endet auch der 1930 erstmals eingesetzte Glacier-Express, der als »langsamster Schnellzug der Welt« inzwischen einen wohl kaum noch zu überbietenden Bekanntheitsgrad erreicht hat [‑►611].   51

101 – Ähnliche Pendelzüge wie diesen Be 4/8 der LEB finden wir auch bei anderen Schmalspurbahnen der Westschweiz

105 – Vor der Depothalle Chaulin haben recht unterschiedliche Exponate der Museumsbahn BC Aufstellung genommen

120 – Die Golden-Pass-Route der MOB, hier mit einem kurzen Schnellzug beim tiefverschneiten Saanenmöser

120 – Ein Regional-Pendelzug der MOB auf der Grubenbach-Brücke oberhalb von Gstaad

Empfehlenswerte Ausflüge führen mit der Zahnradbahn der GGB [→142] auf das *Gornergrat und mit der höchsten Luftseilbahn Europas [2285] in vier Sektionen zum Gipfel des *Kleinen Matterhorn (3883 m ü.d.M.) mit einzigartigem Alpen-Panorama. Die 1980 eröffnete Sunnegga-Standseilbahn [2290] dient wie die anschliessenden Luftseilbahnen hauptsächlich dem Wintersportverkehr. Sie verläuft auf ihrer gesamten Strecke unterirdisch durch den Fels und wurde zum Vorbild der »Metro alpin« genannten Bahn [2303], die im Skigebiet von Saas Fee auf den Mittelallalin in eine Höhe von 3500 m ü.d.M. führt. Sie ist damit die höchstgelegene Standseilbahn der Schweiz.

142 ✳   GGB
Zermatt–Gornergrat (9 km)

Zu den eindrucksvollsten Bergbahnen zählt die 1898 als erste elektrisch betriebene Zahnradbahn der Schweiz eröffnete GGB (*Gornergrat-Bahn*). Die ursprüngliche Konzession, sie galt auch für eine Linie auf das Matterhorn, betraf eine dampfbetriebene Bahn mit Steigungen bis zu 400 ‰ unter Anwendung des bei der Pilatusbahn [→473] bewährten Zahnradsystems Locher. Zur Ausführung kam dann jedoch eine Drehstrom-Bahn mit Abt-Zahnstange und einer Neigung von max. 200‰, wodurch über ein Verbindungsgleis in Zermatt auch die Weiterbeförderung von Güterwagen der BVZ möglich wird. 1909 wurde die Strecke verlängert und etwa 70 m oberhalb des bisherigen Endpunktes die nun direkt unter dem Gornergrat liegende Station in Betrieb genommen; 1949 verkehrten erstmals auch im Winter durchgehende Züge auf der inzwischen in Teilabschnitten sogar doppelspurig ausgebauten Strecke.

Die grosszügigen modernen Bahnhofsanlagen der GGB liegen in Zermatt (1605 m ü.d.M.) direkt gegenüber dem Bahnhof der BVZ [→140]. Am Ortsrand entlang steigt die Strecke den bewaldeten Hang empor. Bei km 2 überqueren wir die eindrucksvolle Schlucht des Findelenbachs auf einer 93 m langen Brücke. Mit vielen Kurven und durch einen Kehrtunnel erreichen wir bei km 4 die Station Riffelalp (2210 m ü.d.M.). Hier befand sich einer der originellsten Bahnbetriebe der Schweiz, die RiT (*Riffelalp Tram*). Bei einer Spurweite von 800 mm verband sie seit 1899 die Station der GGB mit dem Seiler-Hotel auf der Riffelalp. Die mit Drehstrom betriebene Bahn dürfte für sich in Anspruch nehmen, die höchstgelegene Strassenbahn zumindest in Europa zu sein. Das Riffelalp-Hotel brannte im Winter 1960/61 vollständig ab, danach wurde der Betrieb der hoteleigenen Bahn nicht wieder aufgenommen.

GGB Gornergrat-Bahn

Eröffnet:	1898	Stromart:	Drehstrom 725 V 50 Hz
Streckenlänge:	9 km	max. Neigung:	200 ‰
Spurweite:	1000 mm	Depot:	Zermatt
Betriebsart:	Zahnrad, System Abt		

Fahrzeuge: Die ab 1947 in Dienst gestellten Triebwagen der Gattung Bhe 2/4 wurden 1965 um die ersten Doppeltriebwagen Bhe 4/8 ergänzt; 1981 beschaffte die GGB zusätzlich zwei Pendelzüge Bhe 4/8 + Bt, die auch im Güterverkehr eingesetzt werden. Seit 1993 sind neue Doppeltriebwagen Bhe 4/8 im Einsatz, die konstruktiv mit den BDhe 4/8 der JB [→ 311] verwandt sind, sich von diesen und anderen neueren Fahrzeugen der Schweizer Eisenbahnen jedoch durch den Verzicht auf die gesickten »Wellblechwände« wohltuend unterscheiden.

142 – Die 1993 gebauten Doppeltriebwagen Bhe 4/8 der GGB zählen sicherlich zu den elegantesten Fahrzeugen der Schweizer Zahnradbahnen

Mit schönen Blicken auf die Zermatt gegenüberliegenden Gipfel des Gabelhorns und natürlich auf das alles überragende Matterhorn steigen wir durch karger werdendes Grün weiter an. Die Station Rotenboden (km 8) liegt schon auf dem Felsenkamm oberhalb des Gornergletschers. Von der Endstation ***Gornergrat** auf einer Höhe von 3089 m ü.d.M. haben wir einen grandiosen Rundumblick, der ausser dem Matterhorn vor allem auch die jenseits des Gletschers liegende Dufourspitze des Monte-Rosa-Massivs, den mit 4634 m ü.d.M. höchsten Berg der Schweiz, sowie im Nordosten die Mischabel-Gruppe umfasst. Wer noch höher hinaus will, kann mit der Luftseilbahn [2296] in zwei Sektionen auf das 3532 m hohe Stockhorn fahren.

150   SBB
Genève-Lausanne (60 km)

Schon 1858 erreichte die Eisenbahn den äussersten Südwesten der Schweiz. Von Lausanne bis zur Kantonsgrenze bei Versoix wurde die Strecke von der OS (*Chemins de fer Ouest Suisse*) gebaut und betrieben, die restliche Strecke erstellte die GV (*Chemin de fer Genève-Versoix*), die noch im gleichen von der LFB (*Chemins de fer Lausanne-Fribourg-Berne*) übernommen wurde. Schon 1872 war die Strecke komplett doppelspurig ausgebaut, 1925 wurde der elektrische Betrieb aufgenommen.

Genève (Genf)
Hauptstadt des gleichnamigen Kantons, 392 m ü.d.M., 152000 Einwohner, Genève Tourisme administration, Rue du Mont-Blanc 3, 1215 Genève, Tel. 022 909 70 00, Fax. 022 909 70 11.
Das elegante Zentrum der französischsprachigen Schweiz ist nicht nur ein wichtiger Handels- und Finanzplatz, sondern auch Sitz zahlreicher internationaler Organisationen. Die malerische kleine Altstadt erhebt sich über dem linken Ufer der hier den Genfer See verlassenden Rhône, sie wird überragt von der dreitürmigen ***Kathedrale St-Pierre**, deren Bau auf das 13. Jh. zurückgeht. Durch das Geschäftszentrum gelangt man zum zentralen Pont 55

121 – *Ein moderner Zahnrad-Doppeltriebwagen der MTGN im tiefverschneiten Winterwald bei Caux*

125 – *Ein kleines Stelldichein geben sich hier drei Fahrzeug-Generationen der AL, der ASD und der AOMC auf dem Bahnhofsvorplatz in Aigle*

127 – *Langlebige Oldtimer wie dieser fast 50 Jahre alte BVB-Triebwagen sind auch bei anderen Zahnradbahnen noch im täglichen Einsatz*

132 – *Endstation der weit oberhalb der MC-Strecke zum Lac d'Emosson führenden SATEB-Panoramabahn: Wer hier als Bahnhofsvorstand fungiert, sollte schwindelfrei sein*

du Mont-Blanc; von den gepflegten Quais am nördlichen Seeufer hat man einen schönen Blick auf die Savoyer Alpen mit dem Mont-Blanc, davor sprudelt die Fontäne des *Jet d'eau bis zu 140 m hoch. Nördlich des Zentrums befindet sich im Ariana-Park der ehemalige Völkerbundpalast aus dem Jahre 1936, als *Palais des Nations ist er heute der europäische Sitz der UNO.

Von den zahlreichen Ausflugszielen der Umgebung soll hier vor allem der auf französischem Boden liegende Aussichtsberg *Monte Salève (1143 m ü.d. M.) erwähnt werden, der per Autobus oder mit SNCF-Zügen über Annemasse nach Veyrier und die anschliessende Luftseilbahn erreichbar ist. Ab 1893 führte auf den Salève die erste elektrisch betriebene Zahnradbahn der Welt, die Versorgung mit Gleichstrom 550 V erfolgte über eine seitliche Stromschiene. Mit Genève war die 1934 stillgelegte Bergbahn durch zwei Überlandbahnen verbunden.

Eisenbahn: Der Hauptbahnhof liegt am Place Cornavin oberhalb des Stadtteils St-Gervais, sein Empfangsgebäude stammt aus dem Jahre 1934. Früher endeten hier alle aus Richtung Lausanne kommenden Intercity- und Schnellzüge, die heute meist über die Flughafenlinie [152] bis zum Flughafen Cointrin verkehren. Als Ausgangspunkt für die Fernzüge nach Frankreich und Spanien ist ein Teil des Bahnhofs Cornavin ebenso wie die zur Grenze führende Strecke nach La Plaine [→151] mit SNCF-Gleichstrom 1500 V elektrifiziert.

Auf Genfer Stadtgebiet befindet sich ein weiterer Personen-Bahnhof, der südwestlich des Zentrums gelegene Gare des Eaux-Vives. Die von hier seit 1888 über die Grenze nach Annemasse führende Strecke wird jedoch von der SNCF betrieben. Sie hat keine Verbindung zum SBB-Netz und ist wie die Strecken der SNCF in den Savoyer Alpen mit Wechselstrom 25 kV 50 Hz elektrifiziert.

Stadtverkehr: 1862 wurde in Genève die erste Tramlinie der Schweiz eröffnet. Mit der ursprünglich normalspurigen Pferdebahn begann eine Entwicklung, die zum ausgedehntesten schweizerischen Strassen- und Überlandbahn-Netz führte. Es umfasste Mitte der zwanziger Jahre in Meterspur eine Streckenlänge von rund 120 km, im grenzüberschreitenden Verkehr führten einige Linien der damaligen CGTE (*Compagnie genevoise des tramways électriques*) auch ins benachbarte Frankreich. Heute ist hiervon nur noch die Linie 12 der jetzigen TPG (*Transports publics genevoise*) übriggeblieben, von 1925 bis 1969 sind alle anderen Bahnen auf Auto- oder Trolleybus umgestellt worden.

Vom Bahnhof am Place Cornavin führt unsere Strecke aus der Stadt hinaus in nordöstlicher Richtung parallel zum dichtbesiedelten Ufer des Genfer Sees (frz. Lac Léman). Wir überqueren die Kantonsgrenze zum Waadtland und passieren bei km 13 das Städtchen Coppet mit seiner imposanten Schlossanlage. Der Bahnhof von Céligny (km 16) liegt in einer Enklave wieder auf Genfer Kantonsgebiet; erster Schnellzughalt unserer Strecke ist bei km 21 das schon von den Römern besiedelte Nyon (13000 Einwohner). Im Schloss oberhalb der kleinen Altstadt befindet sich heute das Historische Museum. Nyon ist Ausgangspunkt der nach La Cure führenden schmalspurigen NStCM [→155]. Eine seit 1905 existierende Schienenverbindung über Crassier nach Frankreich zur SNCF-Strecke Divonne–Gex–Bellegarde wurde 1962 stillgelegt.

Von Gland (km 26) führte bis zu ihrer Einstellung im Jahre 1954 eine kurze Trambahnlinie nach Begnins. Auch das hübsche Städtchen Rolle (km 34) war früher Ausgangspunkt einer schmalspurigen Überlandbahn, die 1938 stillgelegte Strecke führte in das 11 km entfernte Gimel, dort endete auch eine über das idyllische Aubonne zurück zum Genfer See nach Allaman (km 39) führende Tramlinie, die ebenfalls 1898 eröffnet worden war und Anfang der fünfziger Jahre eingestellt wurde.

Unsere Fahrt geht weiter durch die Weinregion der »Côte« und nach dem altertümlichen St-Prex erreichen wir bei km 47 das Städtchen Morges (13000 Einwohner). In dem einstigen Pfahlbau-Dorf ist neben dem barocken Rathaus auch das Schloss aus dem 16. Jh. erwähnenswert. Für den Eisenbahnfreund ist Morges als Ausgangspunkt der über Apples nach Bière und L'Isle fahrenden

151 – AC/DC auf Schweizer Art: Im Bahnhof Genève wird der Gleichstrom-Trieb-wagen Bem 550 für die Strecke Genève–La Plaine flankiert von seinen grossen Wechselstrom-Schwestern Re 4/4 II und Re 460

schmalspurigen BAM [→156] von Interesse. Wir entfernen uns nun vom Ufer des Genfer Sees und kommen bei km 55 nach Renens, wo wir auf die aus Biel kommende Strecke [→210] stossen, mit der wir durch die westlichen Vororte unser Ziel Lausanne [→100] erreichen.

151   SBB
La Plaine–Genève (15 km)

1858 wurde Genève durch die von Bellegarde über La Plaine führende Strecke der damaligen LG (*Chemin de fer Lyon-Genève*) an das französische Schienennetz angeschlossen. Sie ist 1956 wie die anschliessende Strecke der SNCF in Richtung Lyon mit Gleichstrom 1500 V elektrifiziert worden. Die SBB setzt hier für den Regionalverkehr eigens für diese Strecke gebaute Triebwagen Bem 550 ein, die eine Weiterentwicklung der Gleichstrom-Triebwagen der TSOL [→102] sind. Von den ab Genève auf dieser Strecke verkehrenden Fernzügen sind vor allem die TGV nach Paris erwähnenswert.

    Hinter dem Grenzbahnhof La Plaine überqueren wir die hier in die Rhône mündende Allondon und fahren in nordöstlicher Richtung rhôneaufwärts. Hinter Russin verlassen wir den hier aufgestauten Fluss und fahren durch das Weinanbaugebiet von Maudement in weitem Bogen hinauf nach Vernier (km 9). Hinter der Station Cointrin nähert sich von der linken Seite die Flughafenbahn [152], die wir bald unterqueren. Parallel zu ihr erreichen wir unser Ziel, den Bahnhof Genève-Cornavin [→150].

155 ✻   NStCM
Nyon–St-Cergue–La Cure (27 km)

Die NStCM (*Chemin de fer Nyon-St-Cergue-Morez*) war ehemals ein Mekka für Eisenbahn-Nostalgiker, da hier noch ausschliesslich Triebwagen aus dem Eröffnungsjahr 1916 verkehrten, die jedoch inzwischen durch moderne Pendelzüge   59

140 – *Keine feindliche Übernahme: Ab Brig übernimmt die BVZ die Traktion des Glacier-Express, hinter der Lok die Wagen der Partner-Bahnen FO und RhB*

Rechts: **142** – *Von der Bergstation der GGB bietet sich dieser herrliche Blick auf den obersten Streckenabschnitt und das alles überragende Matterhorn*

140 – *Für einmal kein Glacier-Express, sondern ein ganz normaler Schnellzug der BVZ im Tal der Matter Vispa auf dem Weg nach Zermatt*

abgelöst wurden. Gemeinsam mit der 1921 fertiggestellten französischen MLC (*Régie Morez–La Cure*) bildete die NSTCM einst eine grenzüberschreitende Verbindung, in Morez bestand Anschluss an das Netz der SNCF. 1958 wurde jedoch die MLC stillgelegt, die Strecke endet seither an der Grenze in La Cure.

Unsere Reise beginnt in Nyon, einem reizvollen alten Städtchen am Ufer des Genfer Sees mit Ausgrabungen aus römischer Zeit (404 m ü.d.M., 13000 Einwohner). Die Station der NSTCM befindet sich auf dem Bahnhofsvorplatz. Wir unterqueren die Schnellzugstrecke Genève–Lausanne [→150] und verlassen die Stadt in westlicher Richtung. Vorbei am Depot Les Plantaz erreichen wir durch ausgedehnte Weinbaugebiete nach 8 km Genolier.

Am Jurahang steigen wir nun in vielen Kehren hinauf nach Arzier (km 14) mit herrlichem Blick hinunter auf den See. Durch Waldgebiete geht es weiter zum Wintersportort St-Cergue. Beim Col de la Givrine (km 23) erreichen wir mit 1233 m ü.d.M. den Scheitelpunkt der Strecke, die nun hinab zur unmittelbar an der Grenze gelegenen Endstation La Cure führt.

NStCM Chemin de ler Nyon-St-Cergue-Morez

Eröffnet:	1916	Stromart:	Gleichstrom 1500 V (bis 1985 2200 V)
Streckenlänge:	27 km	max. Neigung:	60 ‰
Spurweite:	1000 mm	Depot:	Nyon Les Plantaz

Fahrzeuge: Moderne Pendelzüge mit Triebwagen Be 4/4 bzw. BDe 4/4 haben seit 1985 die ABDe 4/4 aus dem Eröffnungsjahr 1916 abgelöst, von denen jedoch einer für Nostalgiefahrten erhalten blieb. Der für den Baudienst 1984 beschaffte Tm 2/2 kann im Winter mit einer Beilhack-Schneeschleuder ausgerüstet werden.

---

156   BAM
Morges–Apples–Bière (19 km)
Apples–L'Isle-Mont-la-Ville (11 km)

Die schmalspurige BAM (*Chemin de fer Bière-Apples-Morges*) wurde 1895 eröffnet, ein Jahr danach wurde von der später durch die BAM übernommenen AL (*Chemin de fer du Jura vaudois Apples-L'Isle*) die Flügelstrecke nach L'Isle-Mont-la-Ville fertiggestellt. Wichtigster Grund zum Bau der BAM war der Militärverkehr zum Waffenplatz Bière, der umfangreiche Güterverkehr mit modernem Rollbockbetrieb dient jedoch auch dem Transport landwirtschaftlicher Erzeugnisse.

In Morges (381 km ü.d.M., 13000 Einwohner) am Nordufer des Genfer Sees beginnt unsere Fahrt am rückwärtig der SBB-Station gelegenen Bahnsteig der BAM. Von der zunächst parallel verlaufenden Schnellzugstrecke nach Genève [→150] biegen wir in nördlicher Richtung ab und erblicken schon bald vor uns die mächtige Burg-Anlage von *Vufflens-le-Château** aus dem 14. Jh., von der es in grossem Bogen weitergeht zu der in einer engen Kehre gelegenen Station Yens (km 7). Hier beginnt die Steigungsstrecke, die uns mit schöner Aussicht auf den Genfer See zum Verzweigungsbahnhof Apples (km 11) bringt.

Durch Waldgebiete steigt unsere Strecke bis Ballens (km 16) weiter an und über die anschliessende Hochebene erreichen wir unser Ziel Bière (694 m ü.d.M.), das nicht nur Garnisons-Ort, sondern auch ein beliebter Ausgangspunkt für Jura-Wanderungen ist.

BAM Chemin de fer Bière-Apples-Morges

Eröffnet:	1895	Stromart:	Wechselstrom 15 kV 16 ²/₃ Hz
Streckenlänge:	30 km	max. Neigung:	35 ‰
Spurweite:	1000 mm	Depot:	Bière

Fahrzeuge: Die modernsten Triebfahrzeuge der BAM sind die beiden 1994 zur Beförderung der schweren Rollbockzüge beschafften Lokomotiven Ge 4/4. Neben den 1981 in Dienst gestellten Pendelzügen Be 4/4 + Bt kommen auch die aus den vierziger Jahren stammenden BDe 4/4 gelegentlich noch zum Einsatz. Die Be 4/4 trugen zunächst die Nummern 11, 12 und 13, da aber offenbar auch moderne Thyristoren vor Aberglauben nicht schützen, trägt der Be 4/4 13 seit 1983 die neue Nummer 14.

Die in Apples nach Norden abzweigende und keine besonderen Steigungen aufweisende Zweigstrecke nach L'Isle-Mont-la-Ville führt durch die offene Landschaft meist in Strassennähe zum Endpunkt L'Isle mit seinem auch »Petit Versailles« genannten Schloss Chandieu.

200   SBB
Vallorbe–Lausanne (46 km)

1870 eröffnete die damalige JE (*Chemin de fer Jougne-Eclépens*) ihre hinter Daillens von der Verbindung Lausanne–Biel abzweigende Bahnstrecke zur Grenze nach Frankreich. Uber eine Spitzkehre in Vallorbe führte sie seit 1875 über die Grenze weiter nach Jougne und von dort nach Pontarlier, wo sie Anschluss an

200 – Da sie die Strecke ohne Halt durchfahren, wird man die TGV Lausanne–Paris, hier einer der Dreistrom-Züge bei Le Day, im Kursbuchfeld 200 vegebens suchen

die Route nach Paris hatte. Mit der Fertigstellung des 6 km langen Mont-d'Or-Tunnels wurde dieser Weg 1915 durch die kürzere Verbindung nach Frasne ersetzt, auf der heute die direkten TGV Paris-Lausanne verkehren.

Vom Grenzort Vallorbe (807 m ü.d.M., 4000 Einwohner) führt die Strecke ins Tal der Orbe hinab, die wir vor Le Day auf einem imposanten, 152 m langen Viadukt überqueren. Rechterhand zweigt die Stichbahn ins Val ée de Joux [→ 201] ab, unsere Strecke windet sich weiter talwärts und erreicht bei km 12 die Station Croy-Romainmôtier (642 m ü.d.M.). Von hier ist es nicht weit zur ehemaligen Cluniazenser-Abtei mit der **Klosterkirche** aus dem 11. Jh. In einer grossen Kehre verlieren wir weiter an Höhe, passieren bei km 23 das von seinem mittelalterlichen Schloss überragte La Sarraz und treffen bald auf die aus Biel kommende Strecke [→ 210], auf der wir unsere Fahrt nach Lausanne [→ 100] fortsetzen.

201 SBB/PBr
Vallorbe–Le Brassus (24 km)

Die damalige PV *(Chemin de fer Pont-Vallorbe)* eröffnete 1886 eine Stichbahn von Vallorbe zum am Nordende des Lac de Joux gelegenen Le Pont. Anlass zum Bau dieser Bahn – man lese und staune – war der Transport von Natureis, das von den Seen im Vallée de Joux an Brauereien in der Schweiz und in Frankreich geliefert wurde. Die Fortsetzung der Strecke bis Le Brassus wurde 1899 durch die PBr *(Chemin de fer Pont-Brassus)* eröffnet, die den Betrieb jedoch der Jura-Simplon-Bahn übertrug, welche schon einige Jahre zuvor die PV übernommen hatte. Heute liegt die Zugförderung auf der Gesamtstrecke bei der SBB, die PBr besitzt lediglich zwei Triebwagenzüge, die jedoch in den Fahrzeugpark der SBB eingereiht sind.

PBr Chemin de fer Pont-Brassus

Eröffnet:	1899	Stromart:	Wechselstrom 15 kV 16 2/3 Hz
Streckenlänge:	13 km	max. Neigung:	22 ‰
Spurweite:	1435 mm	Depot:	Le Brassus

Fahrzeuge: Die beiden RBDe 560 von 1989 unterscheiden sich nur durch zusätzliche Aufschriften von den NPZ-Triebwagen der SBB, die PBr verfügt ausserdem über einen modernen Baudienst-Traktor.

Wir verlassen Vallorbe auf der nach Lausanne führenden Route [→ 200], von der unsere Strecke vor Le Day in südwestliche Richtung abzweigt. Rasch ansteigend passieren wir schon bald den 431 m langen Tunnel des Mont-d'Orzeires. Bei km 10 erreichen wir Le Pont, den Beginn des Streckenabschnittes der PBr.

Entlang dem Nordufer des langgestreckten Lac de Joux mit dem gegenüberliegenden, 1679 m hohen Mont Trendre fahren wir durch satte Weiden und beschauliche Dörfer. Über Sentier gelangen wir zum Endpunkt Le Brassus (1021 m ü.d.M.) mit guten Wandermöglichkeiten und aufstrebendem Winter-Tourismus.

Lausanne–Neuchâtel–Biel/Bienne (104 km)

Das Waadtland ist schon seit 1860 über Neuchâtel und Biel mit der nördlichen Schweiz verbunden. Am Entstehen der auch als »Jurafusslinie« bezeichneten Strecke waren mehrere private Gesellschaften beteiligt, die später in der 1903 von der SBB übernommenen JS (*Chemins de fer Jura-Simplon*) aufgingen. Die Strecke wird heute im Fernverkehr überwiegend von InterRegio-Zügen befahren, während die IC auf der schnelleren Verbindung Lausanne–Bern–Olten verkehren. Das Konzept »Bahn 2000« sah ursprünglich eine Reihe von Neubau- und Ausbaumassnahmen am Jurafuss vor, um die beiden Parallelstrecken gleich schnell zu machen. Diese Pläne hat man unter dem Druck des Rotstiftes inzwischen in die Schublade gelegt, stattdessen soll der Verkehr durch den Einsatz neuer Triebzüge mit Neigetechnik beschleunigt werden.

Wir verlassen Lausanne [↦ 100] in nordwestliche Richtung. Nach 6 km zweigt hinter Renens linkerhand die Strecke nach Geneve [↦ 150] ab, wir fahren weiter nach Norden und erreichen den Bahnhof von Cossonay, der mit dem höher gelegenen Ort durch eine kleine Standseilbahn [2003] verbunden ist. Bei km 19 passieren wir den Abzweig in Richtung Vallorbe [↦ 200] und treffen bei km 28 in Chavornay auf die nach Orbe führende kurze Stichstrecke der OC [↦ 211]. Bei km 39 erreichen wir am südlichen Ende des Lac de Neuchâtel das Städtchen Yverdon (438 m ü.d.M., 21000 Einwohner, Office du Tourisme, Place Pestalozzi 1, 1400 Yverdon-les-Bains, Tel. 024 423 62 90, Fax 024 426 11 22) mit seinem trutzigen Schloss aus dem 13. Jh. und einem Rokoko-Rathaus. Hier zweigt die über Payerne nach Fribourg führende Strecke [252] ab und direkt nebem dem SBB-Bahnhof liegt die Endstation der schmalspurigen YSteC [↦ 212]. Am Seeufer entlang führt unsere Strecke weiter über Grandson (43 km, mit einer festungsartigen Schlossanlage, romanischer Kirche und Automobil-Museum) durch das grösste Weinanbaugebiet der Westschweiz. Hinter Colombier mündet bei km 69 die von Westen kommende Strecke aus Pontarlier [↦ 221], bei km 75 erreichen wir Neuchâtel.

Neuchâtel

Hauptstadt des gleichnamigen Kantons, 438 m ü.d.M., 34000 Einwohner, Tourisme neuchâtelois, Hôtel des Postes, 2001 Neuchâtel, Tel. 032 889 68 90, Fax 032 889 62 96.
Über der malerischen Altstadt und dem lebhaften Geschäftszentrum erheben sich das Schloss aus dem 12. bis 16. Ih. und die romanische *Stiftskirche mit dem Grabmal der Grafen von Neuchâtel.
Eisenbahn: Der Bahnhof liegt in nordöstlicher Richtung oberhalb des Stadtzentrums, das Stationsgebäude stammt aus dem Jahre 1936. Durch Neuchâtel führt die Strecke Lausanne-Biel/Bienne [↦ 210] und hier beginnen die Strecken über Pontarlier in Richtung Paris [↦ 221] und nach La Chaux-de-Fonds [↦ 223]. Von Bern kommend, endet hier die Strecke der BLS [↦220] und als weitere Privatbahn führt auch die RVT mit ihren Pendelzügen aus dem Val de Travers bis Neuchâtel [↦ 221].
Stadtverkehr: Vom Trambahnnetz der TN, das sogar eine kurze Dampf-Zahnradbahn vom Place Pury hinauf zum Bahnhof umfasste, ist nur die »Littorail«-Strecke nach Boudry [↦ 213] geblieben, die anderen Linien wurden durch Trolleybusse ersetzt.
Die Rue de l Ecluse und die Aussichtsterasse am Crêt du Plan sind durch eine die Eisenbahnstrecke unterquerende Standseilbahn [2012] verbunden, auch auf den 1175 m ü.d. M. hohen Chaumont führt eine von La Coudre ausgehende Standseilbahn [2011] mit prächtigem Panorama-Blick über die Seen des Mittellandes bis zu den Alpen.

Orbe-Chavornay

211 – Farbdesign treibt gelegentlich seltsame Blüten: Nicht etwa ein Baustellen-Fahrzeug, sondern ein aktueller Low-Cost-Triebwagen ist der Be 2/2 der OC, links etwas verdeckt der De 2/2 von anno 1902

Wir verlassen Neuchâtel in nordöstlicher Richtung. Am Stadtrand zweigt rechts die über Ins und Kerzers nach Bern führende Strecke der BLS ab [→ 220], wir fahren durch die Ebene weiter und passieren bei km 89 das idyllisch am Bieler See gelegene mittelalterliche Weindörfchen La Neuveville. Weiter geht die Fahrt am Seeufer entlang über Ligerz und Twann zur Uhrenstadt Biel [→ 260], die wir nach dem Passieren des 2432 m langen Vingelz-Tunnels erreichen.

211 OC
Orbe-Chavornay (4 km)

Die von der Strecke Lausanne-Neuchâtel–Biel [→ 210] in Chavornay abzweigende Stichbahn der OC (*Chemin de fer Orbe-Chavornay*) ist zwar eine der kürzesten der schweizerischen Privatbahnen, sie darf sich aber rühmen, die älteste elektrifizierte Normalspurbahn der Schweiz zu sein. 1894 eröffnet, wurde sie zunächst mit 600 V Gleichstrom betrieben und später umgestellt auf 750 V. Der älteste Triebwagen dieser Bahn ist heute im Verkehrshaus in Luzern [→ 460] zu besichtigen. Neben dem Güterverkehr mit einer Anzahl von Industrie-Anschlüssen spielt die Personenbeförderung nur eine nachgeordnete Rolle.

OC Chemin de fer Orbe-Chavornay

Eröffnet:	1894	Stromart:	Gleichstrom 750 V
Streckenlänge:	4 km	max. Neigung:	25 ‰
Spurweite:	1435 mm	Depot:	Orbe

Fahrzeuge: Zur Ablösung der aus dem Jahre 1915 stammenden BDe 4/4 erhielt die OC 1990 den als Einzelstück gebauten kleinen Triebwagen Be 2/2; im Güterverkehr finden wir moderne Rangierlokomotiven, der Gepäcktriebwagen De 2/2 32 aus dem Jahr 1902 stellt eine besondere Rarität dar.

Die Endstation der OC liegt in Chavornay direkt neben dem SBB-Bahnhof. Von der Strecke Lausanne–Neuchâtel biegen wir fast rechtwinklig nach Westen ab und durchqueren parallel zur Strasse die breite Talsenke des Plaine de l Orbe. Über den einzigen Zwischenhalt Les Granges (km 2) erreichen wir das schon zu Römerzeiten besiedelte Städtchen Orbe (473 m ü.d.M., 4000 Einwohner) mit einem schönen Rathaus und der Kirche Notre Dame aus dem 16. Jh. Eine Autobus-Linie führt in westlicher Richtung weiter durch die Dörfer oberhalb der Orbe zum Grenzort Vallorbe an der Strecke Frasne–Lausanne [→ 200].

212 ✻   YSteC
Yverdon–Ste-Croix (24 km)

Von Yverdon am südlichen Ende des Lac de Neuchâtel [→ 210] klettert die 1893 eröffnete schmalspurige YSteC (*Chemin de fer Yverdon-Ste-Croix*) ins 1066 m hoch gelegene Jura-Städtchen Ste-Croix und überwindet dabei einen Höhenunterschied von rund 630 m.

Zunächst in westlicher Richtung verlaufend, steigt die Strecke durch das Tal der Brine stetig an, wendet sich nach 8 km vor Vuiteboeuf mit seinem aufragenden Schloss nach Südwesten, um am Hang des Mont Suchet entlang Six-Fontaines (km 15) zu erreichen. Nach einer Kehrschleife mit hervorragendem Panoramablick geht es in Gegenrichtung weiter hinauf durch waldreiches Gebiet und hinter Trois-Villes in grossem Bogen zur Endstation Ste-Croix.

Neben dem seit einigen Jahren auch im Winter zunehmenden Touristenverkehr ist für die YSteC der Güterverkehr, seit 1972 auch mit Rollbockbetrieb für Normalspurwagen, von grosser Bedeutung.

YSteC Chemin de fer Yverdon-Ste-Croix

Eröffnet:	1893	Stromart:	Wechselstrom 15 kV 16 $\frac{2}{3}$ Hz
Streckenlänge:	24 km	max. Neigung:	44 ‰
Spurweite:	1000 mm	Depot:	Yverdon

Fahrzeuge: 1981 wurden drei Triebwagen Be 4/4 beschafft, zum Einsatz kommen aber auch noch ältere Fahrzeuge aus den vierziger Jahren. Die recht imposante Güterzuglokomotive Ge 4/4 von 1950 verfügt für den Rollbock-Betrieb auch über Normalspur-Puffer.

---

213   TN
Neuchâtel–Areuse–Boudry (11 km)

Die 1892 von der damaligen NCB (*Neuchâtel-Cortaillod-Boudry*) eröffnete schmalspurige Überlandbahn wurde 1901 von der TN (*Tramways de Neuchâtel*, seit 1971 *Transports en commun de Neuchâtel*) übernommen und wird heute als einzig übriggebliebene Strecke des Strassenbahn-Netzes unter der Bezeichnung »Littorail« mit modernen Grossraum-Tramwagen betrieben.

Ausgangspunkt ist der Place Pury im Zentrum der Stadt. In südwestlicher Richtung verläuft die Strecke dicht am See entlang bis zum Vorort Auvernier. Durch offene Landschaft und begleitet von der benachbarten Autobahn, erreichen wir über die frühere Abzweigstation Areuse das malerisch am Beginn der Gorges de l'Areuse gelegene kleine Städtchen Boudry.

TN Transports en commun de Neuchâtel

Eröffnet:	1892	Stromart:	Gleichstrom 630 V
Streckenlänge:	11 km	Depot:	Neuchâtel Evole
Spurweite:	1000 mm		

Fahrzeuge: Mit den Grossraum-Tramwagen Be 4/4 »Littorail« verfügt die TN über moderne und komfortabie Triebfahrzeuge.

---

214   CMN
Les Brenets–Le Locle (4 km)

Diese kurze Schmalspurbahn am Rande des Schweizer Juras wurde 1890 von der RdB (*Chemins de fer Régional des Brenets*) eröffnet; 1947 erfolgte die Fusion mit der PSC [→ 222] zur heutigen CMN (*Chemins de fer des Montagnes Neuchâteloises*), 1950 wurde sie elektrifiziert.

CMN Chemins de fer des Montagnes Neuchâteloises

Eröffnet:	1889	max. Neigung:	40 ‰
Streckenlänge:	20 km	Depot:	Les Brenets (KBS 214)
Spurweite:	1000 mm		Les Ponts-de-Martel
Stromart:	Gleichstrom 1500 V		(KBS 222)

Fahrzeuge: 1991 wurden die aus dem lahre 1950 stammenden BDe 4/4 italienischer Herkunft durch moderne Triebwagen einer von mehreren Westschweizer Bahnen beschafften Bauart ergänzt.

Die Strecke beginnt an einem Kopfgleis im SBB-Bahnhof von Le Locle [→ 223] und führt zunächst in westlicher Richtung durch den 720 m langen Tunnel von Petits-Monts. Hinter Les Frêtes (km 2) wenden wir uns nach Norden und kommen durch zwei weitere Tunnels nach Les Brenets (873 m ü.d.M.). Tief unterhalb des Ortes liegt im bewaldeten Tal der Doubs, die hier die Grenze nach Frankreich bildet, der kleine Lac de Brenets mit den Wasserfällen Saut du Doubs.

---

220   BLS
Neuchâtel–Bern (43 km)

Erst 1901 wurde durch die BN (*Bern-Neuenburg-Bahn*) diese direkte Linie zwischen der Bundesstadt und der Kantonshauptstadt am Jurafuss [→ 210] eröffnet, die den Umweg über Biel um fast 20 km verkürzte und mit der anschlies-

220 – Vor Gümmenen quert die Neuenburger Bahn der BLS auf einem fast 400 m langen Viadukt die Saane

223 – Ein Pendelzug der BLS zu Gast auf SBB-Gleisen im Bahnhof der Uhrenstadt La Chaux-de-Fonds

senden Strecke via Pontarlier [→ 221] auch die kürzeste Verbindung Bern–Paris darstellt. 1913 bildete die BN unter dem Dach der BLS eine Betriebsgemeinschaft mit der GBS und der SEZ, Ende 1997 fusionierten die vier Bahnen zur BLS Lötschbergbahn AG.

Auf der KBS 220 verkehren die TGV Zürich–Paris, während die TGV-Zubringerzüge Bern–Frasne der SBB den längeren Weg über Biel [→ 260] nehmen. Zum Fahrplanwechsel 1998 wurde der Regionalverkehr dieser Strecke als Linie 5 in das im Aufbau befindliche S-Bahn-Netz Mittelland integriert. Von der BLS werden hierzu moderne Niederflur-Triebzüge RABe 525 beschafft.

BLS (BN) Lötschbergbahn (*bis 1997 Bern-Neuenburg-Bahn*)

Eröffnet:	1901	Stromart:	Wechselstrom 15 kV 16 $2/3$ Hz
Streckenlänge:	39 km	max. Neigung:	18 ‰
Spurweite:	1435 mm	Depot:	Holligen

Fahrzeuge: Die Fahrzeuge der BLS sind unter der Stammstrecke [→ 300] beschrieben.

Wir verlassen Neuchâtel und zweigen von der in Richtung Biel führenden Strecke [→ 210] nach rechts ab, um nach der Überquerung des Zihl-Kanals bei km 13 das Örtchen Ins zu erreichen. Hier enden die Strecke Fribourg–Murten–Ins der GFM [→ 225] und die schmalspurige BTI aus Biel [→ 261].

In Kerzers (km 21) kreuzen wir die von Lausanne nach Lyss führende Regionalstrecke [251]. Von Gümmenen (km 26) nahm bis vor wenigen Jahren die über Laupen nach Flamatt führende Strecke der STB [→ 257] ihren Ausgang, inzwischen wurde aber der Abschnitt Gümmenen–Laupen auf Busbetrieb umgestellt. Über den 393 m langen Saane-Viadukt geht die Fahrt weiter zum Rosshäusern-Tunnel, den wir bei km 30 erreichen. Durch waldiges Gebiet kommen wir bald in die Vororte von Bern und treffen in Holligen auf die aus Fribourg kommende Fernstrecke [→ 290] und die Regionalstrecken der BLS aus Schwarzenburg [→ 297] und dem Gürbetal [→ 298]. Mit ihnen erreichen wir aus westlicher Richtung unser Ziel, den modernen Hauptbahnhof der Bundesstadt Bern [→ 290].

---

221   SBB/RVT
Buttes–Fleurier–Travers–Neuchâtel

Zwar taucht der jenseits der Grenze in Frankreich liegende Bahnhof Pontarlier in der Kursbuch-Überschrift heute nicht mehr auf, unter der KBS 221 sind aber weiterhin zwei Verbindungen zusammengefasst, die sehr unterschiedlichen Verkehren dienen. Da zudem eine Strecke der SBB, die andere jedoch der privaten RVT gehören, sind sie nachfolgend getrennt beschrieben:

Pontarlier–Travers–Neuchâtel (52 km)

Diese Strecke ist Bestandteil der kürzesten Verbindung zwischen Bern und Paris [→ 220]. Nachdem der Lokalverkehr auf Busbetrieb umgestellt worden war, gab es hier neben dem Güterverkehr zuletzt nur einen direkten TGV Zürich–Paris sowie die bis Frasne verkehrenden Anschlusszüge zu den TGV Lausanne–Paris. Mit dem Fahrplanwechsel 1998 sollen jedoch zwischen Les Verrières und Travers auch wieder Regionalzüge eingesetzt werden.

1860 wurde die über Les Verrières zur Grenze führende Strecke von der damaligen FS (*Chemin de fer Franco-Suisse*) in Betrieb genommen, die Weiterführung über Pontarlier in Richtung Dijon erfolgte durch die französische PLM. Die Elektrifizierung erfolgte 1942 zunächst nur bis Les Verrières, seit 1956 wird die Strecke auch auf französischem Gebiet bis Pontarlier mit SBB-Wechselstrom betrieben.

Im Bahnhof des französischen Ferienortes Pontarlier (836 m ü.d.M.) beginnen wir unsere Reise, die zunächst in einem Bogen um die Montagne du Larmont hinauf zur Grenze (km 11) führt. Erster schweizerischer Ort ist Les Verrières, beim Bahnhof von Les Bayards (km 18) erreichen wir den Kulminationspunkt von 936 m ü.d.M. und fahren nun hinunter ins bewaldete Val de Travers. Zunächst weit über dem Talboden, zieht sich die Strecke durch drei Tunnels in zahlreichen Windungen bergab, in Travers (km 31, 748 m ü.d.M.) trifft rechterhand die nachfolgend beschriebene Strecke der RVT auf unsere Route. Wir begleiten die Areuse talabwärts durch das bei km 35 hinter Noirague beginnende Naturschutzgebiet. Nach Champ-du-Moulin (649 m ü.d. M.) passieren wir die enge Gorges de l Areuse; im Wald verborgen liegt über uns die Spitzkehre von Chambrelien [→ 223]. Hinter Bôle (km 45) vereinigen wir uns mit der Strecke Lausanne-Biel [→ 210], um mit ihr gemeinsam unsere Fahrt nach Neuchâtel fortzusetzen.

Buttes-Travers-Neuchâtel (35 km)

Da die vorstehend beschriebene Strecke der Franco-Suisse weit oberhalb der Ortschaften des Val de Travers verläuft, erhielten diese mit der RVT (*Chemin de fer Régional du Val-de-Travers*) eine eigene Bahnlinie für den Regionalverkehr. 1883 wurde die normalspurige Strecke St-Sulpice–Travers eröffnet, drei Jahre später ein hinter Fleurier abzweigender Seitenast nach Buttes. Ab 1924 erprobte die RVT auf ihrer Linie den Dieselbetrieb, bei den beiden als Occasion erworbenen Fahrzeugen handelte es sich um die 1914 für die Sächsische Staatsbahn gebauten, ersten dieselelektrischen Triebwagen der Welt. 1944 wurden die Strecken mit Wechselstrom elektrifiziert. Auf dem kurzen Abschnitt St-Sulpice–Fleurier ist der Personenverkehr 1973 auf Autobusse umgestellt worden. Der durchgehende Verkehr auf der RVT und dem anschliessenden SBB-Abschnitt Travers–Neuchâtel wird heute von beiden Bahnen gemeinsam abgewickelt.

In Neuchâtel besteigen wir den Regionalzug, um zunächst auf der eingangs beschriebenen SBB-Strecke den Jura-Höhen entgegen zu fahren. In Travers zweigt unsere Route dann von der rechterhand am Hang emporsteigenden Linie nach Pontarlier ab, überquert die Areuse und zieht sich taleinwärts vorbei am Flugfeld von Môtier nach Fleurier (km 9). Hier zweigt rechterhand die noch

---

RVT Chemin de fer Régional du Val-de-Travers

Eröffnet:	1883	Stromart:	Wechselstrom 15 kV 16 $^2/_3$ Hz
Streckenlänge:	14 km	max. Neigung:	17 ‰
Spurweite:	1435 mm	Depot:	Fleurier

Fahrzeuge: Moderne Pendelzüge mit den 1983 beschafften RABDe 4/4 prägen das Bild im Travers-Tal; die aus dem Jahr 1951 stammende Lokomotive Be 4/4 dient vorwiegend dem Güterverkehr.

im Güterverkehr benutzte Strecke nach St-Sulpice ab. Mit dem Postauto können wir von hier nach Les Verrières und nach Pontarlier, aber auch über La Brevine nach Le Locle, dem Endpunkt der über La Chaux-de-Fonds nach Neuchâtel führenden Strecke [→ 223] fahren.

Durch die Gorges de la Poëta-Raisse erreichen wir Buttes, den Endpunkt unserer Reise. Von hier können wir im Rahmen einer Rundfahrt mit dem PTT-Bus weiterfahren nach Ste-Croix, dem Endpunkt der schmalspurigen YSteC [→ 212].

222 CMN
Les Ponts-de-Martel–La Chaux-de-Fonds (16 km)

Hauptsächlich für den Torftransport wurde die 1889 eröffnete schmalspurige Stichbahn der damaligen PSC (*Chemin de fer Ponts-Sagne-Chaux-de-Fonds*) gebaut, sie konnte aber weder für den Güter-, noch für den Personenverkehr die erhoffte Bedeutung erlangen. Die heutige CMN (*Chemins de fer des Montagnes Neuchâteloises*) entstand 1947 durch die Fusion mit der ebenfalls schmalspurigen RdB (*Chemins de fer Régional des Brenets*), die ihre von Le Locle ausgehende kurze Strecke nach Les Brenets 1890 eröffnete [→ 214]; beide Bahnen wurden 1950 elektrifiziert.

Von der Endstation im beschaulichen Les Ponts-de-Martel (1009 m ü. d.M.) führt unsere Strecke in nordöstlicher Richtung leicht ansteigend durch die Wald- und Wiesengebiete des weiten Hochtals von La Sagne. Hinter La Corbatière (km 11, 1120 m ü.d.M.) fahren wir in einem grossen Bogen hinunter zur Uhren-Metropole La Chaux-de-Fonds [→ 223], wo unsere Fahrt im SBB-Bahnhof am gemeinsamen Bahnsteig mit der ebenfalls schmalspurigen CJ [→ 236] endet.

223 SBB
Le Locle–La Chaux-de-Fonds–Neuchâtel (39 km)

Bereits 1857 wurde von der damaligen JI (*Chemin de fer Jura industriel*) die Strecke La Chaux-de-Fonds–Le Locle als Inselbetrieb eröffnet, 1860 ist mit der Fertigstellung des 3259 m langen Loges-Tunnels die Verbindung nach Neuchâtel hergestellt worden, der Anschluss an die auf französischer Seite nach Besançon führende Strecke erfolgte 1884. Für den internationalen Fernverkehr hat diese Linie jedoch keine grosse Bedeutung. Die SBB-Regionalzüge verkehren nur bis Le Locle, von dort bietet die SNCF über den Grenzbahnhof Le Locle-Col-des-Roches dreimal am Tage Anschlusszüge, mit denen in Besançon oder in Dijon die TGV nach Paris erreicht werden können. Für den Eisenbahnfreund ist die KBS 223 vor allem durch die in dieser Art bei der SBB einmalige Spitzkehre von Chambrelien interessant.

Vom Grenzbahnhof Le Locle-Col-des-Roches (915 m ü.d.M.) nur wenige Minuten entfernt liegt das moderne Städtchen Le Locle, einst Keimzelle der berühmten Schweizer Uhrenfabrikation. Hier beginnt die zur CMN gehörende schmalspurige Stichstrecke hinunter nach Les Brenets [→ 214]. Über Le Cret-du-Locle kommen wir bei km 9 nach La Chaux-de-Fonds (1000 m ü.d.M., 37000 Einwohner, Office Tourisme neuchâtelois - Montagnes, Espacité1, 2300 La Chaux-de-Fonds, Tel. 032 919 68 95, Fax. 032 919 62 97), dem Zentrum der Uhrenindustrie im Jura. Hier beginnen die Schmalspurstrecken der CJ [→ 236] und der

CMN [→ 222] und gleich hinter dem Bahnhof zweigt linkerhand durch den Cro-settes-Tunnel die nach Biel führende Strecke [→ 225] ab. Sehenswert ist in der nach einem Brand 1794 schachbrettartig neu angelegten Stadt vor allem das Internationale Uhrenmuseum. Der 1897 eröffnete Trambahnbetrieb wurde 1950 durch Trolleybusse ersetzt.

Zwischen den Tunnels von Mont-Sagne und Loges erreicht die Strecke bald nach La-Chaux-de-Fonds beim Haltepunkt Convers ihren Scheitelpunkt (1048 m ü.d.M.) und führt dann hinab nach Les Hauts-Geneveys, wo einst die 1903 eröffnete und 1948 stillgelegte schmalspurige Strecke der VR (*Chemin de fer du Val-de-Ruz*) nach Villiers abzweigte. Der bis zu den Alpen reichende Fernblick wird schon bald durch weite Waldgebiete verdeckt, durch die wir in südwestlicher Richtung weiter hinab nach Chambrelien (685 m ü.d.M.) fahren. Hier passieren wir bei km 29 die mit recht umfangreichen Gleisanlagen ausgestattete Spitzkehre. Bald weicht der Wald den Weinbergen und über Corcelles erreichen wir unser Ziel Neuchâtel [→ 210] an der Jurafuss-Strecke Lausanne–Biel.

225   SBB
La Chaux-de-Fonds–Biel/Bienne (44 km)

1874 eröffnete die damalige JB (*Chemins de fer Jura bernois*) die von Biel durch das Tal der Suze nach La Chaux-de-Fonds führende Strecke. Sie mündete zunächst südlich der Uhrenmetropole bei Convers in die Strecke nach Neuchâtel, die direkte Verbindung nach La Chaux-de-Fonds wurde 1888 mit der Fertigstellung des 1618 m langen Crosettes-Tunnels in Betrieb genommen. 1934 wurde die Strecke von der SBB elektrifiziert.

Den Bahnhof von La Chaux-de-Fonds [→ 223] verlassen wir in östliche Richtung durch den oben erwähnten Tunnel. An seinem Ende (1013 m ü.d.M.) überqueren wir die Kantonsgrenze nach Bern und fahren talabwärts zwischen den Montagne du Droit und den Montagne de l'Envers nach St-Imier (km 16, 793 m ü.d.M.). Eine Standseilbahn führt von hier hinauf zum Aussichtsberg Mont Soleil [2020], noch lohnender ist die Fahrt mit dem Autobus auf den 1610 m hohen *Chasseral, von dem der Blick weit über das Mittelland zu den Gipfeln der Alpen reicht. Durch das grüne Vallon de St-Imier weiter hinabfahrend, passieren wir das Flugfeld bei Courtelay. Vor Sonceboz-Sombeval (635 m ü.d.M.) mündet bei km 29 linkerhand die in einem weiten Bogen den Hang hinabführende Strecke aus Moutier [226]. Hinter Reuchenette-Péry wendet sich unsere Route in südliche Richtung weiter hinab und wir passieren nach einer Reihe von Tunnels über eine hohe Brücke die enge Taubenlochschlucht. Durch die nördlichen Vororte erreichen wir unser Ziel, das zweisprachige Biel/Bienne [→ 260].

230   SBB
Biel/Bienne–Grenchen–Delémont–Basel (74 km)

Unter den zahlreichen Kürzeln heutiger und ehemaliger Bahngesellschaften der Schweiz stösst man nur selten auf die MLB (*Moutier-Lengnau-Bahn*). Sie taucht jedoch in den Bilanzen der BLS [→ 300] auf, die diese durch den Grenchenberg führende, 13 km lange Verbindung zur Verbesserung der Zufahrtslinien ihrer Lötschbergbahn baute. Schon bei der Eröffnung 1915 wurde der Betrieb der weitab vom Netz der BLS liegenden Strecke der SBB übertragen. Ab Moutier folgt die Route der bereits 1877 durch die JB (*Jura bernois*) fertiggestellten Verbindung von Biel über Sonceboz-Sombeval, Tavannes [226] und Delémont nach Basel.

Unsere Fahrt beginnt in Biel auf der Strecke nach Solothurn [➔ 410], die wir hinter Lengnau bei km 13 mit einem grossen Überwerfungsviadukt verlassen, um gleich hinter Grenchen Nord in den 8578 m langen Grenchenbergtunnel einzutauchen. In Moutier (km 25) kommen wir wieder ans Tageslicht und treffen dort auf die aus Richtung Tavannes kommende Linie [226] und die nach Solothurn führende Strecke der RM [➔ 411].

Weiter geht es mit zahlreichen kurzen Felsdurchstichen hinab in die enge Klus von Roches, eine der für den Jura typischen Querschluchten. In Choindez (km 30) liegen die bei Eisenbahnfreunden wegen der Werkbahn-Dampfloko-motiven bekannt gewordenen Eisenwerke von Roll. Bei km 36 erreichen wir Delémont (413 m ü.d.M., 12500 Einwohner, Hauptort des seit 1979 eigenständigen Kantons Jura, wo wir auf die über den Grenzbahnhof Delle aus Frankreich kommende Strecke [240] stossen. Im alten Ringlokschuppen »Rotonde« unterhält das Verkehrshaus Luzern [➔ 460] seit 1997 eine dem Publikum nicht geöffnete Aussenstelle für normalspurige Dampflokomotiven.

In nordöstlicher Richtung führt die Route weiter durch das Birstal, vorbei am altertümlichen Laufen (km 52). In Dornach sehen wir rechts oberhalb der Strecke den eigenwilligen Betonbau des von Rudolf Steiner errichteten »Goetheanum« und erreichen schliesslich bei km 74 Basel, den Endpunkt unserer Reise [➔ 500].

Basel

Zweitgrösste Stadt der Schweiz, 277 m ü.d. M., 180 000 Einwohner, Basel Tourismus, Schifflände 5, 4051 Basel, Tel. 061 268 68 68, Fax 061 268 68 70.

Im Dreiländereck in unmittelbarer Nachbarschaft zu Deutschland und Frankreich gelegen, ist Basel schon früh zum Handelsplatz und zu einem wichtigen Industriestandort geworden, hat sich aber eine Menge urbanen Charme bewahren können. Wahrzeichen der Stadt ist das doppeltürmige *Münster, ein ursprünglich romanischer Bau mit gotischen Erweiterungen, besonders beachtenswert ist die figurengeschmückte Galluspforte und der doppelte Kreuzgang. Unterhalb des Münsterberges liegt am Marktplatz das im Kern gotische Rathaus, im Westen der Altstadt das Spalentor aus dem 14. Jh. Eine der wichtigsten Gemäldesammlungen der Schweiz ist das *Kunstmuseum, neben bedeutenden Werken alter Meister ist dort auch die Kunst des 19. und 20. Jh. gut vertreten. Besuchenswert sind aber auch das Natur- und Völkerkundemuseum und das Historische Museum. Ihm gegenüber liegt der amüsante »Fasnacht-Brunnen« von Jean Tinguely. Mit dem direkt am Rhein im Blickfeld der Verbindungslinie zum Badischen Bahnhof gelegenen Tinguely-Museum hat der Tessiner Architekt Mario Botta nach dem UBS-Bankgebäude am Aeschenplatz [➔ 505] noch einen weiteren modernen Akzent gesetzt. Auch die Empfangshalle des SBB-Bahnhofes wird von einem grossen Werk des in Basel aufgewachsenen Künstlers Tinguely beherrscht.

Eisenbahn: Die »Drehscheibe Basel« ist im internationalen Schienenverkehr der wichtigste Knotenpunkt der Schweiz, ihre historische Entwicklung ist eine besondere Erwähnung wert [➔ 500].

Der Bahnhof Basel SBB liegt im Süden der Innenstadt am Centralbahnplatz, das monumentale Empfangsgebäude stammt aus dem Jahre 1907. Für die internationalen Fernzüge, die von hier über Mulhouse nach Paris und Bruxelles fahren, ist der auch als »Elsässer Bahnhof« bezeichnete westliche Teil der SBB-Station seit 1957 mit dem französischen Wechselstromsystem 25 kV 50 Hz elektrifiziert. Das früher dem Bahnhof benachbarte Lokdepot ist 1995 auf ein neues Areal beim Güterbahnhof Wolf verlegt worden.

Über den im rechtsrheinischen Kleinbasel liegenden Badischen Bahnhof, dessen heutiges Empfangsgebäude im Jahre 1913 errichtet wurde und dessen offizielle Bezeichnung »Basel Bad Bf« lautet, laufen die Fernverbindungen in den Westen und Norden Deutschlands und in die Niederlande. Die 1997 eingerichtete Regio-S-Bahn der »Grünen Linie« Frick/Laufenburg–Basel–Mulhouse [501] bieten einen grenzüberschreitenden Nahverkehr, der in den nächsten Jahren auch auf Deutschland ausgedehnt werden soll. Die schmalspurige Überlandlinie Dornach-Basel–Rodersdorf [➛ 505] der BLT (*Baselland-Transport*) hat unweit des SBB-Bahnhofes Haltestellen an der Heuwaage und am Aeschenplatz.

Stadtverkehr: Seit 1895 besitzt Basel eine elektrische Strassenbahn, heute gehören zur BVB (*Basler Verkehrsbetriebe*) neun Trambahnlinien, ausserdem werden auch die Strecken der BLT nach Aesch und nach Pratteln von der BVB mitbetrieben. Die früher einmal grenzüberschreitend bis Lörrach verkehrende Trambahnlinie 6 endet seit 1967 an der Grenze in Riehen, da auf dem deutschen Teilstück der Verkehr auf Busbetrieb umgestellt worden ist. Trolleybuslinien und Autobusstrecken ergänzen das Stadtverkehrsnetzder BVB.

236 * CJ

La Chaux-de-Fonds–Le Noirmont–Glovelier (51 km)

Wie viele andere Privatbahnen der Schweiz, so hat auch die CJ (*Chemins de fer du Jura*) einen umfangreichen »Stammbaum« aufzuweisen. Sie entstand 1944 durch die Fusion der vier Gesellschaften RSG, SC, CTN [➛ 237] und RPB [➛ 238].

1892 eröffnete die damalige SC (*Chemin de fer Saignelégier–La-Chaux-de-Fonds*) ihre schmalspurige Strecke durch die Franches Montagnes (Freiberge) des Schweizer Jura. Der Anschluss von Saignelégier nach Nordosten an die Strecke Delle-Delémont [240] wurde 1904 von der RSG (*Chemin de fer regional Saignelégier-Glovelier*) zunächst als Normalspurbahn in Betrieb genommen. Nach dem Zusammenschluss in der CJ wurde 1953 die ehemalige RSG-Strecke auf Meterspur umgebaut und zusammen mit der SC elektrifiziert. Seit der Bildung des eigenen Kantons Jura im Jahre 1979 hat die CJ als »jurassische Staatsbahn« einen starken Aufschwung erfahren. Pläne über eine parallel zur neuen Autobahn verlaufende Neubaustrecke bis zum Kantonshauptort Delémont [➛ 230] konnten allerdings nicht realisiert werden. Stattdessen soll nun auf der SBB-Strecke ab Glovelier [240] durch den Einbau einer dritten Schiene die durchgehende Meterspur-Verbindung bis Delémont ermöglicht werden.

In La Chaux-de-Fonds [➛ 223], dem Zentrum der jurassischen Uhrenindustrie, hat die CJ ihren Endpunkt an einem gemeinsam mit der CMN [➛ 222] benutzten Bahnsteig des SBB-Bahnhofes. Die Strecke verläuft zunächst durch die Stadt und dann weiter in nordöstlicher Richtung zum Haltepunkt Bellevue, dem mit 1073 m ü.d.M. höchsten Punkt der Strecke. Hinter Le Seignet (km 8) passieren wir die Kantonsgrenze zwischen Neuchâtel und Bern, aber schon bei km 12 erreichen wir vor La Large-Journée den Kanton Jura. Auf der leicht hügeligen Hochebene der Franches Montagnes gedeiht durch das rauhe Klima nur eine recht karge Vegetation, die der Landschaft einen besonderen Reiz gibt. In Le Noirmont (km 21) zweigt rechterhand die nach Tavannes führende Strecke ab [➛ 237], in westlicher Richtung führt ein beliebter Wanderweg ins Tal des Doubs hinunter zur Grenze nach Frankreich. Die dünnbesiedelte Region lebt von der Milchwirtschaft und Käserei, aber auch von der Pferdezucht. Hinter Saignelégier (km 27) senkt sich unsere Strecke langsam in ein waldiges Tal, bei Bollement (km 38) passieren wir in rascher Folge einige kleinere Tunnels und schliesslich den vor einer weiten Kehre gelegenen Foradrai-Tunnel. Ein Teil des Verkehrs auf diesem letzten Streckenabschnitt ist inzwischen auf Busbetrieb umgestellt worden. Bei km 46 erreichen wir einen für Eisenbahnfreunde besonders interessanten Punkt, die einsam mitten im Wald liegende Spitzkehre von Combe-Tabeillon (626 m ü.d.M.). Weiter talabwärts kommen wir zu unserem Endpunkt Glovelier (506 m ü.d.M.) an der SBB-Strecke Delle-Delémont [240].

237   CJ

Le Noirmont–Tavannes (23 km)

Die älteste Strecke der heutigen CJ (*Chemins de fer du Jura*) wurde 1884 von der TT (*Chemin de fer Tramelan-Tavannes*) eröffnet. Die weiterführende Verbindung von Tramelan in die Franches Montagnes wurde erst 1913 durch die elektrische Schmalspurbahn TBN (*Chemin de fer Tramelan-Breuleux-Noirmont*) in Betrieb genommen, gleichzeitig wurde auch die Strecke der TT elektrifiziert, 1927 fusionierten beide Gesellschaften zur CTN (*Chemin de fer Tavannes-Noirmont*), die dann 1944 zusammen mit der RSG und der SC [→ 236] sowie der RPB [→ 238] in der neugegründeten CJ aufgingen.

In Le Noirmont (969 m ü.d.M.) zweigt unsere Strecke in südöstlicher Richtung von der Bahnlinie La Chaux-de-Fonds-Glovelier [→ 236] ab und verlässt über einen kleinen Hügelrücken das karge Gebiet der Franches Montagnes. Bei der Station Vacheries-Brunier überschreiten wir die Kantonsgrenze vom Jura nach Bern und erreichen durch weites Weideland nach einer steilen Doppelkehre bei km 14 Tramelan. Durch das offene Tal der Trame fahren wir weiter hinab nach Tavannes (754 m ü.d.M.), dort endet unsere Fahrt auf dem Platz vor der SBB-Station der Strecke Delémont-Sonceboz-Biel/Bienne [226].

CJ Chemins de fer du Jura		
	Schmalspur	*Normalspur*
Eröffnet:	1884	1901
Streckenlänge:	74 km	11 km
Spurweite:	1000 mm	1435 mm
Stromart:	Gleichstrom 1500 V (seit 1953, KBS 237 von 1913 bis 1953 1200 V)	Wechselstrom 15 kV 16 $2/3$ Hz (seit 1952)
max. Neigung:	50 ‰	30 ‰
Depot:	Saignelier, Tramelan	Bonfol

Fahrzeuge: Zur Ergänzung der von 1953 stammenden BDe 4/4 I wurden für den Personenverkehr auf den Schmalspurstrecken 1985 neue Pendelzüge mit BDe 4/4 II, ABt und BDt beschafft. Vorwiegend im Güterverkehr sind die 1952 gebauten Gepäcktriebwagen De 4/4 im Einsatz.
Den normalspurigen Personenverkehr versehen zwei BDe 4/4 von 1968 bzw. 1980.

---

238   CJ

Porrentruy–Bonfol (11 km)

Diese 1901 von der damaligen RPB (*Chemin de fer regional Porrentruy-Bonfol*) eröffnete Strecke ist heute die einzige Normalspurlinie der CJ (*Chemins de fer du Jura*), die schmalspurigen Strecken sind vorstehend beschrieben [→ 236 und 237]. 1910 wurde die RPB zur französischen Grenze verlängert, über Pfetterhouse erhielt sie in Dannemarie Anschluss an die Bahnlinie Basel-Belfort, diese Verbindung wurde jedoch 1970 eingestellt.

Vom nördlichen Endpunkt der schmalspurigen CJ-Strecken in Glovelier liegt etwa 17 km entfernt an der SBB-Strecke Delle–Delémont [240] das hübsche Städtchen Porrentruy mit seinem eindrucksvollen Schloss aus dem 16. Jh. Hier beginnen wir unsere kurze Fahrt, die zunächst in nordöstliche Richtung leicht ansteigend durch die hügelige Landschaft der Ajoie (Elsgau) führt. Hinter Alle (km 4) überqueren wir die Allaine, nähern uns der nur etwa 1 km östlich von Vendlincourt verlaufenden französischen Grenze und erreichen auf der nun durch Wiesen und Waldgebiete etwas abfallenden Strecke den am Ortsrand von Bonfol (437 m ü.d.M.) liegenden Endbahnhof.

250   SBB
Lausanne–Fribourg (66 km)

Seit 1862 sind die Kantonshauptstädte Lausanne und Fribourg durch die von der ehemaligen LFB (*Chemin de fer Lausanne-Fribourg-Berne*) erbaute Bahnlinie verbunden, sie ist heute Bestandteil der grossen Fernlinien vom Genfer See in den Norden und Osten der Schweiz.

   Gleich hinter Lausanne [➤ 100] steigt unsere Strecke durch die Weinberge gleichmässig an und zurückschauend haben wir rechterhand einen schönen Blick hinunter auf den Genfer See und die gegenüberliegenden Savoyer Alpen. Vor Puidoux-Chexbres (km 13) passieren wir den knapp 500 m langen Cornallaz-Tunnel, hinter dem die hinab nach Vevey führende Seitenlinie [➤ 111] abzweigt.

   Unsere Strecke steigt weiter an und bei km 20 erreichen wir den Bahnhof von Palézieux. Hier beginnt die schmalspurige Strecke der GFM nach Bulle und Montbovon [➤ 256] und die nach Payerne und weiter nach Lyss führende SBB-Regionallinie [251.1/251.2]. Bei km 30 passieren wir den 921 m langen Tunnel von Vauderens und erreichen mit knapp 760 m ü.d.M. den Scheitelpunkt der Strecke, die sich nun ins Tal der Glâne neigt.

   Vor dem mittelalterlichen Romont (km 40) mit Burg und Pfarrkirche aus dem 13. Jh. treffen wir auf die aus Bulle kommende normalspurige Strecke der GFM [➤ 254]. Unsere Fahrt geht durch hügeliges Gebiet weiter hinab und wir erreichen schliesslich bei km 66 Fribourg.

Fribourg

Hauptstadt des gleichnamigen Kantons, 629 m ü.d.M., 37000 Einwohner, Office du Tourisme, Avenue de la Gare 1, 1700 Fribourg, Tel. 026 321 31 75, Fax 026 322 35 27.
Die auf einem Bergrücken über der gewundenen Sarine (Saane) liegende *Altstadt gehört zu den am vollständigsten erhaltenen mittelalterlichen Städten der Schweiz.
Wahrzeichen der Stadt ist der 76 m hohe Turm der gotischen *Kathedrale St-Nicolas mit reichem plastischen Schmuck der Portale und des Innenraumes. Ausser dem Rathaus aus dem 16. Jh. ist auch die Franziskanerkirche mit zwei holzgeschnitzten Altären einen Besuch wert. Einen schönen Panoramablick über den historischen Stadtkern hat man von der Galternbrücke östlich der engen Saane-Schleife.
Eisenbahn: Der Bahnhof mit seinem aus dem Jahre 1929 stammenden Empfangsgebäude liegt westlich der Innenstadt. Die aus Lausanne kommende Schnellzugstrecke [➤ 250] führt von hier weiter nach Bern[➤ 290]. Fribourg ist ausserdem Endpunkt der Strecke aus Yverdon [252] und der aus Ins kommenden GFM-Strecke [➤ 255].
Stadtverkehr: Der Trambetrieb wurde 1965 eingestellt, heute bedienen Busse und Trolleybusse den Verkehr in der Stadt und im Umland. Ein Triebwagen der ehemaligen TF (Tramways de Fribourg) ist bei der Museumsbahn Blonay-Chamby [➤ 105] erhalten geblieben.
Vom Place du Perthuis hinauf zum Place Georges-Python führt die 1899 errichtete Standseilbahn der NSTP *(Neuveville-St-Pierre)* mit Wassergewichtsantrieb und einer Spurweite von 1200 mm [2030].

GFM
Bulle–Romont (18 km)

Die bereits 1868 eröffnete BR (*Chemin de fer Bulle-Romont*) ist die älteste
Strecke einer Schweizer Privatbahn, sie gehört heute zur 1942 gegründeten GFM
(*Chemins de fer fribourgeois Gruyère-Fribourg-Morat*). Die zur Anbindung des
Greyerzer Landes an die Strecke Lausanne–Bern gebaute Bahn wurde 1946 im
Zusammenhang mit der Betriebsumstellung der ebenfalls von der GFM betrie-
benen Strecke Fribourg–Murten–Ins [➤ 255] elektrifiziert. Zur GFM gehört aus-
serdem die von Palézieux über Bulle nach Montbovon führende Schmalspur-
bahn [➤ 256].

Wir verlassen Bulle (771 m ü.d.M.), den Betriebsmittelpunkt der GFM, in
westliche Richtung. Auf leicht ansteigender Strecke erreichen wir bei km 5 die
in Vaulruz unterhalb der Burg liegende Bahnstation, sie ist nur wenig entfernt
von dem auf der anderen Seite des Flüsschens Broye liegenden Haltepunkt
Vaulruz-Sud der schmalspurigen GFM-Linie. Unsere Strecke führt weiter durch
leichtes Hügelland und zieht sich hinter Sâles (km 8,836 m ü.d.M.) sanft hinunter ins weite Tal der Glâne. Zusammen mit der aus Lausanne kommenden
Schnellzugstrecke [➤ 250] erreichen wir Romont (707 m ü.d.M., 3500 Einwohner), dessen mittelalterlicher Kern auf einem langgezogenen Hügelrücken liegt.
Die noch von Mauern und Türmen umgebene Stadt wird überragt von ihrer Burg
und der aus dem 13. Jh. stammenden Pfarrkirche.

GFM
Fribourg–Murten–Ins (32 km)

Die damalige FM (*Chemin de fer Fribourg-Morat*) eröffnete 1898 ihre bei Givi-
siez von der Strecke Fribourg–Yverdon abzweigende Verbindung nach Murten
(frz. Morat), die 1903 bis Ins verlängert wurde. Im gleichen Jahr ist die gesamte
Strecke mit Gleichstrom 900 V elektrifiziert worden, die Stromzufuhr erfolgte
über eine für die Eisenbahnen der Schweiz ungewöhnliche seitliche Stromschiene [➤ 132]. Im Jahre 1942 fusionierte die FM mit der BR [➤ 254] und der
schmalspurigen CEG [➤ 256] zur heutigen GFM (*Chemins de fer fribourgeois
Gruyère-Fribourg-Morat*). In Anpassung an das Stromnetz der SBB wurde 1947
der Betrieb auf Wechselstrom umgestellt.

Wir beginnen unsere Fahrt in der Kantonshauptstadt Fribourg [➤ 250] auf
der nach Yverdon führenden SBB-Strecke [252], die wir bei Gieviesiez (km 4) in
nordöstliche Richtung verlassen. In Pensier erreichen wir bei km 9 den langgezogenen Schiffenensee und wenden uns dann durch das bewaldete Hügelland
hinab in den Seebezirk. Nach Münchenwiler-Courgevaux (km 21) kommen wir
von der französisch- in die deutschsprachige Schweiz und erreichen kurz darauf zusammen mit der Regionalstrecke aus Lausanne [251.1/251.2] das malerische Städtchen ***Murten** (448 m ü.d.M., 4600 Einwohner, Offizielles Verkehrsbüro, Französische Kirchgasse 6, 3280 Murten, Tel. 026 670 51 12, Fax. 026 670
49 83).

Vergleichbar mit Riquewihr im Elsass oder dem deutschen Rothenburg ob
der Tauber, ist Murten einer der am besten erhaltenen mittelalterlichen Ortschaften der Schweiz. Die Stadtmauer mit ihren vielen Türmen lädt zu einem
Spaziergang mit Blick über die Dächer der Stadt, aus denen das Schloss, die

Französische und die Deutsche Kirche hervorragen. Auch das Bemtor und die Stadtmühle (historisches Museum) verdienen Beachtung. Über den unterhalb der Stadt liegenden Murtensee gibt es Schiffsverbindungen nach Neuchâtel [3212] und auch nach Biel [3215], die Rückfahrt kann per Bahn mit der BLS [→ 220] oder der BTI [→ 261] erfolgen.

GFM Chemins de fer fribourgeois Gruyère-Fribourg-Morat

	Normalspur	*Schmalspur*
Eröffnet:	1868	1901
Streckenlänge:	50 km	49 km
Spurweite:	1435 mm	1000 mm
Stromart:	Wechselstrom	Gleichstrom
	15 kV 16 2/3 Hz	800 V
	(Fribourg-Ins bis 1947	
	Gleichstrom 900 V)	
max. Neigung:	30 ‰	50 ‰
Depot:	Bulle	Bulle
	Fribourg	Châtel-St-Denis
		Montbovon

Fahrzeuge: Die auf den Normalspurstrecken eingesetzten Triebwagen aus den späten vierziger Jahren sind seit 1983 um moderne Pendelzüge mit RABDe 4/4 ergänzt worden, wie sie in ähnlicher Ausführung auch von der BLS und anderen Privatbahnen beschafft wurden. Als Ae 417 haben zwei ehemalige DDR-Lokomotiven der Reihe E 42 bei der GFM für den Güterverkehr eine neue Aufgabe gefunden. Den normalspurigen Rangierdienst in Bulle versieht die 1963 von Krupp gebaute Diesellok Tm 48.
Auf dem Schmalspurnetz werden die liebevoll gepflegten historischen Triebwagen Be 4/4 aus der Zeit nach der Iahrhundertwende nur noch für Sonderfahrten eingesetzt, die Triebwagen aus den siebziger Jahren sind 1992 um moderne Pendelzüge mit BDe 4/4 ergänzt worden. Im Rangierdienst und vor Arbeitszügen findet man noch die Oldtimer Te 4/4 von 1901 und Te 2/2 von 1913. Die starken Gepäck-Lokomotiven GDe 4/4, die 1983 in gleicher Bauart auch von der MOB beschafft worden sind, kommen überwiegend vor Güterzügen zum Einsatz.

Wir verlassen Murten gemeinsam mit der weiter nach Lyss führenden Regionalstrecke [251.1/251.2], von der wir hinter Muntelier-Löwenberg linkerhand abzweigen. Parallel zum Nordufer des Murtensees und weiter durch das ehemalige Moorgebiet des Grossen Moos erreichen wir in Ins (438 m ü.d. M.) das Ende unserer Strecke, die hier auf die von Neuchâtel nach Bern führende Route [→ 220] trifft. Ins ist auch Endpunkt der schmalspurigen BTI aus Biel [→ 261].

---

256   GFM
Palézieux–Châtel-St-Denis–Bulle–Montbovon (44 km)

Das erste Teilstück dieser schmalspurigen Strecke der GFM (*Chemins de fer fribourgeois Gruyère-Fribourg-Morat*) wurde 1901 als Anschluss an die Verbindung Lausanne-Bern von der damaligen CP (*Chemin de fer Châtel-Palézieux*) eröffnet. Die weitere, von Châtel-St-Denis aus in einem weiten Bogen um den Moléson nach Bulle und zum Endpunkt Montbovon führende Strecke konnte 1904 von der CEG (*Chemins de fer electriques de la Gruyère*) fertiggestellt wer-   79 den, die drei Jahre später auch die Linie der CP übernahm und 1912 auf der Seitenlinie Bulle-Broc [253] den Verkehr aufnahm. 1942 fusionierte die CEG mit den Normalspurbahnen BR [➤ 254] und FM [➤ 255] zur heutigen GFM.

Unsere Fahrt beginnt im ausserhalb des Ortes liegenden Bahnhof von Palézieux (668 m ü.d.M.) an der Strecke Lausanne–Fribourg–Bern [➤ 250]. Durch offenes Hügelland verläuft unsere Route in einem leichten Bogen hinauf nach Châtel-St-Denis (km 7). Hier bestand über die Strecke nach St-Légier bis zu ihrer Stillegung 1969 Anschluss an die ebenfalls schmalspurige CEV [➤ 112]. Wir verlassen den Kopfbahnhof in nördliche Richtung und gelangen durch das weite Tal der Broye nach Semsales, dem mit 858 in ü.d.M. höchsten Punkt der Strecke. In Vaulruz (km 21) nähern wir uns der von Romont kommenden Normalspurstrecke der GFM [➤ 254] und erreichen bei km 26 parallel zu ihr das Städtchen Bulle (771 m ü.d. M., 7500 Einwohner). Ein empfehlenswerter Ausflug führt von hier mit dem GFM-Autobus nach Moléson-Village und von dort mit der Luftseilbahn [2045] auf den Gipfel des **Moléson** (2002 m ü.d.M.) mit herrlichem Panoramablick über die Berner Alpen.

Bulle ist der Betriebsmittelpunkt der GFM, hier findet man die Umsetzanlage für den Rollbockbetrieb und hier zweigt auch die gut 6 km lange Stichstrecke nach Broc ab (253), die über die 121 m lange Saane-Brücke führt. An ihrem Endpunkt Broc-Fabrique liegen die Anschlussgleise der auch als Güterkunde für die GFM wichtigen Schokoladenfabrik Cailler. Nördlich von Broc beginnt der langgezogene Stausee Lac de la Gruyère. Durch Broc führt auch eine Autobus-Linie der GFM, mit der wir über den 1509 m hoch gelegenen Jaun-Pass zum an der BLS-Strecke Spiez–Zweisimmen [➤ 320] liegenden Boltigen gelangen können.

Wir verlassen Bulle in südlicher Richtung und erblicken schon bald das auf einem Hügel leicht abseits der Strecke liegende **Gruyère** (801 m ü.d.M., 1200 Einwohner). Der malerische Ort besitzt noch grosse Teile der alten Stadtbefestigung, die autofreie Hauptstrasse wird überragt von dem imposanten Schloss aus dem 15. Jh. Nahe beim Bahnhof kann in einer Schaukäserei die Herstellung des bekannten Greyerzer Käses beobachtet werden.

Hinter Gruyère durchfahren wir die beiden Estavannens-Tunnel und durch das enger werdende Saane-Tal erreichen wir das hübsche Dörfchen Grandvillard (km 36). Weiter talaufwärts kommen wir am Hang des 2389 m hohen Vanil Noir entlang zu unserem Zielort Montbovon (769 m ü.d. M.) und treffen dort auf die Strecke Montreux–Zweisimmen der ebenfalls schmalspurigen MOB [➤ 120].

---

257 STB
Flamatt–Laupen–Gümmenen (11 km)

Die STB (*Sensetalbahn*) eröffnete 1904 ihre über Laupen führende Verbindungslinie zwischen den Strecken Bern–Lausanne und Bern–Neuchâtel. Die durch das landschaftlich reizvolle Sensetal verlaufende Linie wurde 1938 elektrifiziert. Neben dem nicht unbeträchtlichen Güterverkehr der STB hat der Abschnitt Laupen–Flamatt für den Regionalverkehr in der Agglomeration der Bundesstadt immer mehr Bedeutung erlangt. Während der lange Abschnitt Gümmenen–Laupen 1993 auf Busbetrieb umgestellt und für den verbleibenden Güterverkehr »entelektrifiziert« wurde, ist die Strecke Laupen–Flamatt in das neue S-Bahn-Netz Mittelland einbezogen worden. Hier verkehrt wechselweise mit Fribourg–Flamatt die Durchmesserlinie 1 über Bern nach Thun [➤ 292].

Im SBB-Bahnhof Flamatt zweigen wir von der nach Fribourg führenden Strecke [➤ 290] in nordwestliche Richtung ab und überqueren bei der Station

STB Sensetalbahn

Eröffnet:	1904	Stromart:	Wechselstrom 15 kV 16 $^2/_3$ Hz
Streckenlänge:	11 km	max. Neigung:	34 ‰
Spurweite:	1435 mm	Depot:	Laupen

Fahrzeuge: Fast schon traditionell hat die STB ihre Triebwagen von anderen Bahnen als Occasionen übernommen; zuletzt von der BLS die beiden BDe 4/6 aus dem Jahre 1938. Für den Güterverkehr besitzt sie eine Diesellok Em 3/3, hinter der sich die ehemalige DB-Lok 260 106 von 1956 verbirgt. Den S-Bahn-Verkehr auf der STB bewältigen Pendelzüge mit RBDe 560 der SBB, die STB stellt zum Achskilometer-Ausgleich lediglich vier Zwischenwagen bei.

Flamatt Dorf die Sense, an deren rechtem Ufer unser Weg nun flussabwärts fährt. Bei km 7 erreichen wir das hübsche Städtchen ***Laupen**, ein historisches Kleinod abseits der grossen Touristen-Routen. Die restliche Strecke der STB bis Gümmenen ist dem Güterverkehr vorbehalten und nicht mehr elektrifiziert.

260   SBB
Biel/Bienne–Bern (33 km)

Seit 1864 verbindet die von der damaligen BSB (*Bernische Staatsbahn*) gebaute Strecke die beiden Zentren des Kantons, die Uhrenstadt Biel am Jurafuss und die Bundesstadt Bern. Sie bildet auch die Fortsetzung der von der französischen Grenze bei Le Locle kommenden Strecke über La Chaux-de-Fonds [→ 223 und 225], die allerdings für den internationalen Verkehr keine besondere Bedeutung hat. Über die Strecke Bern–Biel/Bienne fahren hingegen die IC-Zubringer über Neuchâtel mit Anschluss zu den TGV Lausanne–Paris. 1997 konnte der in den sechziger Jahren begonnene Doppelspurausbau vollendet werden. Zum Fahrplanwechsel 1998 wird die KBS 260 im S-Bahn-Netz Mittelland Bestandteil der Durchmesser-Linie 3 Biel–Bern–Belp–Thun [→ 298].

Biel

Zweitgrösste Stadt des Kantons Bern und auf der Grenze zwischen deutsch- und französischsprachiger Schweiz gelegen, 430 m ü.d.M., 54000 Einwohner, Tourismus Biel-Seeland, Bahnhofplatz 12, 2502 Biel/Bienne, Tel. 032 322 75 75, Fax 032 323 77 57.
Die offiziell zweisprachige Stadt (Biel/Bienne) ist bekannt als Schwerpunkt der Uhrenindustrie, hat aber auch einen sehenswerten alten Stadtkern aufzuweisen (Zunfthaus zu Waldleuten, Rathaus, ehemaliges Zeughaus). Eine reizvolle Tagestour ist die »Drei-Seen-Fahrt« (3215) über den Bieler See, den Lac du Neuchâtel und den Lac de Morat nach Murten [→ 255], die Rückfahrt kann über Ins oder Kerzers auch mit der Bahn erfolgen.
Eisenbahn: Zwischen Stadtzentrum und Seeufer liegt der Bahnhof von Biel mit seinem 1923 fertiggestellten Stationsgebäude. Hier treffen sich die Strecken aus Lausanne [→ 210], aus La Chaux-de-Fonds [→ 225], aus Olten über Solothurn [→ 410] und aus Bern [→ 260]. Gleich unter dem SBB-Bahnhof liegt die unterirdische Endstation der schmalspurigen BTI [→ 261].
Stadtverkehr: Der bereits seit 1877 bestehende Trambetrieb, zu dem auch eine 1913 eröffnete Dampf-Überlandbahn nach Meinisberg gehörte, wurde 1948 eingestellt und durch Trolleybusse ersetzt. Zwei Standseilbahnen führen auf die Jurahöhen nach Magglingen [2022] und nach Evilard [2023].

Biel in südöstlicher Richtung verlassend, quert unsere Strecke bei Brügg die Aare und erreicht bei km 10 das Marktstädtchen Lyss. Hier endet die SBB-Regionalstrecke aus Lausanne [251.1/251.2], an der nur 5 km südlich von Lyss das mittelalterliche Städtchen **Aarberg** liegt. Die frühere Fortsetzung dieser Strecke nach Solothurn wird heute nur noch bis Büren an der Aare per Bahn bedient [262], während den weiteren Verkehr der Bus übernommen hat.

Durch offene Hügellandschaft fahren wir weiter über Münchenbuchsee nach Zollikofen. Dort vereinigen wir uns bei km 26 mit der Schnellzugstrecke aus Olten [➙ 450] und erreichen bei km 33 unser Ziel Bern [➙ 290].

261   BTI
Biel–Täuffelen–Ins (21 km)

Die damalige SLB (*Seeländische Lokalbahnen*) eröffnete 1917 eine von Nidau bei Biel nach Ins führende schmalspurige Überlandbahn, die restlichen 2 km bis Biel konnten wegen der noch offenen Planungen für den neuen SBB-Bahnhof erst 1926 fertiggestellt werden. Die seit Betriebsbeginn mit Gleichstrom 1200 V elektrifizierte Bahn erhielt 1944 ihre heutige Bezeichnung BTI (*Biel-Täuffelen-Ins-Bahn*), seit 1965 besteht innerhalb der Gruppe OSST (*Oberaargau-Solothurn-Seeland-Transport*) eine Betriebsgemeinschaft mit der RVO und der OJB [➙ 413]. Für den Güterverkehr verfügt die BTI über Rollschemel mit Übergabeanlagen in Biel und Ins.

BTI   Biel-Täuffelen-Ins-Bahn

Eröffnet:	1917	Stromart:	Gleichstrom 1200 V
Streckenlänge:	21 km	max. Neigung:	48 ‰
Spurweite:	1000 mm	Depot:	Täuffelen

Fahrzeuge: Mit den ersten Niederflur-Gelenktriebwagen Be 2/6 verfügt die BTI seit 1997/98 über hochmodernes Rollmaterial für den Personenverkehr, das mittelfristig die in den sechziger Jahren gebauten Triebwagen Be 4/4 ablösen soll.

Wir beginnen unsere Fahrt in Biel [➙ 260] unter dem SBB-Bahnhof an der 1975 eröffneten unterirdischen Endstation der BTI. Die Strecke wendet sich in südliche Richtung und steigt hinter Nidau parallel zur Strasse auf den sich am Bieler See hinziehenden leichten Hügelrücken. Hinter Gerolfingen fällt die Strecke wieder ab und bei km 9 erreichen wir Täuffelen, den Direktionssitz der BTI. Die Strecke überquert den Aare-Hagneck-Kanal, steigt am Hang des Schattenrain noch einmal an und senkt sich dann über Ins Dorf der Endstation Ins zu, die an der Strecke Bern–Neuchâtel der BLS [➙ 220] liegt. Hier endet vom Süden kommend auch die Strecke Fribourg–Murten–Ins der GFM [➙ 255].

290   SBB
Fribourg–Bern (km 31)

Dieser Teil der grossen Fernverbindung Basel–Genève wurde 1862 von der damaligen LFB (*Chemin de fer Lausanne-Fribourg-Berne*) fertiggestellt. Dabei hatte den Abschnitt vom Bahnhof Bern bis zur Kantonsgrenze – den damaligen

Usancen folgend – nicht die »ausländische« LFB, sondern die SCB (*Schweizerische Centralbahn*) gebaut.

Ganz nebenher ist die Strecke auch ein schönes Beispiel für die oft nicht leicht nachzuvollziehenden Mutationen der Streckennummern: Ursprünglich war die Gesamtstrecke Lausanne–Fribourg–Bern in einem Kursbuchfeld [⟶ 250] zusammengefasst. Mit der Einführung durchgehender Regionalzüge erhielt dann der Abschnitt Fribourg–Bern zusammen mit dem Abschnitt Bern–Thun die neue Nummer 290, letzterer hatte bis dahin zusammen mit seiner Fortsetzung über Spiez nach Interlaken die Nummer 310 getragen. Inzwischen hat man die Nummern wieder getrennt, Bern–Thun wurde neu zur KBS 292, während Fribourg–Bern die Nummer 290 behielt. Und den jetzt als S-Bahn-Linie 1 durchgehenden Regionalzügen hat man unter der Nummer 1400 ein eigenes Fahrplanfeld gewidmet.

Wir verlassen Fribourg zusammen mit der über Murten nach Ins verlaufenden Strecke der GFM [⟶ 255] und der nach Yverdon führenden Route [252], die bald in westliche Richtung abzweigen. Nach 4 km erreichen wir das grossartige Saane-Viadukt von Grandfey, 1926 als Ersatz für die alte Eisenbrücke von 1862 in Betonbauweise errichtet und 352 m lang. Hinter Schmitten geht die Fahrt durch den knapp 400 m langen Mühletal-Tunnel und bei km 18 treffen wir in Flamatt auf die aus Gümmenen kommende STB [⟶ 257].

Vor Thörishaus Dorf (km 21) überqueren wir die Sense und damit auch die Grenze zum Kanton Bern. Hinter Bümpliz Süd vereint sich unsere Strecke mit den BLS-Strecken aus Neuchâtel [⟶ 220], aus Schwarzenburg [⟶ 297] und aus dem Gürbetal [⟶ 298]. Bei km 31 erreichen wir dann unser Ziel, den völlig überbauten Bahnhof der Bundesstadt Bern.

Bern

Sitz der Bundesregierung (Bundesstadt) und Hauptstadt des Kantons Bern, 540 m ü.d.M., 145000 Einwohner, **i** Bern Tourismus, Im Bahnhof, 3011 Bern, Tel. 031 311 66 11, Fax 031 312 12 33.

Der sehr gut erhaltene historische Stadtkern liegt auf einem von der Aare umflossenen Hügelrücken, Hochbrücken verbinden diese Halbinsel mit den umliegenden neueren Stadtteilen. Vom Bahnhof erreicht man mit wenigen Schritten den zentralen Strassenzug Spitalgasse-Marktgasse-Kramgasse-Gerechtigkeitsgasse-Nydegg-Gasse mit seinen hübschen Laubengängen, den zahlreichen Brunnen, dem Käfigturm und dem ***Zytglogge-Turm.** Aus dem 15. Jh. stammend und oft umgebaut, wurde er mit seiner astronomischen Uhr zum Wahrzeichen der Stadt.

Südlich dieser Längsachse liegt das 1902 fertiggestellte Bundeshaus mit seiner imposanten Kuppel und das spätgotische ***Münster St. Vinzenz,** dessen reich verziertes Hauptportal besonders beachtenswert ist. Nördlich liegen das gotische Rathaus, das barocke Kornhaus und das Kunstmuseum mit seiner einzigartigen Paul-Klee-Sammlung.

Eisenbahn: Gleich am westlichen Rand des Altstadtkerns liegt der 1974 neu erbaute Bahnhof mit seinem grosszügigen Empfangsgebäude. Die in einer Kurve liegenden Bahnsteige sind vollständig überbaut und vermitteln so dem ankommenden Reisenden eher den Eindruck einer überdimensionalen Metro-Station. Ausser den grossen Schnellzugstrecken aus Fribourg [⟶ 290], aus Thun [⟶ 292], und aus Olten [⟶ 450] treffen sich hier die Strecken aus Luzern [⟶ 460], aus Biel [⟶ 260], aus Neuchâtel [⟶ 220] und die Nebenbahnen der BLS [⟶ 297/298]. Nach Paris gibt es eine direkte TGV-Verbindung sowie Anschlusszüge nach Frasne für die TGV Lausanne-Paris.

Die in der RBS zusammengeschlossenen Überlandstrecken nach Solothurn [⟶ 420] und nach Worb [⟶ 294] haben ihren Ausgangspunkt in der unterirdischen Station im SBB-Bahnhof, die Muri-Linie der RBS [⟶ 295] hat ihren Endpunkt am Zytglogge-Turm.

Stadtverkehr: Die SVB (Städtische Verkehrsbetriebe Bern) betreiben neben zahlreichen Bus- und Trolleybuslinien noch drei Trambahnstrecken mit einer Gesamtlänge von 17 km,

Fribourg–Bern

die sich alle am zentralen Knoten Bubenbergplatz/Bahnhofsplatz treffen. Neben neuzeitlichen Gelenkwagen sind auch noch ältere Vierachser mit Anhängern im Einsatz. Von der Terrasse am Bundeshaus hinunter zur Weihergasse führt die DMB (Marzili-Bahn), eine gut 100 m lange Standseilbahn [2350].

292   SBB
Bern–Münsingen–Thun (31 km)

Dieser Streckenabschnitt wurde 1859 durch die damalige SCB fertiggestellt, er bildet quasi die »Ouvertüre« zur Lötschbergbahn [➤ 300] und auch zur BLS-Strecke nach Interlaken [➤ 310], mit der er früher einmal auch die Streckennummer gemeinsam hatte. Heute verkehren auf dieser dicht befahrenen Strecke so interessante Züge wie die Cisalpino Milano–Basel, der ICE Berlin–Interlaken, EC aus Bruxelles und Amsterdam und die IC St. Gallen–Interlaken mit den gewaltigen IC-2000-Doppelstockwagen, aber auch die Pendelzüge der S-Bahn-Linie 1 von Thun nach Fribourg bzw. Laupen.

Über das insgesamt 1080 m lange Lorraine-Viadukt, mit einer Spannweite von 150 m die grösste Brücke der SBB, führt die Strecke aus Bern heraus zunächst in Richtung Nordosten. In einem grossen Bogen erreichen wir bei km 5 Ostermundigen, vorher zweigen linkerhand gemeinsam die nach Biel [➤ 260] und nach Olten [➤ 450] führenden Strecken ab. In südliche Richtung in Gümlingen unterqueren wir bei km 8 die »Murilinie« der RBS [➤ 295]. Wenig später passieren wir den Abzweig in Richtung Luzern [➤ 460], bei klarem Wetter sehen wir in der Ferne schon bald die Gipfel der Berner Alpen. Über Münsingen (km 16) geht es weiter durch das breite Tal der Aare, die wir bei Uttingen überqueren. Kurz vor unserem Ziel stossen von der rechten Seite die parallel durchs Gürbetal verlaufende Linie Bern–Belp–Thun der BLS [➤ 298] und von links die aus Burgdorf kommende Regionalbahn der RM [➤ 440] auf unsere Strecke.

Bei km 31 erreichen wir das schöne Städtchen Thun (560 m ü.d.M., 37000 Einwohner, Verkehrsbüro, im Bahnhof, 3600 Thun, Tel. 033 222 23 40, Fax 033 222 83 23) mit den charakteristischen, über den Laubengängen der Hauptgasse liegenden Bürgersteigen und den die hübsche Altstadt überragenden mächtigen Gebäuden des Schlosses aus dem 12. Jh. und der Pfarrkirche.

294   RBS
Bern–Bolligen–Worb Dorf (15 km)

Seit dem Zusammenschluss der VBW (*Vereinigte Bern-Worb-Bahnen*) mit der SZB (*Solothurn-Zollikofen-Bern-Bahn*, [➤ 420]) im Jahre 1984 gehört als Linie W auch diese Strecke zum Schnellbahn-Netz der RBS (*Regionalverkehr Bern-Solothurn*).

1913 nahm die damalige WT (*Worblentalbahn*) auf ihrer von Bern über Ittigen nach Worb Dorf führenden elektrischen Überlandbahn den Betrieb auf. Die Züge endeten in Bern zunächst an der Papiermühlenstrasse, über die Gleise der Trambahn wurden sie ab 1915 bis zum Kornhausplatz geführt. Eine gleichzeitig eröffnete Verbindungsstrecke von Ittigen nach Worblaufen stellte den Anschluss an die BZB [➤ 420] her, in Worb Dorf traf die WT auf die hier endende »Muribahn« der BWB [➤ 295], mit der sie sich 1927 zur VBW zusammenschloss.

RBS (VBW) Regionalverkehr Bern-Solothurn
(bis 1984 Vereinigte Bern-Worb-Bahnen)

	Murilinie (G)	Worblentallinie (W)
Eröffnet:	1898	1913
Streckenlänge:	7 km	11 km
Spurweite:	1000 mm	1000 mm
Stromart:	Gleichstrom 600 V	Gleichstrom 1200 V
	(1910 bis 1987 850 V)	(1913 bis 1974 850 V)
max. Neigung:	39 ‰	25 ‰
Depot:	Boll-Utzingen	Worblaufen

Fahrzeuge: Für die Murilinie wurden 1987 Doppelgelenk-Triebwagen in Dienst gestellt, die eine Weiterentwicklung der Zürcher »Tram 2000« darstellen und – verbunden mit einer Reduzierung der Strom-Spannung – das alte Fahrzeug-Material komplett ablösten.
Auf der Worblentallinie kommen die Doppel-Triebwagen Be 4/8 zum Einsatz, gleiche Fahrzeuge verkehren auch auf der ehemaligen SZB-Strecke der RBS. Zwei Ge 4/4 von 1927 kommen noch im Güterverkehr zum Einsatz.

Die ursprünglich dem Güterverkehr mit Rollschemeln dienende Verbindung Ittigen–Worblaufen wurde 1967 neu trassiert und nach dem Doppelspurausbau des SZB-Abschnittes Worblaufen–Bern wurde die Worblentallinie über diesen Weg zur unterirdischen Endstation im Hauptbahnhof Bern geführt, auf der Strecke Ittigen–Bern Kornhausplatz wurde der Betrieb eingestellt.

Wir verlassen Bern durch den 1200 m langen Schanzen-Tunnel, überqueren die Aareschlucht und zweigen in Worblaufen (km 3) rechterhand von der nach Solothurn führenden Strecke [➤ 420] ab. Durch die Vororte der Bundesstadt führt unsere Strecke in südwestlicher Richtung parallel zum Bachlauf der Worble. Bis Deisswil (km 8) führt das bei Oberzollikofen beginnende Dreischienengleis für den direkten Gütertransport mit Normalspurwagen. Die dichte Bebauung weicht nun Feldern und Wiesen, über die hinweg wir im Süden die Gipfel der Berner Alpen erblicken. Im Endbahnhof Worb Dorf treffen wir auf die »Murilinie« G der RBS [➤ 295].

---

295   RBS
Bern–Muri–Worb Dorf (9 km)

Die »Murilinie« ist die älteste der in der RBS (*Regionalverkehr Bern-Solothurn*) zusammengefassten Bahnen [➤ 294 und 420]. 1898 eröffnete die damalige BMGWB (*Bern-Muri-Gümligen-Worb-Bahn*) ihre schmalspurige Strecke von Bern Kirchenfeld nach Worb. 1910 elektrifizierte die drei Jahre vorher in BWB (*Bern-Worb-Bahn*) umbenannte Gesellschaft ihre Strecke, 1927 fusionierte sie mit der Worblentalbahn zur VBW (*Vereinigte Bern-Worb-Bahnen*) und 1984 schloss sich diese dann mit der SZB zur heutigen RBS zusammen.

Die heutige Linie G der RBS endet in Bern mitten in der historischen Altstadt am Zytgloggeturm beim Casinoplatz. Auf den Gleisen der Berner Tramlinie 5 fahren wir über die hohe Kirchenfeldbrücke stadtauswärts. Ab Burgernziel führt die Strecke über die alte Nationalstrasse und erreicht bei km 3 Muri. Hier biegen wir in Richtung Gümligen ab, wo wir bei km 5 die SBB-Strecke Bern–Thun [➤ 292] überqueren. Die dichte Bebauung der Agglomeration Bern lockert sich hier langsam auf und hinter Langenloh (km 8) fahren wir hinunter ins Worblental zur Endstation Worb Dorf, wo wir auf die RBS-Linie W [➤ 294] treffen.

297   BLS
Bern–Schwarzenburg (21 km)

Die 1907 von der damaligen BSB (*Bern-Schwarzenburg-Bahn*) eröffnete Strecke verbindet die Bundesstadt mit dem südwestlich gelegenen Schwarzenburger Ländchen. Seit 1913 gehört sie zur Gruppe der von der BLS [→ 300] mitbetriebenen Bahnen. 1944 schloss sie sich mit der benachbarten Gürbetalbahn [→ 298] zur GBS (*Gürbetal-Bern-Schwarzenburg-Bahn*) zusammen und 1997 fusionierten schliesslich alle in der BLS zusammenarbeitenden Bahnen. Eine wichtige Aufgabe hat sie seit langem im Agglomerationsverkehr von Bern. Als S 2 gehört sie zum im Aufbau befindlichen S-Bahn-Netz Mittelland, fortgesetzt wird diese Linie über Bern hinaus bis Langnau an der Strecke nach Luzern [→ 460].

Durch den 400 m langen Donnerbühl-Tunnel verlassen wir Bern [→ 290]. Rechterhand zweigt zunächst die nach Neuchâtel führende Strecke der BLS [→ 220] ab, unter einer Überwerfung queren wir dann die SBB-Strecke nach Fribourg [→ 290] und zweigen nach einem weiten Bogen im Vorort Fischermätteli von der durch das Gürbetal führenden BLS-Strecke ab. Hinter Köniz (km 6, 572 m ü.d.M.) lichtet sich die Bebauung und die Strecke steigt mit bis zu 35 ‰ in südliche Richtung. Auf einer 1979 neu erbauten, 180 m langen Spannbeton-Brücke überqueren wir die fast 70 m tiefe Schlucht des Schwarzwasser-Baches, der rechterhand in die durch eine Art Canyon fliessende Sense mündet. Beide Flussläufe liegen in einem Naturschutzgebiet, die Sense bildet hier gleichzeitig die Kantonsgrenze nach Fribourg.

BLS (GBS) Lötschbergbahn

      (bis 1997 Gürbetal-Bern-Schwarzenburg-Bahn)

Eröffnet:	1902	Stromart:	Wechselstrom 15 kV 16 $^2/_3$ Hz
Streckenlänge:	52 km	max. Neigung:	35 ‰
Spurweite:	1435 mm	Depot:	Holligen

Fahrzeuge: Die Fahrzeuge der BLS sind unter der Stammstrecke [→ 300] beschrieben.

Die nun recht kurvenreiche Strecke erreicht mit weiteren Steigungen durch das landwirtschaftlich genutzte Hügelland den Endbahnhof Schwarzenburg (792 m ü.d.M.). Autobusse der PTT und der GFM fahren von hier nach Fribourg und nach Thurnen an der Gürbetal-Linie der BLS, mehrere Linien erschliessen aber auch das im Süden bis zur Gantrisch-Kette (2189 m ü.d.M.) und dem hübsch gelegenen Schwarzsee reichende Erholungsgebiet.

---

298   BLS
Bern–Belp–Thun (34 km)

Die parallel zur bereits bestehenden Schnellzugstrecke Bern-Thun [→ 290] verlaufende Strecke wurde 1902 von der damaligen GTB (*Gürbetal-Bahn*) fertiggestellt. 1944 fusionierte sie mit der BSB [→ 297], mit der sie schon seit 1913 in der BLS-Gruppe [→ 300] zusammenarbeitete, zur GBS (*Gürbetal-Bern-Schwarzenburg-Bahn*). Seit 1997 sind nun alle Bahnen dieser Gruppe unter ein Dach vereint. Auch die KBS 298 zählt künftig zum S-Bahn-Netz Mittelland, auf ihr verkehrt die Linie S 3, die über Bern hinaus nach Biel führt [➤ 260].

Die Bundesstadt Bern [➤ 290] verlassen wir zusammen mit der nach Schwarzenburg führenden BLS-Linie, die im Vorort Fischermätteli von unserer Route rechterhand abzweigt. Durch das dichtbesiedelte Gebiet der Agglomeration Bern kommen wir bei km 7 nach Wabern, von wo eine Standseilbahn [2351] auf den 858 m hohen Gurten führt. Ohne wesentliche Steigungen oder Gefälle verläuft die in Belp (km 13, 523 m ü.d.M.) auf die Gürbe treffende Strecke nach Süden. Zwischen den Hängen des Längenbergs und des Belpbergs fahren wir talaufwärts. Hinter Kaufdorf (km 18) sehen wir rechts am Hang das Rümliger Schloss und später das Schloss Burgistein mit der dahinter aufscheinenden Gantrisch-Kette. Hier verlassen wir das auch durch seinen Kraut-Anbau bekannte Gürbetal, fahren durch das Waldgebiet bei Seftigen (km 26) und treffen bei Lerchenfeld auf die Schnellzugstrecke aus Bern, mit der zusammen wir unser Ziel Thun [➤ 290] erreichen.

300 ✳   BLS
Spiez–Lötschberg–Brig (74 km)

Die BLS (*Lötschbergbahn*) ist die grösste schweizerische Privatbahn. Ihre durch die Berner Alpen führende ***Lötschberglinie** zählt landschaftlich wie eisenbahntechnisch zu den Höhepunkten im Bahnnetz der Schweiz, die doppelte Kehrschleife bei Blausee-Mitholz ist hierbei ebenso erwähnenswert wie die langgezogene Südrampe mit ihren zahlreichen Kunstbauten und den beeindruckenden Talblicken hinunter ins Wallis. Zusammen mit der Simplon-Durchquerung [➤ 100] bildet sie seit 1913 die zweite grosse Nord-Süd-Verbindung neben der Gotthardbahn [➤ 600].

Zur BLS gehört schon seit 1913 auch die Strecke Thun–Spiez–Interlaken [➤ 310] und mit der 1997 erfolgten Fusion sind auch die zuvor unter eigener Rechnung mitbetriebenen Bahnen BN, GBS und SEZ in der BLS aufgegangen. Die Vorgeschichte dieser Bahnen ist bei den jeweiligen Strecken Bern–Neuchâtel [➤ 220], Bern–Schwarzenburg [➤ 297], Bern–Belp–Thun [➤ 298] und Spiez–Zweisimmen [➤ 320] geschildert.

Ihren Gründungsnamen *Berner Alpenbahn-Gesellschaft Bern-Lötschberg-Simplon* hat die BLS anlässlich der Fusion kurz und prägnant in *BLS Lötschbergbahn AG* geändert. Von ihr wird auch die Schiffahrt auf dem Thuner- und dem Brienzer See betrieben und zur BLS gehört schliesslich auch noch die MLB (*Moutier–Langnau–Bahn*) am Grenchenberg, deren Betrieb allerdings der SBB obliegt [➤ 230].

Seit in den fünfziger Jahren des vorigen Jahrhunderts auch in der Schweiz die ersten Alpenbahn-Pläne entstanden, favorisierte der Kanton Bern eine über den Grimsel-Pass führende Schienenstrecke. Die Entscheidung fiel nach langen Diskussionen aber schliesslich für die 1882 eröffnete Gotthardbahn. Im Zusammenhang mit der wechselvollen Geschichte der Simplonbahn bekamen später Pläne für eine direkte Verbindung durch das Berner Oberland immer wieder neuen Auftrieb. Gegenüber den Alternativen Gemmibahn und Wildstrubelbahn konnte sich letztlich das Lötschberg-Projekt behaupten. 1906 begannen die Bauarbeiten und ein Jahr später wurde die damalige SFB (*Spiez-Frutigen-Bahn*), deren Strecke ins Kandertal hinein als eine Art »Vorreiter« bereits 1901 eröffnet worden war, von der BLS übernommen.

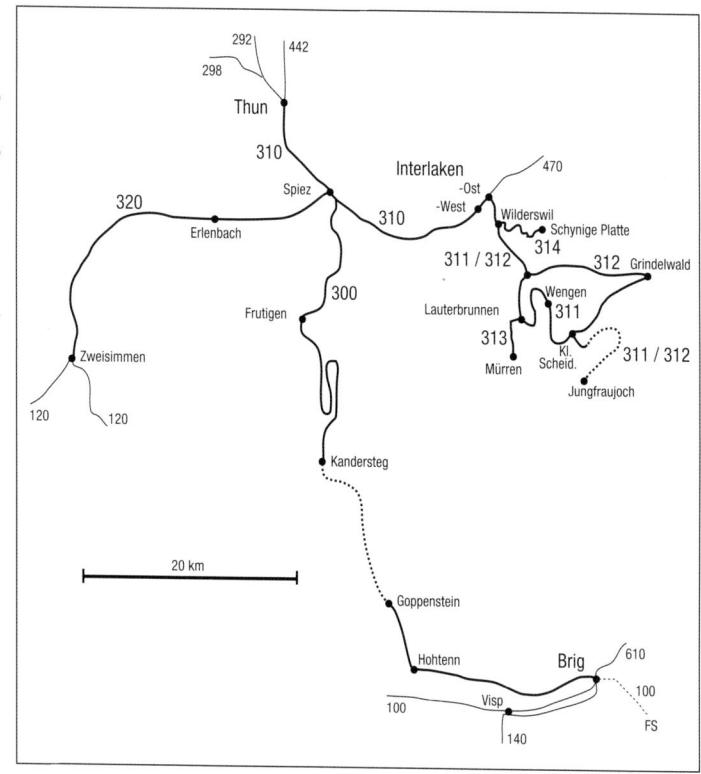

Spiez–Lötschberg–Brig

Die Kursbuchstrecken 300 bis 320 umfassen die Lötschbergbahn und die Sei-tenlinien ins Simmental und nach Interlaken sowie die von dort ausgehenden Bahnen der Jungfrau-Region

    1913 konnte dann die Lötschbergbahn fertiggestellt werden, deren Kern-stück der 14 612 m lange Scheiteltunnel ist. Die Strecke wurde von Anfang an mit Wechselstrom 15 kV 16 $^2/_3$ Hz betrieben, der Abschnitt Spiez-Frutigen war bereits 1910 versuchsweise elektrifiziert worden. Die BLS ist damit eine der äl-testen Einphasen-Wechselstrom-Bahnen in der Schweiz. In einem gross ange-legten Bauprogramm wurde die Stammstrecke bis 1992 auf durchgehende Dop-pelspur erweitert und anschliessend eine Spur für den Huckepack-Verkehr mit 4 m hohen LKWs ausgebaut. Im Rahmen des NEAT-Projektes (Neue Alpen-Transversale) steht nun der Bau eines 34 km langen Basistunnels von Frutigen ins Wallis bevor, der allerdings nach den aktuellsten Überlegungen aus Ko-stengründen zunächst nur eingleisig ausgebaut werden soll.

    In Spiez zweigt unsere Route von der BLS-Strecke Thun–Interlaken [→ 310] nach Süden ab. Nach einem letzten Blick auf den Thuner See hinab fahren wir durch den 1601 m langen Hondrich-Tunnel hinauf ins Tal der Kander. Von Müle-

BLS Lötschbergbahn

Eröffnet:	1913 (Bödelibahn 1872)
Streckenlänge:	245 km (BLS-Stammstrecken 102 km)
Spurweite:	1435 mm
Stromart:	Wechselstrom 15 kV 16 2/3 Hz
max. Neigung:	27 ‰
Depots:	Spiez, Bönigen, Holligen, Brig

Fahrzeuge: Das Flaggschiff der BLS ist die ab 1996 in Dienst gestellte Reihe Re 465, eine Weiterentwicklung der SBB-»Lok 2000«. Neben den acht Maschinen der BLS sind am Lötschberg zehn gleichartige SBB-Maschinen im Einsatz, sie sind in den Fahrzeugpark der BLS eingestellt und wie diese blau lackiert. Stückzahlstärkste Lok-Serie ist die seit 1964 in 35 Exemplaren beschaffte Re 4/4. Die ab 1944 gebauten Ae 4/4 und Ae 8/8 sind abgestellt und warten auf einen Käufer, die Ae 6/8 205 aus dem Jahre 1939 und die Ce 4/6 307 von 1920 werden als historische Lokomotiven gelegentlich für Sonderfahrten eingesetzt.
Moderne Pendelzüge mit RBDe 4/4 bestimmen das Bild im Regionalverkehr, die älteren Doppeltriebwagen ABDe 4/8 werden ab 1998 durch neue Niederflur-Fahrzeuge ersetzt.
Die italienischen Neigezüge ETR 470 der CISALPINO AG, einer Tochtergesellschaft von SBB, BLS und FS, die heute auch über die Gotthardstrecke und bis nach Stuttgart fahren, kamen ab 1996 zunächst auf der Lötschbergbahn zum Einsatz.

nen (km 7, 692 m ü.d.M.) führt eine Standseilbahn [2405] in zwei Sektionen auf den 2362 m hohen ***Niesen**, einen der schönsten Aussichtspunkte mit Blick auf die Gipfelketten des Berner Oberlandes und der Walliser Alpen, den Thuner und den Brienzer See. Linkerhand haben wir durch das Kiental einen Blick auf die schneebedeckten Gipfel der 3664 m hohen Blümlisalp. Bei km 13 erreichen wir Frutigen (779 m ü.d.M., 5800 Einwohner). Hier zweigt rechterhand das beschauliche Engstligental an, dessen hübscher Hauptort Adelboden per Autobus erreichbar ist. Auf einem 265 m langen Viadukt überqueren wir die Kander und den Talboden, hier beginnt die eigentliche Nordrampe der Lötschbergbahn.
Am Osthang des enger werdenden Kandertals steigt unsere Strecke in südliche Richtung, vor uns liegt der vom Balmhorn (3699 m) überragte Talabschluss. Hinter Kandergrund (km 17, 859 m ü.d.M.) passieren wir den Fürten-Tunnel I und kommen zur grossen ***Doppelschleife**, die zunächst in einem offenen Kehrbogen durch den Talboden nach Norden führt. Es folgt bei km 22 die Station Blausee-Mitholz mit der hoch über ihr thronenden Ruine der Felsenburg. Hier ist es allerdings still geworden, seit die BLS den Regionalverkehr im Kandertal auf Busbetrieb umgestellt hat. Unmittelbar hinter dem Fürten-Tunnel II

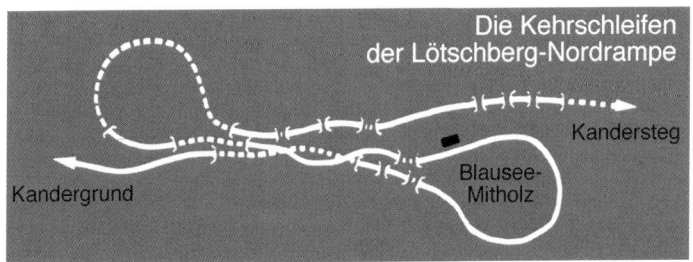

Die Kehrschleifen
der Lötschberg-Nordrampe

Kandergrund

Blausee-Mitholz

Kandersteg

300 – Sollte ein Eisenbahnfreund einmal (ausnahmsweise) mit dem Auto unterwegs sein, kann er ihm und sich per Autoverlad am Lötschberg eine kleine Bahnfahrt gönnen

durchfahren wir einen 1655 m langen Kehrtunnel, der unsere Strecke wieder in die richtige Richtung nach Süden bringt. Nachdem wir auch die 1536 m des Riedschuk-Tunnels passiert haben, können wir rechterhand einen schönen Blick hinab ins Kandertal und auf Teile der soeben zurückgelegten Strecke werfen, markanter Orientierungspunkt ist der Bahnhof Blausee-Mitholz. Bei km 32 erreichen wir das schön gelegene Kandersteg (1176 m ü.d. M., 1000 Einwohner), seit unserer Abfahrt in Spiez haben wir eine Höhendifferenz von 546 m überwunden. Ein Sessellift [2410] erleichtert den Besuch des malerischen *Oeschinensees am Fuss der Blümlisalp; auch die Allmendalp und der Sunnbühl werden durch Luftseilbahnen erschlossen [2411/2412], letztere ist Ausgangspunkt für eine beliebte Wanderung über den Gemmi-Pass ins Wallis nach Leukerbad [➙ 100]. In das alpine *Gasterntal führt bis Selden eine Autobuslinie, hier beginnt der alte Fussweg über den Lötschenpass.

Etwa 2 km südlich von Kandersteg erreichen wir das Nordportal des 14 612 m langen *Lötschberg-Tunnel. Mit einer Scheitelhöhe von 1240 m ü.d.M. ist er der höchstgelegene normalspurige Alpendurchstich. Während der Tunnelfahrt passieren wir die Kantonsgrenze zum Wallis. Direkt am Südportal liegt bei km 48 der Bahnhof von Goppenstein (1217 m ü.d.M.), Ausgangspunkt für eine Fahrt in das von der Lonza durchflossene *Lötschental, das im Sommer bis zur Fafleralp (1788 m ü.d.M.) von der PTT-Alpenpost bedient wird. In Goppenstein ist wie in Kandersteg eine Verladestation für den Autotransport durch den Lötschberg, der durchgehende Autoverlad bis hinunter nach Brig und durch den anschliessenden Simplon-Tunnel nach Iselle ist vor einigen Jahren mangels Nachfrage eingestellt worden.

Auf unserem Weg durch die enge Lonza-Schlucht hinab passieren wir eine Reihe von Lawinengalerien und Tunnels. Im letzten, dem 1346 m langen Hohtenn-Tunnel, wendet sich unsere Strecke nach Osten. Wenn wir ihn verlassen, haben wir rechterhand einen ersten überwältigenden Blick hinunter ins Rhônetal, fast 450 m unter uns verläuft im Talboden die Strecke der Simplonbahn

[➙ 100].

Hohtenn (km 54, 1078 m ü.d. M.) ist der erste Bahnhof auf der langgezogenen Rampenstrecke, die mit zahlreichen Viadukten, Hangbrücken und Tunnels talwärts führt und immer wieder den Blick hinunter zur Rhône und auf die gegenüberliegenden Walliser Berggipfel zieht. Ein beliebter Wanderweg führt weitgehend parallel mit der Strecke den Hang hinab. Unterhalb von Eggerberg (km 65, 853 m ü.d.M.) liegt Visp mit seinen grossen Industrie-Anlagen und der dort ins gegenüberliegende Mattertal abzweigenden schmalspurigen BVZ [➤ 140]. Kurz vor unserem Ziel überqueren wir auf einer stählernen Brücke die Rhône und erreichen zusammen mit der Simplonlinie aus Lausanne den Eisenbahn-Knotenpunkt Brig [➤ 100].

310 BLS
Thun–Spiez–Interlaken (28 km)

Folgt man dem Kursbuch der SBB, so beginnt die BLS-Strecke nach Interlaken derzeit erst in Spiez, während man den Abschnitt Thun–Spiez in der Streckenkarte und den fetten Überschriften nur beim Regionalverkehr Kandertal [301] findet. Dieser feinsinnigen Differenzierung wollen wir aber nicht folgen, sondern es beim historischen Streckenverlauf belassen. Allerdings hat es bei der KBS 310 auch in der Vergangenheit immer wieder mal Irritationen gegeben: mal begann sie schon in Bern [➤ 292], dann erst in Thun, 1994 war sie als eigene Strecke sogar völlig verschwunden und der Lötschbergbahn [➤ 300] zugeschlagen worden.

Als erster Abschnitt einer geplanten normalspurigen Verbindung über den Brünig-Pass nach Luzern wurde 1872 von der damaligen BB (*Bödelibahn*) die Strecke Därligen–Interlaken West, damals Aarmühle, in Betrieb genommen, zwei Jahre später wurde sie über die Station Zollhaus, heute Interlaken Ost, bis Bönigen verlängert. Diese älteste Bahnlinie im Netz der heutigen BLS [➤ 300]

310 – Zu den wenigen ausländischen ICE-Destinationen gehört auch Interlaken: der ICE »Thunersee« aus Berlin strebt hier seinem Nachtlager auf dem Bödeli entgegen

Thun–Spiez–Interlaken

wurde zunächst als reiner Inselbetrieb geführt, ein Anschluss an die Strecke Bern–Thun [→ 292] bestand für den Gütertransport nur mit einer bahneigenen Eisenbahnfähre über den Thuner See. Für den Personenverkehr beschaffte die BB als eine der ersten Bahnen der Schweiz doppelstöckige Wagen nach französischem Vorbild.

1893 konnte die TSB (*Thunersee-Bahn*) ihre von Scherzligen bei Thun über Spiez nach Därligen führende Strecke eröffnen, wodurch Interlaken den ersehnten direkten Anschluss an das Bahnnetz erhielt. Pünktlich zur Jahrhundertwende übernahm die TSB die Bödelibahn, später wurde ihr vom Kanton Bern auch die Betriebsführung der BN [→ 220], der BSB [→ 297], der GTB [→ 298], der EZB und der SEB [→ 320] übertragen. Noch vor der Eröffnung der Lötschberglinie wurde die TSB 1913 von der BLS übernommen, die betrieblichen»Töchter« wurden bis zur 1997 erfolgten Fusion als eigene Gesellschaften geführt. Bis 1920 wurde die Strecke elektrifiziert. Auf dem Abschnitt Interlaken Ost–Bönigen der ehemaligen Bödelibahn ist zwar 1969 der Betrieb auf Autobusse umgestellt worden, auf dieser nun nicht mehr öffentlichen Strecke herrscht aber weiter reger Verkehr, da die BLS in Bönigen ihre Hauptwerkstätte betreibt.

Zwei inzwischen verschwundene Bahnen am Thuner See sollen hier nicht unerwähnt bleiben: 1913/14 nahm die STI (*Rechtsufrige Thunerseebahn Steffisburg-Thun-Interlaken*) als elektrische Überlandtram ihren Betrieb auf. Schon 1939 wurde der Abschnitt Interlaken-Beatenbucht auf Busbetrieb umgestellt, 1958 auch die restliche Strecke, auf der bis 1982 Trolleybusse verkehrten. Die SVB (*Spiezer Verbindungsbahn*) führte als ebenfalls meterspurige Strassenbahn von 1905 an vom Bahnhof zur Schiffsanlegestelle hinunter, die 1913 von der BLS übernommene Bahn wurde 1961 eingestellt.

Wir verlassen Thun [→ 292] in einem weitem Bogen zwischen Innenstadt und See, linkerhand das schöne romanische Kirchlein von Scherzligen. Hier endete einst unmittelbar am Seeufer die Bahnlinie aus Bern und hier begann der Trajektverkehr der Bödelibahn. Hinter Gwatt (km 3) steigt die Strecke langsam an und verläuft in einiger Entfernung parallel zum Seeufer, im Westen fällt unser Blick auf die Stockhorn-Kette (2190 m). Am Ortsrand von Spiez mündet rechterhand die aus Zweisimmen kommende Linie [→ 320] in unsere Strecke und gemeinsam erreichen wir bei km 10 den oberhalb des Sees gelegenen Bahnhof. Das an einer schönen Bucht liegende Städtchen Spiez (628 m ü.d.M., 9700 Einwohner) wird von einem mittelalterlichen Schloss überragt, dessen Kirche über sehenswerte Wandmalereien verfügt. Der Bahnhof ist ein wichtiger Knotenpunkt im Netz der BLS, die hier auch ein grosses Depot mit Werkstätte unterhält. Noch im Bahnhofsbereich zweigt rechterhand die hinauf ins Kandertal führende Lötschbergbahn [→ 300] ab, unsere Strecke neigt sich zum See hinunter und verläuft in Ufernähe parallel zur Autostrasse mit schöner Aussicht auf das vom Niederhorn (1950 m) und der Terrasse von Beatenberg überragte Nordufer. Über Därligen (km 22), dem einstigen Endpunkt der Bödelibahn, erreichen wir bei km 26 den Bahnhof Interlaken West. Nach Süden haben wir durch das Lütschinental einen Blick bis zum Jungfrau-Massiv und nachdem wir zweimal die Aare auf niedrigen Brücken überquert haben, kommen wir zu unserem Zielbahnhof Interlaken Ost. Hier treffen wir auf die Brünigbahn der SBB [→ 470] und die ebenfalls schmalspurige BOB [→ 311/312].

Der weltbekannte Ferienort Interlaken (567 m ü.d.M., 4800 Einwohner, Tourismus-Informationsdienst, Höheweg 37, 3800 Interlaken, Tel. 033 822 21 21, Fax. 033 822 52 21) liegt auf der »Bödeli« genannten Ebene zwischen Thuner See und Brienzer See. Für den Bahntouristen ist Interlaken vor allem als Ausgangspunkt für die Fahrten nach Lauterbrunnen, Grindelwald, auf die Kleine Scheidegg und das Jungfraujoch sowie auf die Schynige Platte und nach Mürren be-

kannt. Eine Standseilbahn [2361] führt auf den Aussichtsberg Harder (1322 m
ü.d.M.), eine weitere [2360] auf die Heimwehfluh (676 m ü.d.M.), bei der Bergstation ist dort als besonderer Anziehungspunkt eine alte Modellbahnanlage in
Baugrösse 0 zu besichtigen.

311 ✳ BOB/WAB/JB
Interlaken–Lauterbrunnen–Wengen–Kleine Scheidegg–
Jungfraujoch (31 km)

*»Das grandioseste Werk moderner Ingenieurkunst, die *Jungfraubahn, wurde
1897 nach einem Projekt des Zürcher Grossindustriellen Adolf Guyer-Zeller in
Angriff genommen. 1898 wurde bereits die 2 km lange erste Teilstrecke Kleine
Scheidegg-Eigergletscher eröffnet ... und seit 1912 ist die 9,5 km lange Strecke
bis zum Jungfraujoch vollendet. Die Gesamtkosten betrugen etwa 12 Mill. Fr.«*
Soweit ein Zitat aus dem Grieben-Reiseführer »Das Berner Oberland«, Jahr-
gang 1914. Der Schienenweg zum höchstgelegenen Bahnhof Europas (3454 m
ü.d.M.) gehört auch heute noch zu den attraktivsten und bekanntesten Bergbahnen der Welt. So trifft man hier auch zu jeder Jahreszeit besonders viele
amerikanische und japanische Touristen, für die das Jungfraujoch zum Stan-
dard-Programm eines Europatrips zählt. Für den Eisenbahnfreund sind die Bahnen der Jungfrauregion wegen ihrer technischen Vielgestaltigkeit von zusätzlichem Interesse.
　　Das Jungfraujoch ist von Interlaken aus auf zwei verschiedenen Strecken zu
erreichen, die normalerweise zu einer Rundfahrt verbunden werden. Der Ein-
teilung im Kursbuch folgend, wird hier zunächst die Route über Lauterbrunnen
und Wengen beschrieben. Für beide Wege sind drei verschiedene Bahnen, die
BOB, die WAB und die JB, zu benutzen, die sich in vielen Punkten unterscheiden und schon alleine wegen der unterschiedlichen Spurweiten einen durchgehenden Betrieb unmöglich machen.
　　Die meterspurigen Strecken der BOB (Berner-Oberland-Bahnen) von Interlaken über Zweilütschinen nach Lauterbrunnen und Grindelwald wurden 1890
in Betrieb genommen. Vor Baubeginn hatte es – wie bei vielen anderen Bahnlinien – heftige Proteste der einheimischen Bevölkerung gegeben, die immerhin
einige Planungsänderungen zur Folge hatten. So wurde als Anschlusspunkt an
die Bödelibahn [➞ 310] Haltestelle Zollhaus, heute Interlaken Ost, statt des zen-
traleren Aarmühle (Interlaken West) festgelegt und die Weiterführung über Lauterbrunnen hinaus bis Stechelberg nicht genehmigt. Vor allem aber wurde die
BOB zum damals nicht sehr einträglichen Ganzjahresbetrieb verpflichtet, der
sich erst mit der Verbreitung des Wintersports zu rentieren begann. 1891 wurde die Konzession erteilt für eine an die BOB anschliessende Alpendurchquerung, die durch das Lauterbrunnental, einen fast 5 km langen Breithorn-Tunnel
und das Lötschental hinunter nach Visp führen sollte. Das Projekt scheiterte aber
an mangelnden Finanzierungsmöglichkeiten. Ab 1893 erlebte die BOB einen
starken Aufschwung, in diesem Jahr erhielt das »Bödeli« über die Thunersee-
bahn endlich einen direkten Bahnanschluss, ausserdem nahmen die WAB und
die SPB [314] ihren Betrieb auf. 1914 elektrifizierte die BOB ihre Strecke mit
Gleichstrom 1500 V. Unter dem gemeinsamen Namen »Bahnen der Jungfrau-
region« steht die BOB seit 1944 in Betriebsgemeinschaft mit WAB, JB, BLM und
SPB sowie den Standseilbahnen Mürren–Allmendhubel und Interlaken–Harder.
　　Die BLS als Nachfolgerin der ehemaligen Bödelibahn geniesst im Bahnhof
Interlaken Ost [➞ 310] ebenso wie die SBB mit ihren Brüniglinie [➞ 470] nur Gast- 93

recht, Eigentümerin ist die BOB. Aber wohl auch aus geographischen Gründen liegen ihre Gleise direkt beim Empfangsgebäude des Mitte der neunziger Jahre grosszügig modernisierten Bahnhofes. Die Züge nach Lauterbrunnen und Grindelwald fahren in der Regel vereint bis Zweilütschinen, unser Lauterbrunner Teil des nicht selten 14 Einheiten langen Zuges steht traditionsgemäss immer vorne. Unmittelbar nach der Abfahrt wendet sich unsere Strecke in südliche Richtung und durchquert das fruchtbare Schwemmland des »Bödeli«. Bei km 3 erreichen wir Wilderswil (584 m ü.d.M.), den Ausgangspunkt der Bahn auf die Schynige Platte [→ 314]. Mit ihr zusammen überqueren wir die Lütschine und fahren dann durch das sich verengende Tal auf leicht steigender Strecke flussaufwärts. In Zweilütschinen (km 8, 652 m ü.d.M.) befinden sich die modernen Depot- und Werkstättenanlagen der BOB und hier teilen sich die Strecken und auch unser Zug, dessen hinterer Teil linkerhand ins Lütschental abzweigt. Wir fahren geradeaus weiter und kommen nach der Überquerung der Weissen Lütschine zum ersten Zahnstangenabschnitt. Hinter Sandweid (km 10] folgt eine weitere Steilrampe, auf der wir mit bis zu 90 ‰ Steigung den Bahnhof von Lauterbrunnen (797 m ü.d.M., 1000 Einwohner) erreichen. Erst unmittelbar vor der Gemeinschafts-Station von BOB und WAB endet die Zahnstange. In Lauterbrunnen, dessen wichtigste Sehenswürdigkeit der imposante Staubbachfall ist, liegt auch die Talstation der BLM [→ 313]. Eine Postautoverbindung besteht zu den eindrucksvollen Trümmelbachfällen, die in sieben Stufen durch eine enge Schlucht herabstürzen, und zur Talstation der über Mürren auf das Schilthorn (2970 m ü.d.M.) führenden Luftseilbahn [2460]. Zur Weiterfahrt auf die Kleine Scheidegg müssen wir hier umsteigen.

Seit 1893 sind die beiden BOB-Endpunkte Lauterbrunnen und Grindelwald durch die WAB *(Wengernalpbahn)* verbunden. Aus Kostengründen wurde sie mit einer Spurweite von 800 mm gebaut und zunächst nur im Sommer betrieben. Ein erster Schritt zum wintersicheren Ausbau und zur dringend notwendigen Kapazitäts-Erhöhung erfolgte 1910 mit der Inbetriebnahme einer Neubaustrecke zwischen Lauterbrunnen und Wengen, die statt der bisher 250 ‰ nur noch Steigungen von 180 ‰ aufweist, jedoch mit einer grossen Kehrschleife etwa einen Kilometer länger ist. Im gleichen Jahr wurde der elektrische Betrieb mit Gleichstrom 1500 V aufgenommen. Auf der Strecke nach Grindelwald war für den Winterbetrieb der Bau von Lawinengalerien notwendig, erst seit 1960 wird die gesamte Strecke ganzjährig befahren. In Lauterbrunnen gibt es auch umfangreiche Güteranlagen, da die WAB auch die Versorgung des autofreien Wengen obliegt.

Gleich nach der Abfahrt von den neuerdings grosszügig überdachten Bahnsteigen in Lauterbrunnen beschreibt unsere Strecke eine weite Linkskurve, wir überqueren die weisse Lütschine und beginnen unseren Aufstieg. Nach knapp einem Kilometer zweigen wir an der Ausweiche Witimatte von der alten Steilstrecke ab, die heute nur noch im Sommer von Güterzügen benutzt wird. Die neue Linie führt über eine Reihe von Viadukten und Stützbauwerken an der Bergflanke empor, linkerhand haben wir einen schönen Blick ins Tal, auf den Staubbachfall und die gegenüberliegende Standseilbahn der BLM. Durch einen 248 m langen Kehrtunnel wendet sich unsere Strecke nach Südosten, wir passieren den Bedarfshaltepunkt Wengwald und kommen bei km 4 nach ***Wengen** (1275 m ü.d. M., 1400 Einwohner). Die auch klimatisch günstige Terrassenlage hoch über dem Tal hat hier schon früh einen Luftkurort entstehen lassen, der sich inzwischen zu einem bedeutenden Wintersportplatz entwickelt hat. Am Hang von Männlichen, Tschuggen und Lauberhorn und mit schönen Ausblicken auf die vor uns liegende Jungfrau geht unsere Fahrt weiter bergan, durch den Bannwald kommen wir zur Station Wengernalp und erreichen schliesslich nach einem weiten Bogen durch das offene Gelände bei km 10 die ***Kleine Scheidegg**

	BOB	WAB	JB
	Berner-Oberland-Bahnen	Wengern-alpbahn	Jungfrau-bahn
Eröffnet:	1890	1893	1898 bis 1912
Streckenlänge:	24 km	19 km	9 km
Spurweite:	1000 mm	800 mm	1000 mm
Betriebsart:	Adhäsion/Zahnrad, System Riggenbach/Pauli	Zahnrad, System Riggenbach/Pauli	Zahnrad, System Strub
Stromart:	Gleichstrom 1500 V	Gleichstrom 1500 V	Drehstrom 1125 V 50 Hz
max. Neigung:			
Adhäsion	34 ‰		
Zahnrad	120 ‰	250 ‰	250 ‰
Depots:	Zweilütschinen	Lauterbrunnen, Grindelwald Grund	Kleine Scheidegg

Fahrzeuge: Die ab 1965 in Dienst gestellten ABeh 4/4 I der BOB wurden 1987 um die modernen ABeh 4/4 II im markanten »Wellblech«-Design ergänzt, seit 1997 wird ein Teil der älteren Triebwagen modernisiert, um sie wie die modernen Fahrzeuge in Pendelzügen einsetzen zu können. Von den ab 1914 beschafften Lokomotiven HGe 3/3 ist nur noch die Nr. 24 für Sonderfahrten im Bestand.
Die Triebwagen BDhe 4/4 der WAB wurden in mehreren Serien ab 1947 beschafft, 1988 wurde der Fahrzeugpark um die modernen Doppeltriebwagen BDhe 4/8 131 bis 134 erweitert, die in Zweifachtraktion und mit zusätzlichem Steuerwagen recht imposante Züge bilden und wegen ihrer Lackierung in leuchtendem Gelb und Grün rasch den Übernamen »Aromat-Büchsen« erhielten. Von den ab 1909 gebauten Kleinlokomotiven He 2/2 kommen einige noch vor Dienstzügen und für Verkehrsspitzen in der Wintersaison zum Einsatz, seit 1996 besitzt die WAB zwei neue Lokomotiven für den Güterzugverkehr mit Wengen.
Die JB konnte ihre ab 1955 gebauten Triebwagen BDhe 2/4 im Jahre 1992 um die modernen BDhe 4/8 ergänzen. Für Sonderfahrten kommt gelegentlich noch der aus dem Jahre 1904 stammende Rowanzug mit der He 2/2 6 zum Einsatz.

(2061 m ü.d. M.), die Kulminationspunkt der WAB und in jedem Fall Umsteigestation ist, denn auch nach Grindelwald hinunter verkehren keine durchgehenden Züge. Einerseits müssten sie wegen der immer bergwärts stehenden Vorstellwagen umständlich gewendet werden, andererseits besteht aber auch vom Verkehrsaufkommen her keine Notwendigkeit für einen durchgehenden Betrieb.

Im Sommer als Wandergebiet und im Winter bei den Skifahrern gleichermassen beliebt, ist die Kleine Scheidegg bei Eisenbahnfreunden vor allem als Ausgangspunkt der JB *(Jungfraubahn)* bekannt. Schon um 1860 gab es erste Ideen, die Jungfrau per Bahn für den aufstrebenden Bergtourismus zu erschliessen. Sogar eine mit Luftdruck betriebene Röhrenbahn wurde propagiert. 1894 erhielt dann Adolf Guyer-Zeller die Konzession für eine bis dicht unterhalb des Gipfels führende 1000-mm-Zahnradbahn, deren Strecke im wesentlichen als Tunnel durch den Fels zu treiben war. Vorher musste jedoch durch Versuchspersonen der medizinische Beweis für die Ungefährlichkeit der Bahnfahrt auf so grosse Höhen erbracht werden. 1898 konnte der erste Abschnitt bis Eigerglet-scher in Betrieb gehen, der anschliessende Tunnelbau erfolgte in mehreren Etappen und erst 1912 konnte die endgültige Fertigstellung gefeiert werden. Auf den letzten Abschnitt bis zum Gipfel hatte man aus finanziellen Erwägungen in-zwischen verzichtet und den Endpunkt dicht unter das Jungfraujoch gelegt. Der Betrieb erfolgte von Anfang an elektrisch mit Drehstrom 500 V 40 Hz, 1964 er-folgte die Umstellung auf 1125 V 50 Hz. Die Tunnelstrecke war ursprünglich für kombinierten Adhäsions-und Zahnradbetrieb gebaut worden, erst 1951 wurde die Strecke durchgehend mit Zahnstange ausgerüstet.

Die Bahnsteige der WAB und der JB auf der Kleinen Scheidegg werden durch ein recht imposantes Empfangsgebäude getrennt, auch die umfangrei-chen Gleisanlagen mitsamt dem zum Teil in den Fels gebauten Kehrdreieck der WAB und das etwas tiefer liegenden Depothallen der JB machen eher einen »städtischen« Eindruck. Gleich nach Verlassen des Bahnhofs beschreibt die Strecke eine starke Rechtskurve und wir fahren in südliche Richtung den Gip-feln von Eiger, Mönch und Jungfrau entgegen. Bei km 2 passieren wir die Sta-tion Eigergletscher (2320 ü.d. M.), hier liegen die Werkstätten der JB, unmit-telbar danach beginnt die Tunnelstrecke. Sie verläuft zunächst hart hinter der Eigernordwand mit der Maximalsteigung von 250 %o. Für die während der Fahrt fehlende Aussicht werden wir erstmals bei km 4 in der Station Eigerwand (2864 m ü.d.M.) entschädigt. Hier hält der Zug einige Minuten und durch Seitenstol-len gelangt man zu grossen Panoramafenstern, die einen herrlichen Blick hin-unter auf Grindelwald und die gegenüberliegenden Gipfel ermöglichen. Bei der Station Eismeer (km 6, 3158 m ü.d.M.) wiederholt sich dieses Schauspiel, nun fällt der Blick jedoch statt nach Norden in östliche Richtung auf den durch das Schreckhörner und die Fiescherhörner umgebenen Kessel des Fiescherglet-schers. Nach 7122 m Tunnelfahrt erreichen wir dann die Bergstation *Jung-fraujoch (3454 m ü.d.M.).

»The top of Europe«, so der zugkräftige Werbeslogan, umfasst ausser der Bahnstation das 1987 fertiggestellte neue Berghaus mit Aussichtshalle und Re-staurant, den aus dem Firn geschlagenen Eispalast, eine Forschungsstation und die 1996 ausgebaute, per Express-Lift erreichbare Aussichtskanzel auf dem Sphinxgrat (3571 m ü.d.M.). Am beeindruckendsten ist der Blick nach Süden auf die Gipfel der Walliser Alpen und den *Grossen Aletschgletscher, der mit einer Fläche von 170 km^2 der grösste Alpengletscher ist.

---

312 ✳︎   BOB/WAB/JB

Interlaken–Grindelwald–Kleine Scheidegg–Jungfrau-joch (37 km)

In Fortsetzung unserer Rundfahrt mit den Bahnen der Jungfrauregion [-→ 311] folgt die Routenbeschreibung hier ausnahmsweise nicht dem Kursbuch. Wir be-ginnen statt dessen in Gegenrichtung mit der JB *(Jungfraubahn)*, die uns nach dem eindrucksvollen Besuch auf dem *Jungfraujoch zurück zur Station Kleine Scheidegg (2061 m ü.d.M.) bringt.

Mit der WAB *(Wengernalpbahn)* fahren wir nun hinunter nach Grindelwald. Rechterhand können wir noch einen kurzen Blick zurück auf die Station Eiger-gletscher der Jungfraubahn werfen, dann verläuft unsere Strecke hart unterhalb der gewaltigen *Eigernordwand talwärts. Nach Norden haben wir einen weiten Blick bis zur Gipfelkette des Faulhorn. Wir passieren einige Lawinengalerien und hinter der Station Alpiglen (km 5, 1616 m ü.d.M.) erreicht die Strecke, die seit

236 – Auf schmaler Spur durch Jura-Wiesen: Ein Zug der CJ bei Le Noirmont, im Vordergrund die Zweigstrecke nach Tavannes

256 – Durch die Heimat des Greyerzer Käses eilt dieser Regionalzug der GFM dem Betriebsmittelpunkt Bulle entgegen

der Kleinen Scheidegg von einem schönen Wanderweg begleitet wird, ihr Maximalgefälle von 250 ‰ Durch den Brandeggwald kommen wir in die weite Talmulde hinab zur Station Grindelwald Grund (km 18, 944 m ü.d. M.). Hier beschreibt die Strecke eine Spitzkehre und klettert am Gegenhang wieder hinauf zum Zentrum des Ferienortes Grindelwald (1034 m ü.d.M., 3400 Einwohner, Verkehrsbüro, 3818 Grindelwald, Tel. 033 854 12 12, Fax 033 854 12 10, E-Mail: touristoffice@grindelwald.ch, Homepage: http://www.grindelwald.ch). Der auch als »Gletscherdorf« bekannte Ort ist flächenmässig nach Bern die zweitgrösste Gemeinde des Kantons. Die Zungen des *Oberen Gletschers und des *Unteren Gletschers sind durch schöne Wanderwege erreichbar.

Grindelwald besass mit der 1908 eröffneten ersten Sektion des Wettersteinaufzuges die erste grosse Luftseilbahn der Welt. Da aber zur Fertigstellung der gesamten Bahn auf das Wetterhorn (3701 m ü.d.M.) das Kapital fehlte, wurde die bis zu 1900 ‰ steile Anlage 1915 stillgelegt und 1934 abgebrochen. Von den zahlreichen heutigen Seilbahnen der Jungfrauregion sollen hier nur zwei erwähnt werden: Zum Aussichtspunkt *First (2167 m ü.d.M.) führt in vier Sektionen eine hochmoderne Gondelbahn [2440], eine beliebte Bergwanderung zum Faulhorn (2681 m ü.d.M.) kann als Tagestour bis zur Schynigen Platte [➔ 314] fortgesetzt werden. Ein Superlativ ist Europas längste Gondelbahn, die von Grindelwald Grund in zwei Sektionen über 6,24 km auf den Männlichen (2219 m ü.d.M.) führt [2445]. Mit der dort anschliessenden Luftseilbahn [2455] gibt es neben den Bahnstrecken von WAB und BOB noch eine »luftige« Verbindung zwischen Grindelwald und Wengen.

Zwei nie realisierte Bahnprojekte dürfen hier auch nicht unerwähnt bleiben: 1907 wurde eine schmalspurige Strecke Grindelwald–Meiringen geplant, heute gibt es statt dessen im Sommer eine Autobus-Verbindung über die Grosse Scheidegg und durch die idyllische Rosenlaui, parallel führt auch ein schöner Wanderweg bis hinunter nach Meiringen [➔ 470]. Und zum Aussichtspunkt Bäregg beim Unteren Grindelwald-Gletscher sollte eine kombinierte Adhäsions , Zahnrad- und Standseilbahn führen, dieser Weg bleibt aber auch heute noch den Bergwanderern vorbehalten.

Im gemeinsamen Bahnhof von BOB und WAB starten wir zur letzten Etappe unserer Rundreise. Gleich hinter der Station beginnt die erste Zahnstangenrampe der BOB, die uns nach Schwendi (km 2, 920 m ü.d.M.) hinunterbringt. Das bewaldete Tal verengt sich hier und wir begleiten den Lauf der Schwarzen Lütschine auf nur leicht geneigter Strecke bis Burglauenen (km 5, 896 m ü.d.M.). Mit dem maximalen Gefälle von 120 ‰ kommen wir dann über den zweiten Zahnstangenabschnitt bei km 7 nach Lütschental (714 m ü.d.M.), wo wir unmittelbar vor dem Bahnhof auf die linke Seite des Baches wechseln. Am steilen Nordhang des Männlichen ist die Strecke durch eine Lawinengalerie geschützt, danach passieren wir den einzigen Bergdurchstich der BOB, den 60 m langen Buecki-Tunnel. Nach der Umfahrung des Ortes erreichen wir schliesslich den Bahnhof von Zweilütschinen (652 m ü.d.M.), wo wir uns für die gemeinsame Weiterfahrt nach Interlaken wieder mit dem Zugteil aus Lauterbrunnen [➔ 311] vereinigen.

---

313   BLM

Lauterbrunnen–Mürren (4 km)

Von den vielen Bergbahnen des Berner Oberlandes steht die 1891 eröffnete BLM (*Bergbahn Lauterbrunnen–Mürren*) immer etwas im Schatten der benachbarten Bahnen zum Jungfraujoch. Neben ihrer aussichtsreichen Linienführung hat sie jedoch zwei Besonderheiten aufzuweisen, die auch für den Eisenbahnfreund von Interesse sind: Die bei ihr angewandte Verbindung von Standseilbahn und »richtiger« Eisenbahn war auch bei anderen Bergbahn-Projekten vorgeschlagen worden, zum Beispiel bei der WAB und bei der GGB. Sie wurde aber ansonsten nur bei der später durchgehend als Zahnradbahn ausgebauten MTGN [121] ebenfalls realisiert. Die BLM ist ausserdem die älteste noch existierende elektrische Bahn der Schweiz, sie wird seit ihrer Eröffnung mit Gleichstrom 525 V betrieben.

In Lauterbrunnen (797 m ü.d.M.) befindet sich die Talstation der Standseilbahn direkt gegenüber dem Bahnhof von BOB und WAB [→ 311]. Die bei ihrer Inbetriebnahme mit bis zu 606 ‰ steilste Standseilbahn der Schweiz überwindet auf einer Streckenlänge von 1421 m einen Höhenunterschied von 685 m. Ursprünglich für Wasserballast-Betrieb gebaut, wurde sie 1902 elektrifiziert.

Aus der bergwärts fahrenden Kabine fällt unser Blick über das im Tal rasch kleiner werdende Lauterbrunnen auf die Strecken der WAB am gegenüberliegenden Steilhang. Bei der weiteren Fahrt den bewaldeten Hang hinauf kommt das von Männlichen, Tschuggen (2520 m ü.d.M.) und Lauberhorn überragte Wengen in unser Blickfeld.

BLM Bergbahn Lauterbrunnen–Mürren

Eröffnet:	1891	Stromart:	Gleichstrom 525 V
Streckenlänge:	4 km	max. Neigung:	50 ‰
	(ohne Standseilbahn)		
Spurweite:	1000 mm	Depot:	Grütschalp

Fahrzeuge: Die drei Triebwagen der Gattung Be 4/4 stammen aus dem Jahre 1967, im Spitzenverkehr kommt auch noch der BDe 2/4 von 1913 zum Einsatz.

In der Umsteigestation Grütschalp (1487 m ü.d.M.) liegen die Kopfgleise der schmalspurigen Adhäsionsbahn fast im rechten Winkel zur Standseilbahn. Eine moderne Umladeanlage dient dem Gepäck- und Gütertransport nach Mürren, für den die Triebwagen mit flachen Vorstellwagen verkehren. Uber Almweiden geht unsere Fahrt nun in südliche Richtung. Wir überqueren den Staubbach und erreichen bei km 2 die Ausweiche Winteregg. Linkerhand erheben sich über dem Lauterbrunnental in einem eindrucksvollen Panorama die Eisriesen von Eiger, Mönch und Jungfrau (4158 m ü.d.M.); vor uns liegt der Gipfel des Breithorn (3782 m ü.d.M.), durch das die nie gebaute Fortsetzung der BOB zum Lötschental und nach Visp führen sollte. Hinter Winteregg rückt unsere weiter ansteigende Strecke fast bedrohlich hart an den steilen Abgrund und nach der Überquerung des Aegertenbaches erreichen wir den Ferienort Mürren, der mit 1639 m ü. d. M. die höchstgelegene Gemeinde des Kantons Bern ist. Die bis 1909 nur im Sommer verkehrende BLM besorgt von Lebensmitteln bis zum Baumaterial auch den Gütertransport für den per Strasse nicht erreichbaren, autofreien Ort.

Eine Standseilbahn [2463] führt von hier zum Aussichtspunkt Allmendhubel (1938 m ü.d.M.). Am südlichen Ende des Ortes befindet sich die Mittelstation der in vier Sektionen auf das ***Schilthorn** (2970 m ü.d.M.) führenden Luftseilbahn [2460]. Vom einzigartigen Drehrestaurant aus hat man einen herrlichen Rundblick auf die Bergwelt des Berner Oberlandes. Die Talstation liegt tief unten im Lauterbrunnental bei Stechelberg, von dort können wir im Rahmen einer Rundfahrt mit dem Postauto zurück nach Lauterbrunnen gelangen. 99

300 – Über viele Viadukte und Hangbrücken zieht sich die Lötschberg-Südrampe, hier mit einem Schnellzug der BLS, dem Talboden entgegen

Rechts: **300 –** Die kurvenreiche Lötschberg-Rampe ist die ursprüngliche Heimat der CISALPINO-Neigezüge, die in direkter Linie von den Pendolini der FS abstammen

310 – Auf der BLS-Strecke zum Bödeli ist die SBB kein seltener Gast, hier ein IC mit »Lok 2000« Re 460 zwischen den beiden Bahnhöfen von Interlaken

Wilderswil–Schynige Platte (7 km)

Sie ist zwar weder die höchste, noch die steilste, längste oder älteste – dennoch gebührt ihr schon alleine wegen der eindrücklichen Streckenführung eine Plazierung unter den schönsten Bergbahnen der Schweiz. Bei den Eisenbahnfreunden ist die SPB (*Schynige-Platte-Bahn*) wegen der typischen kleinen Bergbahnloks He 2/2 bekannt, die nur noch hier im Regeleinsatz stehen.

1893 wurde die 800-mm-Zahnradbahn, deren Ausgangspunkt ursprünglich Bönigen sein sollte, nur wenige Tage vor der technisch eng verwandten Wengernalp-Bahn in Betrieb genommen. Schon 1896 übernahm die BOB alle Anteile an der Gesellschaft, führt sie aber noch heute wegen der unterschiedlichen Finanzierung unter getrennter Rechnung. 1914 wurde die Strecke mit Gleichstrom 1500 V elektrifiziert.

SPB Schynige-Platte-Bahn

Eröffnet:	1893	Stromart:	Gleichstrom 1500 V
Streckenlänge:	7 km	max. Neigung:	250 ‰
Spurweite:	800 mm	Depot:	Wilderswil
Betriebsart:	Zahnrad, System Riggenbach/Pauli		

Die SPB verkehrt nur während der Sommermonate von etwa Ende Mai bis Mitte Oktober.
Fahrzeuge: Zu den ab 1914 gebauten Berglokomotiven He 2/2 wurden weitere, fast baugleiche Maschinen von der benachbarten WAB übernommen.
Für Sonderfahrten und zur Montage der Oberleitungen nach der Winterpause wird die aus dem Jahre 1894 stammende Dampflok H 2/3 5 betriebsfähig gehalten.

Die Talstation in Wilderswil (584 m ü.d.M.) liegt direkt neben dem Bahnhof der BOB [➛ 311/312], deren Gleise wir zunächst auch noch bis zur Überquerung der Lütschine begleiten. In südöstliche Richtung geht es dann durch dichten Wald steil bergan. Die Ausweichstelle Rotenegg passieren wir bei km 2 und im anschliessenden, 168 m langen Kehrtunnel wendet sich unsere Strecke dann nach Norden. Bald lassen wir den Wald hinter uns und fahren in einer grossen Doppelschleife über die Breitlauenenalp. Ins Tal hinab haben wir einen schönen Blick auf Thuner- und Brienzersee und das dazwischenliegende »Bödeli«.

Bei km 5 erreichen wir die Station Breitlauenen (1542 m ü.d.M.). Eine weitere Schleife führt uns in südliche Richtung zum 162 m langen Grätli-Tunnel, hinter dem sich uns erstmals der phantastische Blick auf die Gipfel von Eiger, Mönch und Jungfrau (4158 m ü.d.M.) auftut. Am Südhang des Berges windet sich unsere Strecke nun der Bergstation *Schynige Platte (1967 m ü.d.M.) entgegen. Bis zur Aussichtsterrasse und dem Berghotel ist ein kleiner Fussweg zurückzulegen. Neben dem grossartigen Panorama ist auch der hier oben in den zwanziger Jahren angelegte *Alpengarten erwähnenswert, in dem etwa 500 verschiedene Pflanzen der alpinen Bergwelt zu finden sind. Schöne Wanderwege führen zurück ins Tal und zu den benachbarten Gipfeln, vom unweit gelegenen Gummihorn (2101 m ü.d.M.) bis zum etwa vier Wegstunden entfernten Faulhorn (2681 m ü.d.M.), von wo man über First mit der Gondelbahn [2440] Grindelwald erreichen kann.

320 – Am Endpunkt der BLS-Simmentalbahn muss heute noch umgestiegen werden zur Weiterfahrt mit der MOB, vielleicht wird bald aber die dritte Schiene durchgehende Züge ermöglichen

320   BLS
Spiez–Zweisimmen (35 km)

1897 nahm die damalige SEB (*Spiez-Erlenbach-Bahn*) ihren Betrieb auf, fünf Jahre später wurde die ebenfalls normalspurige EZB (*Erlenbach-Zweisimmen-Bahn*) eröffnet. Mit der Fertigstellung der schmalspurigen Montreux-Oberland-Bahn [➙ 120] im Jahre 1905 erhielt die Strecke durch das Niedersimmental eine wichtige Funktion als Bestandteil der Bahnverbindung vom Berner Oberland zum Genfer See und zwischen den Touristenzentren Luzern, Interlaken und Montreux. 1942 wurden SEB und EZB, deren Betriebsführung schon seit 1913 bei der BLS [➙ 300] lag, zur SEZ (*Spiez-Erlenbach-Zweisimmen-Bahn*) zusammengeschlossen, 1997 fusionierten dann die SEZ, die GBS [➙ 297/298] und die BN [➙ 220] mit der BLS.

    Nachdem 1916 auch der letzte Abschnitt der Brünigbahn [➙ 470] fertiggestellt werden konnte, war durch die Initiative der MOB die »Golden-Pass-Route« Luzern–Montreux eingerichtet worden. Damals wie heute leidet diese Verbindung jedoch am Problem der unterschiedlichen Spurweiten, die ein Umsteigen zumindest in Interlaken und in Zweisimmen erfordern. Bereits in den zwanziger Jahren entstanden Pläne, durch das Einlegen einer dritten Schiene auf der Simmentalbahn und dem Abschnitt Spiez–Interlaken Ost [➙ 310] einen durchgehenden Schmalspurbetrieb zu ermöglichen. Das damals abgelehnte Projekt »3. Schiene Golden-Pass« wird jedoch seit einigen Jahren wieder ernsthaft diskutiert und vor allem von der MOB propagiert. Die Unterschiede in der Elektrifizierung, im Brems- und Kupplungssystem sind heute nicht mehr allzu schwer zu überwinden und der Ausbau der 52 km langen Strecke wäre nicht ein-

311 – *Stattliche Einheiten bilden die bis Zweilütschinen vereint fahrenden BOB-Züge nach Lauterbrunnen und Grindelwald, hier auf dem Bödeli vor Wilderswil*

312 – *Zu den »Musts« zählt für die japanischen wie auch für die amerikanischen Weltenbummler eine Tour mit BOB, WAB und JB zum »Top of Europe«*

311 – Nur auf der Wengener Seite dürfen die modernen Triebwagen der WAB mit zusätzlichen Steuerwagen als fünfteilige Einheiten verkehren

312 – Die eleganten BDhe 4/8 der JB, hier auf der Kleinen Scheidegg, haben die älteren Triebwagen auch bildlich in den Hintergrund treten lassen

mal allzu teuer. Vielleicht werden wir also schon in wenigen Jahren mit einem Pendant des »Glacier-Express« über die Strecken von SBB, BLS und MOB vom Vierwaldstätter See zum Genfer See reisen können.

Unsere Fahrt auf der Simmentalbahn beginnt in Spiez [➤ 310] auf der nach Thun führenden Strecke, die wir beim Abzweig Spiezmoos in südwestliche Richtung verlassen. Die Autobahn wird zunächst unter-, dann zweimal überquert. Hinter Wimmis (km 4) verläuft unsere Strecke parallel zur Simme talaufwärts. Von Erlenbach (km 11, 681 m ü.d.M.) führt eine Luftseilbahn (2370) in zwei Sektionen auf das 2190 m hohe Stockhorn. Die typischen Simmentaler Holzhäuser des stattlichen Dorfes werden von der spitztürmigen Pfarrkirche mit Fresken aus dem 15. Jh. überragt.

Unsere Route führt nun etwas steiler bergan durch das grüne Tal und über das hübsche Dorf Därstetten kommen wir bei km 26 nach Boltigen (817 m ü.d.M.). Hier beginnt die über den Jaun-Pass führende Autobus-Linie der GFM nach Bulle [➤ 256]. Die Strecke wendet sich mit dem enger werdenden Tal in einem Bogen nach Süden und endet nach einer letzten Steigung von 25 ‰ im Ferienort Zweisimmen (942 m ü.d.M., 2800 Einwohner). Der Bahnhof von Zweisimmen ist auch Endpunkt der MOB-Zweiglinie ins Obersimmental nach Lenk [➤ 120]. Die kleine Kirche des in einem weiten Wiesental gelegenen Ortes weist interessante Wandmalereinen und Glasfenster aus dem 15. Jh. auf, das Wander- und Skigebiet auf dem Rinderberg (2079 m ü.d.M.) wird durch eine mehr als 5 km lange Gondelbahn [2375] erschlossen.

BLS (SEZ) Lötschbergbahn
(bis 1997 Spiez-Erlenbach-Zweisimmen-Bahn)

Eröffnet:	1897	Stromart:	Wechselstrom 15 kV 16 2/3 Hz (seit 1920)
Streckenlänge:	35 km	max. Neigung:	25 ‰
Spurweite:	1435 mm	Depot:	Spiez

Fahrzeuge: Die Fahrzeuge der BLS sind unter der Stammstrecke [➤ 300] beschrieben.

---

410   SBB
Biel/Bienne–Olten (61 km)

Bereits 1857 wurde von der damaligen SCB *(Schweizerische Centralbahn)* eine durchgehende Verbindung zwischen Biel und Olten hergestellt, sie führte allerdings in einem Umweg von Solothurn nach Herzogenbuchsee an der Strecke Bern–Olten [➤ 450]. Im Jahre 1876 konnte dann die heutige direkte Linie über Oensingen, die sogenannte »Gäubahn«, dem Verkehr übergeben werden. Der Abschnitt Solothurn–Herzogenbuchsee wurde zuletzt in Verbindung mit der Strecke Lyss–Solothurn noch im Regionalverkehr bedient, vor einigen Jahren jedoch auf Busbetrieb umgestellt. Die Strecke Biel–Olten ist heute Bestandteil der Jurafusslinie [➤ 210] und wird ab 1999 durch den Einsatz der neuen Triebzüge mit Neigetechnik eine bedeutende Aufwertung erfahren.

Wir verlassen Biel [➤ 260] durch den Vorort Mett, überschreiten etwa beim Abzweig der nach Delémont führenden Strecke Biel–Basel [➤ 230] die Kantonsgrenze und passieren bei km 15 den Bahnhof Grenchen Süd. Weiter geht es am Jurafuss entlang zur »Ambassadorenstadt« Solothurn, die wir bei km 26 erreichen.

Solothurn

Hauptstadt des gleichnamigen Kantons, 432 m ü.d. M., 16000 Einwohner, Tourist-Information, Hauptgasse 69, 4500 Solothurn, Tel. 032 626 46 46, Fax 032 626 46 47.
Zahlreiche Renaissance- und Barock-Bauten künden noch heute vom Glanz des ehemaligen Sitzes der französischen Gesandten. Wichtigstes Baudenkmal ist die im italienischen Barockstil erbaute ***Kathedrale St. Ursen** mit ihrem reichen Domschatz. Im alten Zeughaus befindet sich heute eine Waffensammlung, beachtenswert sind auch die Jesuitenkirche und der Zeitglockenturm aus dem 12. Jh. mit astronomischer Uhr.
Eisenbahn: Der Hauptbahnhof von Solothurn liegt südlich der Aare, das Stationsgebäude stammt aus dem Jahre 1886. Hier treffen die aus Moutier [➤ 411] und aus Burgdorf [➤ 440] kommenden Strecken der RM auf die Schnellzugstrecke Biel/Bienne–Olten [➤ 410]. Der hintere Gleisbereich gehört den Zügen der schmalspurigen RBS nach Bern [➤ 420], neben dem Bahnhofsvorplatz liegt die Station der ebenfalls schmalspurigen RVO/SNB nach Niederbipp und Langenthal [➤ 413].

Auf unserer weiteren Fahrt queren wir hinter dem mittelalterlichen Städtchen Wangen (km 36) die Aare und erreichen bei km 44 das von Schloss Neu-Bechburg überragte Oensingen. Hier beginnt die Stichbahn der OeBB nach Balsthal [➤ 412]. Weiter geht es auf nun fast schnurgerader Strecke zum Ziel unserer Etappe, dem Eisenbahnknotenpunkt Olten [➤ 450], den wir über die 1996 erneuerte, nun doppelspurige Aarebrücke erreichen.

411   RM
Moutier–Solothurn (23 km)

Die 1908 durch die SMB *(Solothurn-Münster-Bahn)* eröffnete Verbindung von dem beschaulichen Jurastädtchen Moutier in die Kantonshauptstadt Solothurn [➤ 410] ist verkehrlich von untergeordneter Bedeutung; mit der Schliessung des Grenzübergangs Delle ['240] hat auch der Güterverkehr einen starken Rückgang erfahren. Die zahlreichen Kunstbauten zur Überwindung des schwierigen Geländes einschliesslich eines 3700 m langen Tunnels unter dem Weissenstein vermitteln jedoch fast den Eindruck einer richtigen Gebirgsbahn. 1997 fusionierte die SMB mit der EBT [➤ 440] und der VHB [➤ 445], mit denen schon jahrzehntelang eine Betriebsgemeinschaft bestand, zur neuen Gesellschaft RM (Regionalverkehr Mittelland).
    Den weiten Talkessel von Moutier verlassen wir zunächst in östliche Richtung. Gleichmässig ansteigend erreicht die Strecke nach etwa 6 km Corcelles, wo sie nach Süden abbiegt. Unmittelbar hinter Gänsbrunnen (km 9) beginnt der

---

RM (SMB) Regionalverkehr Mittelland
    (bis 1997 Solothurn-Münster-Bahn)

Eröffnet:	1908	Stromart:	Wechselstrom 15 kV 16 $\frac{2}{3}$ Hz (seit 1932)
Streckenlänge:	23 km	max. Neigung:	25 ‰
Spurweite:	1435 mm	Depot:	Burgdorf

Fahrzeuge: Die Fahrzeuge der neuen Gesellschaft RM sind bei der Strecke Solothurn–Burgdorf [➤ 440] beschrieben.

313 – *Panoramafahrt mit der BLM: am Hang gegenüber der Ferienort Wengen, dahinter das Tal der Schwarzen Lütschine und die Gipfel zwischen Schyniger Platte und Faulhorn*

Links: **312** – *Unterhalb der Eiger-Nordwand streben die Züge der WAB (unten) und der JB dem Bahnhof Kleine Scheidegg entgegen*

314 – *Elektro-Nostalgie bietet die SPB, hier auf der Bergstation Schynige Platte, mit ihren bald neunzig Jahre alten Berglokomotiven*

Weissenstein-Tunnel, den wir bei Oberdorf wieder verlassen. Dort führt eine Luftseilbahn [2026] zum Weissenstein (1294 m ü.d.M.), von dem der Panoramablick bei klarem Wetter vom Montblanc bis zum Säntis reicht. Am Jurahang entlang zieht sich die Bahnlinie nun in einer langen Kehre hinunter ins Tal, mündet in die von Biel kommende Strecke [➤ 410] und erreicht bei km 23 Solothurn.

412   OeBB
Balsthal–Oensingen (4 km)

1899 nahm die OeBB *(Oensingen-Balsthal-Bahn)* auf ihrer nur 4 km langen Stichstrecke den Betrieb auf. Landschaftlich ist sie wegen ihrer Streckenführung durch eine enge Jura-Klus reizvoll, für den Eisenbahnfreund ist der überwiegend aus Occasionen stammende Fahrzeugpark von besonderem Interesse, er umfasste ehemals sogar einen früheren DB-Triebwagen der Baureihe 425. Verkehrlich ist die 1943 elektrifizierte Strecke vor allem für den Güterverkehr der Balsthaler Industriebetriebe von Bedeutung, die Gesamtlänge aller Anschlussgleise übertrifft bei weitem die eigentliche Streckenlänge. Eine vor der Jahrhundertwende geplante Verlängerung über den Passwang und Liestal nach Basel konnte nie realisiert werden.

OeBB Oensingen-Balsthal-Bahn

Eröffnet:	1899	max. Neigung:	12 ‰
Streckenlänge:	4 km	Depot:	Balsthal
Spurweite:	1435 mm	Stromart:	Wechselstrom 15 kV 16 $2/3$ Hz

Fahrzeuge: Für den Personenverkehr hat die OeBB von der BLS-Gruppe zwei Doppeltriebwagen ABDe 4/8 übernommen. Im bunt gemischten Fahrzeugpark finden sich weitere interessante Occasionen, so·der RBe 2/4 202 von 1938 (ex SBB »Roter Pfeil«) sowie eines der »Seetal-Krokodile« De 6/6 der SBB von 1926.

Die OeBB verlässt den an der Linie Biel/Bienne–Olten [➤ 410] liegenden Bahnhof von Oensingen und wendet sich in nordwestlicher Richtung der Jura-Klus entgegen, die sie parallel mit der Strasse durchquert. Am Ende der Schlucht wenden wir uns nach Nordosten, kreuzen die Strasse und erreichen Balsthal (489 m ü.d. M., 6000 Einwohner) mit der eindrucksvollen Burg Altfalkenstein oberhalb des Ortes. Für eine kleine Rundreise können wir hier in das Postauto umsteigen, es bringt uns über den oberen Hauenstein-Pass nach Waldenburg, dem Endpunkt der WB [➤ 502].

413/414   RVO/SNB
Solothurn–Niederbipp–Langenthal (25 km)
Langenthal–St. Urban Ziegelei (6 km)

Den betrieblichen Gegebenheiten entsprechend, wurde die schmalspurige Überlandstrecke von der Ambassadorenstadt [➤ 410] über Langenthal nach St. Urban unlängst auf die Kursbuchfelder 413 und 414 aufgeteilt. Der Einfachheit halber bleiben wir aber hier bei einer zusammenhängenden Beschreibung:

413 – Interessante Entdeckungen kann man auch abseits der grossen Strecken machen: hier die alte Rollschemelanlage in Wiedlisbach, die gerade von einem RVO/SNB-Pendelzug passiert wird

Die von der RVO *(Regionalverkehr Oberaargau)* und der SNB *(Solothurn-Niederbipp-Bahn)* gemeinsam betriebene Strecke entstand in drei Etappen: 1907 eröffnete die damalige LJB *(Langenthal-Jura-Bahn)* ihre Verbindung von Langenthal über Niederbipp nach Oensingen. Die LMB *(Langenthal-Melchnau-Bahn)* nahm zehn Jahre später ihre beim Gaswerk Langenthal abzweigende Linie über St. Urban nach Melchnau in Betrieb. 1918 konnte dann die SNB ihre von Solothurn-Baseltor nach Niederbipp führende Strecke eröffnen, 1925 wurde sie in Solothurn bis zum Bahnhofsvorplatz verlängert.

Die LJB, deren parallel zur SBB-Strecke [→ 410] verlaufender Abschnitt Niederbipp–Oensingen schon 1943 stillgelegt wurde, fusionierte 1958 mit der LMB zur OJB *(Oberaargau-Jura-Bahnen)*, die 1990 in Anbetracht der hinzugekommenen Buslinien in RVO umbenannt wurde. Für den Transport von normalspurigen Kesselwagen zum Tanklager bei Oberbipp wurde 1970 eine dritte Schiene verlegt. Der Güterverkehr erfolgt mit Rollschemeln, die schon 1909 von der LJB als erster Schmalspurbahn der Schweiz eingeführt wurden. Auf dem Teilstück St. Urban–Melchnau ist der Betrieb 1984 auf Busse umgestellt worden, die gut 500 m von St. Urban zur heutigen Endstelle Ziegelei konnte die Bahn sich jedoch 1989 zurückerobern. Zusammen mit der BTI [→ 261] bilden RVO und SNB innerhalb der Gruppe OSST *(Oberaargau-Solothurn-Seeland-Transport)* eine Betriebsgemeinschaft.

Neben dem Bahnhofsvorplatz von Solothurn [→ 410] beginnt die Strecke der SNB, sie überquert die Aare und wendet sich durch zunächst noch städtisches Gebiet parallel zur Nationalstrasse nach Nordosten. Am Jurafuss entlang passieren wir das malerische Wiedlisbach (km 10) mit dem SNB-Depot und sehen linkerhand schon bald die grossen Tanklager von Oberbipp. Über das erwähnte Dreischienengleis erreichen wir nach km 14 das Örtchen Niederbipp an der Strecke Biel–Olten [→ 410]. Hier machen wir Kopf, wechseln auf die RVO-Strecke

440 – Ein RBDe 566 der RM, die als derzeit jüngste Privatbahn der Schweiz 1997 aus der Fusion von EBT, SMB und VHB entstanden ist, trifft in Burgdorf auf einen Regionalzug der SBB

460 – Die Täler rund um den Napf werden im Norden von der RM, im Süden aber von der SBB erschlossen, hier eine Zugskreuzung in Entlebuch

und unterqueren die Schnellzuglinie. In südöstlicher Richtung fahren wir durch den Längwald nach Aarwangen (km 22). Wir queren noch einmal die Aare und kommen bei km 24 nach Langenthal (476 m ü.d.M., 14000 Einwohner) zum direkt neben der SBB-Strecke Bern–Olten [➤ 450] liegenden Kopfbahnhof der RVO.

	RVO	**SNB**
	Regionalverkehr Oberaargau	Solothurn-Niederbipp-Bahn
Eröffnet:	1907	1918
Streckenlänge:	17 km	14km
Spurweite:	1000 mm	1000 mm
Stromart:	Gleichstrom 1200 V	Gleichstrom 1200 V
max. Neigung:	65 ‰	45 ‰
Depot:	Langenthal	Wiedlisbach

Fahrzeuge: Der Personenverkehr wird von den ab 1966 beschafften Triebwagen Be 4/4 bewältigt. Für den Güterverkehr stehen neben der neuen Gepäcklokomotive De 4/4 121 von 1987 noch die De 4/4 321 von 1957 und die aus dem Jahre 1917 stammende Lok Ge 4/4 126 im Einsatz.

Zur Weiterfahrt geht es zunächst zurück bis zum Haltepunkt Langenthal Gaswerk, dort zweigen wir nach Nordosten ab und erreichen nach einem grossen Bogen St. Urban, dessen ***Klosterkirche** der ehemaligen Zisterzienserabtei zu den wichtigsten Barockbauten der Schweiz gehört. Besondere Beachtung verdient das reich geschnitzte Chorgestühl vom Anfang des 18. Jh. Bis zur Endstelle St. Urban Ziegelei sind es nun nur noch wenige hundert Meter, die weitere Strecke zum ehemaligen Endpunkt Melchnau ist für den Güterverkehr weiterhin geöffnet.

420   RBS
Solothurn–Bern (34 km)

Die RBS *(Regionalverkehr Bern-Solothurn)* ist eine der jüngeren Bahngesellschaften der Schweiz, sie entstand 1984 durch die Fusion der SZB *(Solothurn-Zollikofen-Bern-Bahn)* mit der ebenfalls schmalspurigen VBW (Vereinig*te Bern-Worb-Bahnen)*. Die Geschichte der VBW ist im Zusammenhang mit ihren Strecken [➤ 294 und 295] dargestellt. Zur hier beschriebenen ehemaligen SZB gehört auch die heutige »Dorflinie« Bern–Unterzollikofen [293].
1912 wurde die Stammstrecke der elektrischen Überlandbahn BZB *(Bern-Zollikofen-Bahn)* sowie eine nach Worblaufen Dorf abzweigende Seitenlinie in Betrieb genommen, letztere diente hauptsächlich dem Güterverkehr mit Rollschemeln. In Bern verkehrte die BZB zunächst nur bis zum provisorischen Endpunkt Tierspital, ab 1917 fuhr sie über die Gleise der Trambahn bis zum Bahnhofsplatz. Im Jahr zuvor war nach einer recht wechselvollen Vorgeschichte die ESB *(Elektrische Schmalspurbahn Solothurn-Bern)* eröffnet worden, die in Zollikofen an die BZB-Strecke anschloss. 1922 fusionierten beide Gesellschaften zur SZB, für den durchgehenden Betrieb Bern–Solothurn wurde 1924 zwischen 113

420 – *Die dreiteiligen Niederflur-Gelenktriebwagen ABe 4/12 der RBS sind mit einer LüK von fast 60 Metern die längsten Schmalspur-Fahrzeuge der Schweiz, auch in der Normalspur werden sie nur noch von den »Mirage« der SBB übertroffen*

Worblaufen und Zollikofen die »Rüttilinie« gebaut, auch andere Streckenabschnitte wurden von ihrer bisherigen Strassenlage auf Eigentrassee verlegt. In einer zweiten grossen Baumassnahme erfolgte 1965 die schon 1940 projektierte unterirdische Einführung in den Berner Hauptbahnhof, 1974 wurde der Abschnitt Unterzollikofen-Zollikofen der alten BZB-Strecke stillgelegt.

Ein kleines Kuriosum am Rande: Abweichend von den üblichen Schweizer Gepflogenheiten wird bei der SZB auf der seit 1979 doppelspurig ausgebauten Strecke Bern–Oberzollikofen im Rechtsverkehr gefahren.

Die vom Jurafuss quer durch das Mittelland führende Strecke nimmt in Solothurn [→ 410] im südlichen Bereich des weiträumigen Bahnhofes ihren Ausgang. Vor Biberist überqueren wir die nach Burgdorf führende Strecke der RM

RBS (SZB) Regionalverkehr Bern-Solothurn
            (*bis 1984 Solothurn-Zollikofen-Bern-Bahn*)

Eröffnet:	1912	may Neigung:	45 ‰
Streckenlänge:	36 km	Depot:	Solothurn,
Spurweite:	1000 mm		Worblaufen
Stromart:	Gleichstrom 1200 V		
	(BZB-Strecke bis 1961 850 V)		

Fahrzeuge: Im durchgehenden Verkehr Bern-Solothurn werden die modernen Niederflur-Pendelzüge ABe 4/12 eingesetzt, die ab 1992 beschafft wurden. Ein von 1916 stammender Triebwagen wurde zum«Pendler-Pintli» Bre 4/4 1 umgebaut und kann auch für Sonderfarten gemietet werden. Dem Regionalverkehr dienen die ab 1974 beschafften Be 4/8. Für den Güterverkehr wurden mehrere Gepäcktriebwagen De 4/4 beschafft.

[-> 440] und kurz darauf die Emme; bei der Station Lohn-Lütterkofen gelangen wir vom Kanton Solothurn auf bernisches Gebiet. Felder und Wiesen werden in der dichtbesiedelten Region von zahlreichen kleineren und grösseren Ortschaften und Gewerbebetrieben unterbrochen. Bei km 20 erreichen wir Jegenstorf mit seiner schönen gotischen Kirche und dem imposanten Schloss. Wir nähern uns nun der weiter südlich verlaufenden SBB-Strecke aus Olten [-> 450] und unterqueren bei km 26 kurz vor Zollikofen die Strecke aus Biel [-> 260]. Parallel mit der SBB fahren wir weiter nach Süden und erreichen bei km 30 den Betriebsmittelpunkt der RBS in Worblaufen. Hier stossen die aus Unterzollikofen kommende Linie Z und die Worblentallinie W [-> 294] auf unsere Strecke. Über die neue, 200 m lange Tiefenau-Brücke queren wir die Aareschlucht und passieren einen 516 m langen Tunnel. Wir haben nun bereits das Stadtgebiet von Bern erreicht und kommen auf dem durch den 1200 m langen Schanzentunnel führenden letzten Streckenabschnitt zur unterirdischen Endstation im Hauptbahnhof der Bundesstadt [-> 290].

440/441/442   RM
Solothurn–Burgdorf (21 km)
Burgdorf–Langnau (21 km)
Burgdorf–Konolfingen–Thun (41 km)

Diese drei Strecken der heutigen RM *(Regionalverkehr Mittelland)* waren bis vor wenigen Jahren noch in einem Kursbuchfeld vereint, mit Blick auf ihre gemeinsame Geschichte werden sie hier weiterhin zusammenhängend beschrieben:

Sie haben ihren Ursprung in einer 1864 für den Gütertransport zwischen Biberist und Derendingen eröffneten Pferdeeisenbahn. 1876 wurde dann die durchgehende Verbindung der EB *(Emmenthalbahn)* von Solothurn nach Burgdorf fertiggestellt, 1881 erfolgte ihre Verlängerung bis Langnau. Die über Konolfingen nach Thun führende Strecke wurde 1899 von der BTB *(Burgdorf-Thun-Bahn)* eröffnet.

Schon von der Betriebsaufnahme an mit Drehstrom 750 V 40 Hz elektrifiziert, gilt die BTB als erste elektrisch betriebene Vollbahn Europas; die Lokomotive Nr. 2 aus dem Jahre 1899 ist heute im Verkehrshaus der Schweiz in Luzern [-> 460] zu besichtigen. Bis 1933 wurde die Strecke auf normalen Wechselstrom-Betrieb umgerüstet. BTB und EB schlossen sich 1942 zur EBT *(Emmental-Burgdorf-Thun-Bahn)* zusammen, die mit den benachbarten VHB [-> 445] und SMB [-> 411] zunächst eine Betriebsgemeinschaft bildete und 1997 zur neuen Gesellschaft RM fusionierte.

Wir verlassen die »Ambassadorenstadt« Solothurn [-> 410] und unterqueren vor Biberist die schmalspurige RBS [-> 420] nach Bern. In Gerlafingen (km 8) waren die Eisenwerke von Roll einst Endpunkt der eingangs erwähnten Pferdebahn. Bei km 14 überqueren wir vor Aefligen die Emme und erreichen bei weiterhin leichter Steigung das an der Strecke Bern–Olten liegende Burgdorf [-> 450 Nun muss unser Zug Kopf machen und weiter an der Emme aufwärts geht es bis Hasle-Rüegsau (ab Burgdorf km 7).

Hier zweigt linkerhand unsere weiter ins Emmental nach Langnau [-> 460] führende KBS 441 ab. In Ramsei hat sie Anschluss an die RM-Nebenstrecke 444, die über Sumiswald zum Knotenpunkt Huttwil [-> 445] führt.

470 – Ein Brünig-Panoramic-Express der SBB hat den Pass überwunden und strebt nun auf seiner Fahrt nach Luzern dem nächsten Zahnstangen-Abschnitt entgegen

480 – Im Glasmacher-Dorf Hergiswil trifft der durch den Lopper-Tunnel II kommende LSE-Zug auf die Brünigbahn, rechts der Lopper-Tunnel I in Richtung Interlaken

473 – Die PB als steilste Zahnradbahn der Welt trägt dieser Besonderheit auch durch die Bauweise ihrer nun schon recht betagten Triebwagen Rechnung

475 – Auf der BRB kommen die ältesten Dampfloks von 1891 mit den modernsten Vorstellwagen zum Einsatz, hier in der grossen Mulde unterhalb der Bergstation

RM (EBT) Regionalverkehr Mittelland
(bis 1997 Emmental-Burgdorf-Thun-Bahn)

Eröffnet:	1876
Streckenlänge:	71 km
Spurweite:	1435 mm
Stromart:	Wechselstrom 15 kV 16 $^2/_3$ Hz
	(1899-1933 Drehstrom 750 V 40 Hz)
max. Neigung:	25 ‰
Depot:	Burgdorf, Oberburg

Fahrzeuge: Dem Personenverkehr dienen vorwiegend die modernen Triebwagen RB-De 566 aus den Jahren 1973 und 1984 sowie die BDe 576 der EAV-Bauart von 1966. Neben den beiden modernen Drehstrom-Lokomotiven Re 456 von 1993 und den mit den Re 4/4 II der SBB bauartgleichen Re 436 kommen die ab 1932 gebauten Lokomotiven der Gattung Be 4/4 immer weniger zum Einsatz.

Die in Richtung Thun ab Hasle-Rüegsau steigungsreichere KBS 442 führt uns am Biglebach entlang zum mit 767 m ü.d.M. höchsten Punkt der Strecke oberhalb Grosshöchstetten (km 22). In Konolfingen treffen wir bei km 26 auf die Strecke Bern–Luzern [→ 460] und fahren an der Chise entlang hinab ins Aaretal. In Fahrtrichtung rechts kommen mit den Gipfeln der Stockhorn-Kette die ersten Vorboten der Hochalpen ins Blickfeld. Zusammen mit der aus Bern kommenden Schnellzugstrecke [→ 292] erreichen wir unseren Zielort Thun an der Nordspitze des gleichnamigen Sees.

---

445 ✳   RM
Langenthal–Huttwil–Wolhusen (39 km)

1889 eröffnete die damalige LHB *(Langenthal-Huttwil-Bahn)* ihre Strecke und 1895 folgte die um den Napf führende Fortsetzung durch die HWB *(Huttwil-Wolhusen-Bahn)*. Zusammen mit der einstigen RSHB *(Ramsei-Sumiswald-Huttwil-Bahn,* heutige Strecke 444) und der HEB *(Huttwil-Eriswil-Bahn,* 1978 stillgelegt) fusionierten die LHB und die HWB 1944 zur VHB *(Vereinigte Huttwil-Bahnen),* die eine Betriebsgemeinschaft mit der benachbarten EBT [→ 440] und der SMB [→ 411] bildete und 1997 mit ihnen zur neuen Gesellschaft RM *(Regionalverkehr Mittelland)* fusionierte. Im Volksmund trägt die Huttwil-Bahn den Übernamen »Huttu-Schnägg«.

Langenthal an der Schnellzugstrecke Bern–Olten [→ 450] verlassen wir in südliche Richtung und fahren mit stetiger Steigung durch das breite Tal der Langete über Lotzwil und Madiswil nach Huttwil (km 14), einer schönen Kleinstadt im Zentrum von fünf sich hier treffenden Tälern. Vor dem Bahnhof vereinen wir uns mit der am Westrand des Napf-Gebietes über Sumiswald nach Ramsei verlaufenden Nebenstrecke [444].

Unsere Route wendet sich hinter Huttwil in nordöstlicher Richtung um den Napf (1408 m ü.d.M.) und wir erreichen bei km 29 das am Ende des Kanzelgrabens liegende reizvolle ***Willisau,** das seinen historischen Ortskern mit Stadtmauer und Toren weitgehend bewahrt hat. Über Menznau geht es weiter nach Wolhusen, dem an der Strecke Bern–Luzern [→ 460] liegenden Endpunkt unserer Reise.

RM (VHB) Regionalverkehr Mittelland
(*bis 1997 Vereinigte Huttwil-Bahnen*)

Eröffnet:	1889
Streckenlänge:	68 km
Spurweite:	1435 mm
Stromart:	Wechselstrom 15 kV 16 $2/3$ Hz (seit 1945)
max. Neigung:	28 ‰
Depot:	Huttwil

Fahrzeuge: Die Fahrzeuge der neuen Gesellschaft RM sind bei der ehemaligen EBT [↦ 440] beschrieben.

450   SBB
Bern–Olten (67 km)

Diese 1858 von der damaligen SCB *(Schweizerische Centralbahn)* eröffnete Strecke ist heute ein zentraler Bestandteil der Fernverbindung zwischen Genfer See und dem Norden und Osten der Schweiz. Durch die Bündelung der Verkehrsströme Basel–Bern und Zürich–Bern zählt diese Strecke zu den am dichtesten befahrenen des Landes. Schon 1981 wurde südlich von Olten eine direkt nach Rothrist führende, 6 km lange Abkürzung in Betrieb genommen. 1995 konnte dann zwischen Bern und Mattstetten eine knapp 10 km lange Neubaustrecke in Betrieb genommen werden, deren Kernstück der 6300 m lange Grauholztunnel ist. Wichtigste Baumassnahme im Zusammenhang mit dem Konzept »Bahn 2000« ist aber die 45 km lange Neubaustrecke Mattstetten–Rothrist, zu der im April 1996 der erste Spatenstich erfolgte.

Gemeinsam mit der später rechterhand abzweigenden Strecke in Richtung Thun [↦ 292] verlassen wir über das 1080 m lange Lorraine-Viadukt die Bundesstadt und erreichen bei km 7 Zollikofen. Hier zweigt in westliche Richtung die nach Biel/Bienne führende Strecke [↦ 260] ab und wir hätten auch Gelegenheit zum Umsteigen in die Bern mit Solothurn verbindende Schmalspurbahn der RBS [↦ 420]. Im Fernverkehr geht es durch den bereits erwähnten Grauholztunnel, in dem 1996 in einer Juninacht mit 241 km/h neuer Schweizer Schienenrekord gefahren wurde.

Die erste Schnellzugstation ist Burgdorf (km 22, 16000 Einwohner). Hier treffen sich auch die RM-Strecken aus Solothurn [↦ 440], Langnau [↦ 441] und Thun [↦ 442]. Der historische Stadtkern des auch als »Tor zum Emmental« bezeichneten Ortes wird beherrscht vom wuchtigen Zähringerschloss aus dem 10. Jh.

In Herzogenbuchsee zweigte früher bei km 39 eine ebenfalls nach Solothurn führende Regionalstrecke ab, die jedoch auf Busbetrieb umgestellt worden ist. In Langenthal (km 47) haben wir aber nochmals die Möglichkeit umzusteigen in Richtung der Ambassadorenstadt, diesmal mit der schmalspurigen Überlandbahn der RVO/SNB via Niederbipp [↦ 413]. In südliche Richtung führt von hier aus die RM-Strecke nach Wolhusen [↦ 445].

An der Roth entlang geht es bis zu ihrer Mündung in die Aare bei Murgenthal (km 54) und am rechten Ufer der Aare weiter flussabwärts. In Rothrist erreichen wir bei km 60 den Abzweig der Neubaustrecke von 1981, die zweimal die Aare überquert und dazwischen durch den 810 m langen Born-Tunnel fährt.

Die alte Strecke, sie wird weiterhin für den Regionalverkehr benutzt, stösst bei km 63 in Aarburg-Oftringen auf die Strecke aus Luzern ['↦ 500] und führt mit ihr zusammen nach Olten.

Sidebar: Bern–Langnau–Luzern

Olten

Bedeutender Eisenbahnknotenpunkt an der Aare, 396 m ü.d.M., 19000 Einwohner, **i** Verkehrsbüro Olten, Klosterplatz 21, 4600 Olten, Tel. 062 212 30 88.

Vom Bahnhof aus erreicht man über eine alte gedeckte Holzbrücke die am linken Aare-Ufer liegende Altstadt mit der Stadtburg, dem Glockenturm St. Martin und dem alten Rathaus.

Hier, am südlichen Fuss der alten Hauenstein-Passroute stand schon zu Römerzeiten ein Kastell und bereits die frühen Planungen zu einem Schweizer Eisenbahnnetz sahen hier einen wichtigen Knotenbahnhof vor.

Ein beliebter Aussichtspunkt der Umgebung ist das »Säli-Schlössli« auf dem Engelberg im Südosten.

Eisenbahn: Die weiträumigen Bahnanlagen befinden sich östlich der Aare, das Stationsgebäude in Insellage stammt aus dem Jahre 1903. Um für die künftige Verkehrsentwicklung gerüstet zu sein, ist der Bahnhof 1997 um zwei Perrongleise erweitert worden. Die Gotthard-Zufahrt Basel–Olten–Luzern [➤ 500 und 510] trifft hier mit den Strecken aus Bern [➤ 450], aus Biel [➤ 410] und aus Zürich [➤ 650] zusammen.

Unmittelbar in Bahnhofsnähe befinden sich das SBB-Depot und die Hauptwerkstätte der SBB. Sie stammt noch aus den Zeiten der SCB, ihr erster Chef war Nikolaus Riggenbach, der als Lokomotiv-Konstrukteur und als Erbauer der ersten Zahnradbahn Europas Vitznau–Rigi [603] in die Geschichte eingegangen ist.

460 ✳   SBB
Bern–Langnau–Luzern (95 km)

Schon 1864 wurde durch die Strecke Gümligen–Langnau der damaligen BSB *(Bernische Staatsbahn)* der westliche Teil des heutigen KBS 460 fertiggestellt, die durchgehende Verbindung bis Luzern konnte jedoch erst 1875 von der BLB *(Bern-Luzern-Bahn)* eröffnet werden.

Über das 1080 m lange Lorraine-Viadukt verlassen wir die Bundesstadt und zweigen bei km 10 hinter Gümligen von der nach Thun führenden Strecke [➤ 292] ab. Bei der Umfahrung des Hürnberges haben wir einen weiten Blick durch das Tal der Aare bis zu den Gipfeln der Berner Alpen. Bei km 20 erreichen wir Konolfingen und kreuzen dort die von Burgdorf nach Thun führende Strecke der RM [➤ 442]. Bis Boswil steigt die Strecke gleichmässig weiter an, um sich dann ins eigentliche *Emmental, das jedoch der ganzen Region seinen Namen gab, zu senken. Hinter Emmenmatt (km 34) stösst die von Hasle-Rüegsau kommende Linie der RM [➤ 441] auf unsere Strecke und bei km 37 erreichen wir Langnau, das wirtschaftliche Zentrum des Emmentales.

Auf nun wieder ansteigender Strecke überqueren wir hinter Trubschachen die Kantonsgrenze nach Luzern und passieren den Scheitelpunkt mit 853 m ü.d.M. bei Escholzmatt (km 52). Durch waldreiches Gebiet fahren wir ins malerische Entlebuch, das Tal der kleinen Emme, und erreichen bei km 60 Schüpfheim, den Hauptort des Bezirkes.

Hier ist Gelegenheit zu einem interessanten Abstecher oder einer Rundfahrt: Mit dem Postauto können wir durch das Mariental über Sörenberg bis zur Talstation der LSBR fahren, einer modernen Luftseilbahn [2505], die uns auf das Brienzer Rothorn bringt, von wo wir im Sommer von der 2244 m gelegenen Bergstation der Dampfbahn BRB [➤ 475] nach Brienz hinab fahren können.

Ebenfalls im Sommer können wir aber auch mit dem Autocar weiterfahren über die **Panorama-Strasse**, die über den 1611 m hohen Glaubenbüelen-Pass nach Giswil zur Brünigbahn [➤ 470] führt.

Von Schüpfheim verläuft unsere Strecke in nördlicher Richtung weiter talabwärts nach Wolhusen (km 74), wo die aus Langenthal kommende Linie der RM [➤ 445] endet. Dem Lauf der Emme folgend, wendet sich die Strecke nun nach Osten. Wir passieren Werthenstein mit dem ehemaligen Franziskaner-Kloster, dessen Kreuzgang zu den schönsten Renaissance-Bauten der Schweiz zählt. Hinter Littau (km 89) durchfahren wir den 1133 m langen Zimmeregg-Tunnel, hinter dem sich unsere Strecke mit den aus Olten [➤ 510] und Zürich [➤ 660] kommenden vereint. Unmittelbar vor unserem Ziel stossen wir dann auf die Gotthardstrecke [➤ 600] und gemeinsam erreichen wir den Kopfbahnhof von Luzern [➤ 600].

Das Verkehrshaus Luzern

Die Idee zu diesem einzigartigen Museum stammt bereits aus den dreissiger Jahren, eröffnet wurde es im Jahre 1959 und ist seither mehrfach erweitert worden.

Die Abteilung Schienenverkehr zeigt auf mehreren hundert Metern Gleisen eine der grössten Fahrzeug-Sammlungen in Europa. Auch zahlreiche Modelle, eine aufgeschnittene Zahnradlok als Funktions-Modell, ein Führerstand-Simulator, die riesige HO-Modellbahnanlage der Gotthardstrecke und viele weitere Exponate lassen den Besuch für jeden Eisenbahnfreund zu einem besonderen Erlebnis werden.

Vom Bahnhof Luzern aus ist das nah am Seeufer beim Lido liegende Verkehrshaus mit dem Trolleybus Linie 2 in Richtung Würzbach erreichbar, im Sommer kann der Besuch auch mit einer Schiffsfahrt auf dem Vierwaldstätter See verbunden werden.

Zu den Exponaten im Verkehrshaus der Schweiz gehört die H 1/2 7 der VRB von 1873, als einzige betriebsfähige Stehkessel-Lok der Welt war sie 1996/97 auf ihrer alten Heimatstrecke zu Gast

Nachfolgend eine Auswahl der zum Museums-Bestand zählenden Schienenfahrzeuge. Zugunsten einer grosszügigeren Präsentation ist beim letzten Umbau zum Jubiläumsjahr 1997 der Platz für die Exponate nicht unerheblich eingeschränkt worden. Im alten Ringlokschuppen »Rotonde« in Delémont [→ 230] erhielt das Verkehrshaus eine bislang allerdings dem Publikum nicht geöffnete Aussenstelle für Dampflokomotiven.

Normalspur

D 1/3 1 »Limmat« (1847, ex S.N.B., Nachbau 1947)	CFe 2/2 11 (1895, ex OC)
	De 2/2 2 (1899, ex BTB/EBT)
Ec 2/5 28 »Genf« (1858, ex SCB, älteste Original-Lok)	Ce 4/4 1 »Eva« (1904, ex MFO/SBB)
	Be 5/7 151 (1913, ex BLS)
H 1/2 7 (1873, ex VRB)	Be 6/8 II 13254 (1920, ex SBB)
E 2/2 11 (1881, ex GB)	Be 4/6 12332 (1922, ex SBB)
Ed 3/3 13 »Langnau« (1881, ex EBT)	Fe 4/4 18518 (1928, ex SBB)
Ed 2x2/2 196 (1893, ex SCB)	Ce 2/4 727 (1935, ex BN)
A 3/5 705 (1904, ex SBB)	RCe 2/4 203 (1936, ex SBB)
E 3/3 8512 (1911, ex SBB)	Ae 8/14 11852 (1939, ex SBB)
C 5/6 2965 (1916, ex SBB)	ABm 2/5 9 (1914, ex RVT)
Ec 3/3 5 (1936, HWB/VHB)	

Schmalspur

Bhm 9 (1889, ex PB)	Ce 1/2 4 (1888, ex VMCV)
G 3/3 18 (1894, ex BTG/SVB)	He 2/2 1 (1898, ex JB)
HG 3/3 1063 (1909, ex SBB-Brünigbahn)	HGe 2/2 1 (1898, ex StEB/LSE)
G 3/3 6 »Waldenburg« (1912, ex WB)	Ge 2/4 207 (1913, ex RhB)
	Ge 6/6 I 402 (1921, ex RhB)
	Bfa 2/2 4 (1939, ex MIB)

470 ✳   SBB
Luzern–Brünig–Interlaken (74 km)

Die bei den Eisenbahnfreunden als *Brünigbahn* bekannte Verbindung zwischen den grossen Touristenorten der Zentralschweiz und des Berner Oberlandes ist die einzige Schmalspurbahn der SBB.

Der Abschnitt Alpnachstad–Brienz mit der über den Brünig-Pass führenden Bergstrecke wurde 1888 von der damaligen JBL (Jura-Bern-Luzern-Bahn) in Betrieb genommen, ein Jahr später folgte die nördliche Verlängerung bis Luzern. 1890 wurde die JBL von der JS *(Chemins de fer Jura-Simplon)* übernommen, mit deren Verstaatlichung kam auch die Brünigbahn in Bundeshand. Nach langen Diskussionen über die Spurweite und Verzögerungen durch den Weltkrieg wurde 1916 endlich auch das Teilstück Brienz–Interlaken fertiggestellt, während des Weltkrieges ist 1941/42 die Gesamtstrecke elektrifiziert worden.

Auf den Talstrecken Luzern–Giswil und Interlaken–Meiringen wurde 1915 der Wagenladungsverkehr mit Rollschemeln aufgenommen. In den zwanziger Jahren gab es ernsthafte Überlegungen, die Strecke auf Normalspur umzubauen oder zumindest die Zahnstangen-Abschnitte zu beseitigen. Heute gehen die Gedanken eher in die umgekehrte Richtung: Auf der normalspurigen Strecke Interlaken–Spiez–Zweisimmen [→ 310 und 320] soll eine dritte Schiene eingelegt werden, die den durchgehenden Schmalspurbetrieb vom Vierwaldstätter See bis zum Genfer See [→ 120] ermöglichen würde.

Im Kopfbahnhof von Luzern → 600] sind die östlichen Gleise der Brünigbahn und der ebenfalls schmalspurigen LSE [→ 480] vorbehalten. In südlicher Richtung verlassen wir die Leuchtenstadt und gelangen hinter Horw wieder an das

470 – Gastrecht zwischen Lungernsee und Brienzer See geniesst allsommerlich der Dampfzug der Ballenberg-Bahn, hier mit der Brünig-Tallok G 3/4 208 von 1913

Ufer des Vierwaldstätter Sees mit schönem Blick auf die Rigi-Kette und den Bürgenstock. In Hergiswil (km 8) liegt direkt am See die »Glasi«, eine traditionsreiche und wegen ihrer Qualitätsprodukte bekannte Glasmanufaktur. Hier zweigt durch den Lopper-Tunnel II unmittelbar hinter dem Bahnhof nach links die Strecke der LSE ab; wir durchfahren rechterhand den 1186 m langen Lopper-Tunnel I und kommen bei km 12 am Südende des Alpnacher Sees nach Alpnachstad, das bereits im Kanton Obwalden liegt. Gegenüber dem SBB-Bahnhof liegt die Talstation der Pilatus-Bahn [→ 473] und jenseits der Schnellstrasse befindet sich die Anlegestelle der Ausflugsschiffahrt des Vierwaldstätter Sees [3600 bis 3605].

Durch das offene Tal der Sarner Aa und mit guter Aussicht auf das Stanser Horn (1898 m ü.d.M.) erreichen wir bei km 20 den Kantons-Hauptort Sarnen (473 m ü.d.M., 7000 Einwohner). Neben der zweitürmigen barocken Pfarrkirche ist vor allem das am hübschen Dorfplatz liegende Rathaus einen Besuch wert, hier wird die älteste Chronik der Schweiz, das »Weisse Buch« aufbewahrt. Eine Postauto-Linie führt von hier in das schön gelegene Melchtal. Am Ostufer des Sarner Sees kommen wir über das durch seine Wallfahrtskirche des hl. Nikolaus von Flüe bekannte Sachseln bei km 29 nach Giswil (485 m ü.d.M.). Die von hier ausgehende Postauto-Route über die *Panorama-Strasse* ist bei der Strecke Bern-Luzern [→ 460] beschrieben.

In Giswil beginnt gleich bei der Bahnhofsausfahrt der erste Zahnstangenabschnitt, er bringt uns durch dichten Nadelwald hinauf nach Kaiserstuhl (km 32, 698 m ü.d.M.) am Nordende des Lungernsees. Hoch oberhalb des Seeufers erreichen wir den Bahnhof von Lungern (km 36) und steigen abermals mit Zahnrad-Hilfe weiter hinauf zum Brünig-Pass. Den Scheitelpunkt der Strecke, er liegt 102 m ü.d.M., erreichen wir bei km 40 in der Station Brünig-Hasliberg.

473

SBB-Brünigbahn Schweizerische Bundesbahnen – Schmalspur

Eröffnet:	1888 bis 1916	Stromart:	Wechselstrom
Streckenlänge:	74 km		15 kV 16 ^{2}/$_{3}$ Hz
Spurweite:	1000 mm	max. Neigung:	Adhäsion 30 ‰
Betriebsart:	Adhäsion/Zahnrad,		Zahnrad 121 ‰
	System Riggenbach	Depots:	Meiringen, Giswil, Luzern

Fahrzeuge: Die modernen Lokomotiven der Reihe HGe 101 bewältigen den durchgehenden Verkehr über die Pass-Strecke, sie wurden 1989 in einer Gemeinschaftsbestellung mit der FO [→ 610] und der BVZ [→ 140] beschafft. Die noch aus dem Jahre 1941 stammenden Gepäcktriebwagen sind zum Einsatz in Regionalzügen auf den Talstrecken zum Teil ihres Zahnradantriebes beraubt worden.

Unsere Route wendet sich hier nach Südosten und es beginnt der fast durchgehend mit Zahnstange belegte Abstieg ins Tal der Aare. Der Blick hinunter und auf die gegenüberliegenden Gipfel wird meist durch dichten Wald verdeckt. Den am Rande des Berner Oberlandes gelegenen Ferienort Meiringen (595 m ü.d. M., 4000 Einwohner, Verkehrsbüro Meiringen-Haslital, Bahnhofstrasse, 3860 Meiringen, Tel. 033 972 50 50, Fax 033 972 50 55) erreichen wir bei km 45. Hier ist vor allem die nur wenig entfernt liegende *Aareschlucht einen Besuch wert, auf eine Länge von 1,4 km führt ein überwiegend aus dem Fels gehauener Fusspfad hoch über dem tosenden Wasser durch die oft nur wenige Meter breite Schlucht. Eindrucksvoll sind auch die an der gegenüberliegenden Talseite herabstürzenden Reichenbachfälle. Die 1912 eröffnete Tramlinie Meiringen–Reichenbach–Aareschlucht wurde schon 1957 stillgelegt. Die nach Innertkirchen führende MIB [→ 474] hat ihren Ausgangspunkt in Meiringen. Und schliesslich beginnen hier in den Sommermonaten auch die Postauto-Kurse über den *Grimsel-Pass (2165 m ü.d.M.) nach Gletsch und nach Oberwald an der FO [→ 610] und über den *Susten-Pass (2224 m ü.d.M.) nach Göschenen an der Gotthardbahn [→ 600].

Unser Zug macht in Meiringen Kopf und wir fahren in westliche Richtung durch das breite Aare-Tal nach Brienz (km 57, 2900 Einwohner), dem Mekka der Dampflokfreunde [→ 475]. Zum nahegelegenen *Freilichtmuseum auf dem Ballenberg bringt das Postauto (470.92) die Besucher zu der interessanten Sammlung ländlicher Architektur aus verschiedenen Regionen der Schweiz.

Dicht am Seeufer entlang und mit Blick auf die gegenüberliegenden Giessbachfälle fahren wir weiter und kommen schliesslich über die 165 m lange Aare-Brücke nach Interlaken-Ost, dem Endpunkt der von Thun über Spiez führenden BLS-Strecke [→310] und Ausgangspunkt der schmalspurigen Bahnen in die *Jungfrau-Region [→311/312].

473 ✳   PB
Alpnachstad–Pilatus (4 km)

Die 1889 eröffnete PB (Pilatus-Bahn) darf für sich das Superlativ in Anspruch nehmen, die steilste Zahnradbahn der Welt zu sein. Die der Streckenneigung angepassten Triebwagen der 800-mm-Bahn erinnern denn auch eher an die Kabinen einer Schienenseilbahn als an eine »richtige« Eisenbahn. Die maximalen Steigungen der Zahnradbahnen liegen normalerweise bei etwa 250 ‰ die hingegen bis zu 480 ‰ steile Pilatus-Bahn konnte nur mit dem Zahnstangen-System Locher realisiert werden, bei dem die Zahnräder nicht senkrecht von oben, sondern von beiden Seiten waagerecht in eine doppelte Zahnstange greifen.

1937 wurde die Strecke elektrifiziert, zwei der alten Dampf-Triebwagen sind im Verkehrshaus in Luzern [→ 460] und im Deutschen Museum in München ausgestellt.

PB Pilatus-Bahn

Eröffnet:	1889	Stromart:	Gleichstrom 1550 V
Streckenlänge:	4 km	max. Neigung:	480 ‰
Spurweite:	800 mm	Depot:	Alpnachstad
Betriebsart:	Zahnrad, System Locher		

Die Pilatus-Bahn verkehrt nicht in den Wintermonaten, die genaue Betriebszeit zwischen Anfang Mai und Anfang Dezember richtet sich nach den Witterungsverhältnissen.
Fahrzeuge: Die aus dem lahre 1937 stammenden Triebwagen der Gattung Bhe 1/2 (Nr. 21 bis 28) wurden 1962 und 1968 um die äusserlich ähnlichen Fahrzeuge 29 und 30 ergänzt.

Die Talstation in Alpnachstad (440 m ü.d.M.) liegt gegenüber dem SBB-Bahnhof der Brünigbahn [→ 470]. Schon der »Bahnsteig« macht seinem Namen alle Ehre, liegt er doch als Treppe ungefähr in der maximalen Steigung von 480 ‰, mit der wir durch die Wiesen und Wälder am Südhang des Pilatus bergwärts fahren. Zwischenbahnhöfe weist die sich in vielen Kurven hochwindende Strecke keine auf, nach km 2 passieren wir nur eine Ausweichstelle auf der Aemsigenalp (1355 m ü.d.M.). Die Strecke verläuft nun mit rund 400 ‰ etwas weniger steil, die Almwiesen werden durch schroffe Felsen verdrängt und wir erreichen an einer steilen Felswand durch vier kurze Tunnels die 2073 m hoch gelegene Bergstation Pilatus-Kulm. Vom unweit gelegenen Esels-Gipfel des **Pilatus-Massivs** hat man einen grossartigen Panoramablick über den zerklüfteten Vierwaldstätter See bis zum Säntis und zu den Gipfeln der Berner und der Glarner Alpen.

Eine beliebte Rundreise führt in zwei Sektionen mit der Luftseilbahn [2516/2517] am Nordhang des Pilatus hinunter nach Kriens, von dort besteht eine Trolleybusverbindung zurück nach Luzern.

---

474   MIB
Meiringen–Innertkirchen (5 km)

Eine der kleinsten Privatbahnen der Schweiz, die schmalspurige MIB *(Meiringen-Innertkirchen-Bahn)* ist aus der 1926 eingerichteten Werksanschlussbahn der Kraftwerke Oberhasli entstanden. 1946 erhielt sie die Konzession für den öffentlichen Verkehr und 1977 wurde sie elektrifiziert.

Die Station Meiringen liegt unweit des SBB-Bahnhofes der Brünigbahn [→ 470].Schon bald erreichen wir den 1502 m langen Kirchet-Tunnel, die Strecke führt danach am Aare-Ufer entlang über die Zwischenstation Hof in der Dorfmitte zum Endpunkt Innertkirchen MIB an der Kraftwerkszentrale.

Die früher einmal geplante Verlängerung ins Haslital nach Guttannen konnte nie realisiert werden. Und auch neuere Ideen, im Zusammenhang mit dem Furka-Tunnel der FO [➤ 610] einen Grimsel-Tunnel zu bauen und durch ihn eine schmalspurige Verbindung von Luzern bis nach Graubünden und vom Matterhorn bis zur Jungfrau herzustellen, sind wieder zu den Akten gewandert.

Bei einer Fahrt mit der MIB sollte man eine Wegstrecke als Spaziergang einplanen, in den man die parallel zum Kirchet-Tunnel verlaufende, 1,4 km lange *Aareschlucht [➤ 470] einbeziehen kann.

MIB Meiringen-Innertkirchen-Bahn

Eröffnet:	1926 (1946)	Stromart:	Gleichstrom 1200 V
Streckenlänge:	5 km	max. Neigung:	20 ‰
Spurweite:	1000 mm	Depot:	Innertkirchen

Fahrzeuge: Ein als Einzelstück gebauter Triebwagen Be 4/4 hat 1996 die als Occasion von der deutschen OEG (Oberrheinische Eisenbahn-Gesellschaft) stammenden alten Triebwagen abgelöst.

---

475 ✳   BRB
Brienz–Rothorn (8 km)

Die 1892 eröffnete Zahnradbahn auf das Brienzer Rothorn ist heute die einzige Bahn der Schweiz, auf der während der sommerlichen Betriebsperiode noch täglich Dampflokomotiven im fahrplanmässigen Einsatz sind. Im Grunde verdankt sie dies dem eher unglücklichen Umstand, dass sie beim Ausbruch des Ersten Weltkrieges bis zum Sommer 1931 ihren Betrieb wegen mangelnder Erträge einstellen musste, denn in diese Jahre fiel die grosse Elektrifizierungs-Phase der Schweizer Eisenbahnen. Inzwischen ist jedoch der Dampfbetrieb zu einem so wichtigen Anziehungspunkt für Eisenbahnfreunde und Touristen geworden, dass die BRB zu ihrem hundertjährigen Jubiläum sogar neue Dampflokomotiven beschafft hat.

Die Talstation in Brienz (566 m ü.d.M.) liegt direkt gegenüber dem SBB-Bahnhof der Brünigbahn [➤ 470] am Berghang. Am etwas höher liegenden Depot vorbei geht es steil aufwärts. Schon bald weitet sich der Blick auf den See hinunter, über dem Südufer ragen die Gipfel von Axalphorn, Wildgärst und Faulhorn auf. Über Bergwiesen erreichen wir bei km 2 die Kreuzungsstelle Geldried (1019 m ü.d.M.). Kurz hinter dem knapp 100 m langen Erd-Tunnel passieren wir den Fluh-Tunnel, mit 290 m der längste Bergdurchstich und als Besonderheit mit drei Talfenstern versehen.

Auf der Planalp (1341 m ü.d.M.) liegt bei km 4 die Mittelstation, hier müssen die Dampflokomotiven Wasser fassen. Für grössere und kleinere Bergwanderungen ist die Planalp ein beliebter Ausgangspunkt, der zum Teil steile Fussweg zurück nach Brienz verläuft weitgehend parallel zur Strecke der Rothornbahn. Durch die karger werdende Landschaft steigen wir weiter, wechseln zweimal die Hangseite und durchfahren in weitem Bogen die grosse Mulde unterhalb des Gipfels.

Nach der letzten Ausweichstelle Oberstaffel (km 6, 1819 m ü.d.M.) führt die Strecke über die nackten Felsen des steilen Südhangs zur Bergstation Rothorn Kulm (2244 m ü.d.M.), die wir nach einer runden Stunde Fahrzeit erreichen. Der

BRB Brienz-Rothorn-Bahn

Eröffnet:	1892	Betriebsart:	Zahnrad, System Abt
Streckenlänge:	8 km	max. Neigung:	250 ‰
Spurweite:	800 mm	Depot:	Brienz

Die BRB verkehrt nur während der Sommermonate, von etwa Mitte Oktober bis Mitte Juni herrscht Betriebsruhe.
Fahrzeuge: Von den alten Dampflokomotiven der Gattung H 2/3 stammen fünf noch aus den Jahren 1891/92, zwei etwas stärkere Loks wurden 1933 bzw. 1936 in Betrieb genommen. In den siebziger Jahren wurden zusätzlich Diesellokomotiven Hm 2/2 angeschafft. Spektakulär war die gemeinsam mit der SLM (*Schweizerische Lokomotiv- und Maschinenfabrik*) betriebene Entwicklung einer neuen, ölgefeuerten Dampflok. Drei dieser Lokomotiven sind von der BRB ab 1992 beschafft worden, weitere wurden von der MTGN [➤ 121] und österreichischen Bergbahnen in Dienst gestellt.

herrliche Panoramablick vom ***Brienzer Rothorn** reicht bei klarem Wetter von den Appenzeller bis zu den Walliser Alpen.

Für den Rückweg gibt es eine reizvolle Alternative: Am Nordhang des Rothorns führt eine Luftseilbahn [2505] hinunter nach Sörenberg-Schönenboden, von dort bestehen Postautoverbindungen ins Entlebuch nach Schüpfheim an der SBB-Strecke Bern–Luzern [➤ 460] und im Sommer über die ***Panorama-Strasse** hinab nach Giswil an der Brünigbahn [➤ 470]. Eine schöne Wanderung führt von Rothorn Kulm über den Aussichtspunkt Arnihaaggen zum Schönbüel, von dort gelangt man mit der Luftseilbahn [2520] hinab nach Lungern [➤ 470].

480   LSE
Luzern–Stans–Engelberg (33 km)

1898 eröffnete die damalige StEB *(Stansstad-Engelberg-Bahn)* ihre Schmalspurstrecke mit gemischtem Adhäsions- und Zahnrad-Betrieb. Die mit Drehstrom elektrifizierte Bahn hatte ihren Ausgangspunkt bei der Dampferanlegestelle in Stansstad, eine Schienenverbindung zu anderen Bahnen bestand nicht. Mitte der fünfziger Jahre geriet die StEB in wirtschaftliche Schwierigkeiten, die nur mit einer umfassenden Sanierung überwunden werden konnten. Durch die Verlängerung der Strecke und den Bau des Lopper-Tunnels wurde endlich der lange geplante Anschluss an die Brüniglinie [➤ 470] in Hergiswil und damit die direkte Verbindung mit Luzern hergestellt und 1964 konnte unter dem neuen Namen LSE *(Luzern-Stans-Engelberg-Bahn)* die rundum erneuerte und zudem auf das Wechselstromsystem der SBB umgestellte Bahn wieder eröffnet werden.

Für den ersten Teil unserer Reise benutzen wir ab Luzern bis Hergiswil die Strecke der SBB-Brünigbahn [➤ 470]. Dort zweigen wir durch den 1743 m langen Lopper-Tunnel II von der rechterhand weiter nach Interlaken führenden Strecke ab und überqueren auf der Acheregg-Brücke parallel zur Autobahn die Enge zwischen Vierwaldstätter See und Alpnacher See. Bei km 11 erreichen wir Stansstad, den alten Endpunkt der StEB. Bereits 1893 war eine von hier nach Stans führende Trambahn der StSt *(Strassenbahn Stansstad-Stans)* eröffnet worden. Sie diente als Zubringer von der Dampferanlegestelle zur Talstation der in drei Sektionen auf das Stanserhorn führenden Standseilbahn und wurde 1903 eingestellt.

LSE Luzern-Stans-Engelberg-Bahn

Eröffnet:	1898 (1964)
Streckenlänge:	25 km
Betriebsart:	Adhäsion/Zahnrad, System Riggenbach
Stromart:	Wechselstrom 15 kV 16 2/3 Hz
	(bis 1964 Drehstrom 850 V 33 Hz)
max. Neigung:	Adhäsion 51 ‰
	Zahnrad 248 ‰
Depot:	Stansstad

Fahrzeuge: Die Zahnrad-Triebwagen BDeh 4/4 von 1964 sind für den Lokalverkehr Stans-Luzern um zwei Adhäsions-Gepäcktriebwagen ergänzt worden, die als Occasion von der Brünigbahn übernommen wurden. Mit der Gm 4/4 »Jumbo« steht auch eine schwere Diesellokomotive zur Verfügung.

Wir überqueren die Autobahn und kommen bei km 14 nach Stans (451 m ü.d.M., 5000 Einwohner), dem hübschen Hauptort des Halbkantons Nidwalden. Neben dem barocken ***Dorfplatz** sind die Pfarrkirche und das Rathaus beachtenswert. Von der schon erwähnten Standseilbahn ist der Abschnitt Stans–Kälti noch in Betrieb, die beiden oberen Sektionen sind 1974 durch eine Luftseilbahn ersetzt worden [2550]. Vom 1901 m hohen ***Stanserhorn** bietet sich ein hervorragender Rundblick über den Vierwaldstätter See und die Gipfel der Urner, der Unterwaldner und der Berner Alpen.

Die Strecke steigt nun durch das bewaldete Tal der Engelberger Aa langsam an, bei km 20 passieren wir Wolfenschiessen mit dem markanten Höchhaus aus dem 16. Jh. und typischen Unterwaldner Bauernhäusern. In Obermatt (km 28, 675 m ü.d.M.) beginnt die knapp 2 km lange Zahnstangenstrecke, auf der wir fast 300 m Höhe gewinnen. Seit Jahren gibt es Pläne, die bis zu 248 ‰ steile Strecke durch einen Tunnel mit geringerer Steigung zu ersetzen, da hiermit dem wachsenden Verkehrsbedürfnis besser Rechnung getragen werden könnte. In einer weiten Talmulde erreichen wir unser Ziel Engelberg (999 m ü.d.M., 3500 Einwohner). Am entgegengesetzten Ende des lebhaften Ferienortes liegt die ***Benediktinerabtei** mit eindrucksvoller Barockkirche und einem reichen Kirchenschatz. Die Bibliothek besitzt wertvolle Handschriften mit hervorragenden Beispielen mittelalterlicher Buchmalerei. Besonders zu empfehlen ist eine Fahrt auf den ***Titlis**. Eine Luftseilbahn [2535] führt zum Gipfel des Kleintitlis (3020 m ü.d.M.), dem höchsten Aussichtspunkt der Zentralschweiz. Als erste Seilbahn der Alpen besitzt sie sich während der Fahrt drehende Panorama-Gondeln. Die Zwischenstation Trübsee (1790 m ü.d. M.) erschliesst ein beliebtes Wander- und Wintersportgebiet. Eine etwas ausgefallene Rundtour ist im Sommer möglich: Mit der Sesselbahn [2537/2538] über den Joch-Pass zum Engstlensee und nach einer kleinen Wanderung über die schöne ***Engstlenalp** mit dem Postauto hinunter nach Meiringen an der Brüniglinie [➤ 470].

500   SBB
Basel–Olten (39 km)

Von Basel, dem nördlichen »Tor zur Schweiz«, zum Eisenbahn-Knotenpunkt Olten [➤ 450] führt uns diese Strecke, die zu den am dichtesten befahrenen der Schweiz gehört. Die früher mit ihr gemeinsam dargestellte Fortsetzung nach Luzern erhielt vor einigen Jahren eine eigene Kursbuchtabelle [➤ 510].

Das erste Teilstück Basel-Liestal konnte von der damaligen SCB *(Schwei-zerische Centralbahn)* im Jahre 1854 als zweite Eisenbahnstrecke der Schweiz eröffnet werden. Bis 1858 war dann die Strecke bis Olten fertiggestellt, sie führ-te allerdings von Sissach aus noch über Läufelfingen und durch den knapp 2500 m langen ersten Hauenstein-Tunnel. Heute führt sie über Gelterkinden und durch den 8134 m langen Hauenstein-Basistunnel, der 1916 in Betrieb genom-men wurde und dessen Scheitelpunkt gut 100 m tiefer liegt als der alte Tunnel. Die alte Strecke [503] wird künftig wieder für den Regionalverkehr genutzt, der zunächst auf Busbetrieb umgestellt worden war.

Zur Zeit im Bau befindet sich eine Neubaustrecke zwischen Muttenz und Lie-stal. Die mit vielen Problemen verbundene Bohrung des etwa 5 km langen Adlertunnels konnte zwar im Februar 1998 endlich abgeschlossen werden, mit der Fertigstellung der Strecke, die der Entflechtung der Zugverkehre Basel–Ol-ten und Basel–Zürich [➙ 700] dienen soll, ist aber vor dem Jahre 2001 nicht zu rechnen. Und die im Konzept »Bahn 2000« vorgesehene Fortführung der Neu-baustrecke bis Olten ist sogar völlig in Frage gestellt.

Drehscheibe Basel

Im internationalen Schienenverkehr ist Basel der wichtigste Knotenpunkt der Schweiz und hatte zudem schon vor Baden und Zürich innerhalb seiner damals noch tatsächlich vor-handenen Stadttore eine Bahn-Station aufzuweisen: Bereits 1844, also drei Jahre vor der Eröffnung der ersten Schweizer Bahnstrecke Zürich-Baden [➙ 650], wurde der Bahnhof Ba-sel-St. Johann eingeweiht, allerdings endeten dort nur die aus aus Mulhouse kommenden Züge der französischen Chemin de fer Strasbourg-Bâle.

Endpunkt der 1854 als zweite Eisenbahn der Schweiz von der SCB (Schweizerische Cen-tralbahn) eröffneten Strecke Basel–Liestal [➙ 500] und ihrer Fortführungen über Olten nach

500 – Basel ist die Drehscheibe für den internationalen Schienenverkehr und der SBB-Bahnhof ist meist die erste Station der Eisenbahnfreunde aus Deutschland und den Niederlanden

Bern [➤ 450] und Luzern [➤ 510] war zunächst ein provisorischer Bahnhof an der Langen Gasse. 1855 erreichte die Eisenbahn Basel auch aus dem Norden; die aus Mannheim über Freiburg führende Strecke der Badischen Staatsbahn wurde in diesem Jahr von Haltingen bis zum in Kleinbasel erbauten Badischen Bahnhof verlängert, von dort wurde zunächst nur auf der deutschen Rheinseite in Richtung Bodensee weitergebaut.

Basel besass nun drei Bahnhöfe, zwischen denen jedoch noch keine Verbindung bestand. Diese wurde 1860 durch den neuen Centralbahnhof (heute »Basel SBB«) geschaffen, in den zunächst die SCB-Strecke und die inzwischen der französischen Chemins de fer de l'Est gehörende Strecke aus dem Elsass mündeten. Durch den Bau einer den Rhein überquerenden Verbindungsbahn wurden 1873 auch die badischen Strecken mit dem Centralbahnhof verknüpft, wo seither die aus Deutschland kommenden Fernzüge Kopf machen. Zu dieser Zeit mündete in den Badischen Bahnhof auch schon die über Riehen führende private Wiesenthalbahn.

1875 wurden schliesslich die von Basel ausgehenden Strecken noch um die Route der JB (Jura bernois) nach Delémont [➤ 230] und die über Stein-Säckingen und Brugg [➤ 700] den Weg nach Zürich verkürzende BöB (Bötzbergbahn) ergänzt. Um dem Güterverkehr den Umweg über Basel SBB zu ersparen, wurde 1927 eine Direktverbindung vom Badischen Bahnhof zum Rangierbahnhof Muttenz fertiggestellt.

Wir verlassen Basel in östliche Richtung und passieren schon bald den Rangierbahnhof in Muttenz. Mit insgesamt 82 Gleisen ist er der grösste Rangierbahnhof der SBB. Der Abschnitt I für den Nord-Süd-Verkehr wurde 1933 gebaut, 1976 folgte Muttenz II für den Verkehr in Gegenrichtung. Hinter Pratteln (km 8), dem Firmensitz der 1997 vom Adtranz-Konzern übernommenen Waggonbau-Firma Schindler, zweigen wir in südöstliche Richtung von der nach Zürich führenden Linie [➤ 700] ab und erreichen auf ansteigender Strecke bei km 14 Liestal, den Hauptort des Halbkantons Basel-Land und Ausgangspunkt der Schmalspurbahn nach Waldenburg [➤ 502].

Hinter Sissach zweigt bei km 23 rechterhand die alte Hauensteinstrecke [503] ab. Die 1891 eröffnete schmalspurige Überlandbahn SG *(Sissach-Gelterkinden)* wurde 1916 stillgelegt, nach der VMCV [➤ 112] war sie die zweite Bahn der Schweiz mit elektrischem Betrieb. Den Hauenstein-Basistunnel erreichen wir hinter Tecknau bei km 29.

An seinem südlichen Ende überqueren wir die Aare, treffen wieder auf die alte Route und vereinen uns dann mit der linkerhand aus Zürich kommenden Strecke [➤ 650], um zusammen den Eisenbahn-Knotenpunkt Olten [➤ 450] zu erreichen.

---

502 WB
Waldenburg–Liestal (13 km)

Die WB (Waldenburger Bahn) eröffnete 1880 ihre von Liestal entlang der Frenke nach Waldenburg führende Strecke, die mit einer Spurweite von nur 750 mm auch heute noch die schmalspurigste öffentliche Eisenbahn der Schweiz ist. Kostengründe zwangen nicht nur zur Wahl dieser geringen Spurweite; um eine eigene Brücke über die Frenke zu sparen, verlief die Strecke von Liestal bis Altmarkt mittels eines Vierschienen-Gleises innerhalb der normalspurigen Centralbahn-Strecke Basel-Olten. Erst als 1923 die SBB eine neue Betonbrücke baute, wurde die alte Stahlkonstruktion seitlich verschoben und an die WB abgetreten, die damit endlich zu einer eigenen, parallel verlaufenden Strecke kam. 1953 wurde der Betrieb elektrifiziert, im Laufe der Zeit konnte die Strecke auch weitgehend aus der Strasse auf ein eigenes Trassee verlegt werden.

WB Waldenburger Bahn

Eröffnet:	1880	max. Neigung:	38 ‰
Streckenlänge:	13 km	Depot:	Waldenburg
Spurweite:	750 mm	Stromart:	Gleichstrom 1500 V (seit 1953)

Fahrzeuge: Seit einer umfassenden Modernisierung im Jahre 1986 sind auf der WB moderne Pendelzüge mit Triebwagen BDe 4/4 im Einsatz.

In Liestal, dem hübschen Hauptort des Halbkantons Basel-Land (327 m ü.d.M., 13000 Einwohner), steigen wir am hinteren Bahnsteig der SBB-Station [➤ 500] in einen der trambahnähnlichen WB-Pendelzüge. Bis Altmarkt begleiten wir die SBB-Strecke nach Olten und zweigen dann nach Süden ab ins Waldenburger Tal. Wiesen und Felder begleiten die zwischen der Strasse und der Frenke verlaufende Strecke. Hinter Lampenberg (km 6) verengt sich das bewaldete Tal, wir überqueren in Hölstein die Frenke und passieren auf weiterhin leicht ansteigender Strecke die ruhigen Orte Niederdorf und Oberdorf und erreichen nach einer letzten Steigung unser Ziel Waldenburg (518 m ü.d.M., 1300 Einwohner) mit der den Ort überragenden Ruine der Frohburg.

Das Waldenburger Tal ist ein beliebtes Wandergebiet, schöne Wege führen zum Aussichtspunkt Passwang, zur Waldweide und nach Reigoldswil, wo ein zugemauerter Stollen noch an das Projekt der Wasserfallen-Bahn als direkte Verbindung Basel-Solothurn erinnert. Mit dem Postauto können wir über den oberen Hauenstein nach Balsthal fahren, dem Endpunkt der OeBB [➤ 412].

---

505 BLT
Dornach–Basel–Rodersdorf (26 km)

Die von der Stadt Basel ausgehenden schmalspurigen Überlandbahnen des Halbkantons Basel-Land sind seit 1974 in der BLT (Baselland-Transport) zusammengefasst, zu der auch ein umfangreiches Autobus-Netz gehört.

Schon seit ihrer Eröffnung sind die Linien 11 nach Aesch und 14 nach Pratteln von der BVB *(Basler Verkehrsbetriebe)* mitbetrieben worden. Die ehemalige Birsigtalbahn war jedoch als Eisenbahn konzessioniert und obwohl sie als heutige BLT-Linie 10 nun ebenfalls Trambahn-Charakter hat, trägt sie eine eigene Kursbuch-Nummern und soll daher hier kurz vorgestellt werden:

Der erste Abschnitt Basel-Therwil der BTB *(Birsigthalbahn),* wurde 1887 eröffnet, ein Jahr später konnte die Strecke bis Flüh erweitert werden. 1905 wurde der Dampfbetrieb durch die elektrische Traktion mit Gleichstrom 750 V abgelöst. Durch die 1910 fertiggestellte Verlängerung bis Rodersdorf bekam die Bahn sogar einen »internationalen« Rang, da sie seither auf knapp 3 km über französisches Gebiet verläuft und dort im elsässischen Leymen sogar eine eigene Station hat. Eine kuriose Besonderheit ist ein aus Platzgründen ineinanderliegender Doppelspurabschnitt in Binningen. Er kann so zwar immer nur in einer Richtung befahren werden, erspart aber aufwendige Weichen. Neben dem Agglomerationsverkehr von Basel dient die Bahn auch dem Ausflugsverkehr ins obere Leimental.

1902 eröffnete die BEB (Birseckbahn) ihre nach Dornach führende elektrische Tramlinie. Bis zur Kantonsgrenze wurde die Strecke von den Basler Strassenbahnen gebaut, die zunächst auch die Betriebsführung übernahm.

Nach der Fusion zur BLT wurden ab 1978 moderne Gelenk-Tramwagen beschafft und zunächst auf der Birseckbahn, ab 1984 aber auch auf der Birsigtalbahn eingesetzt. Die Endstationen der beiden Linien am Verkehrsknotenpunkt Aeschenplatz und an der Heuwaage wurden 1986 verbunden, seither verkehrt die Linie 10 der BLT als längste Tramlinie Europas von Dornach über Basel nach Rodersdorf, wobei lediglich der letzte Abschnitt ab Hüslimatt noch im signalgesteuerten Eisenbahn-Verkehr betrieben wird. Als Ergänzung wurde unter der alten Birsigtal-Liniennummer 17 die Verbindung Ettingen–Oberwil–Basel [506] eingerichtet, sie endet am Wiesenplatz bzw. am Messeplatz im rechtsrheinischen Kleinbasel.

BLT Baselland-Transport

Eröffnet:	1887 (BTB)	Stromsystem:	Gleichstrom 600 V
Streckenlänge:	24 km (Linie 10)	max. Neigung:	50 ‰
Spurweite:	1000 mm	Depots:	Hüslimatt, Arlesheim

Fahrzeuge: Viele der seit 1984 eingesetzten Gelenk-Tramwagen Be 4/6 wurden durch den Einbau eines Niederflur-Mittelteils zu dreiteiligen Be 4/8 umgebaut.

---

510   SBB

Olten–Luzern (56 km)

Vom Eisenbahn-Knotenpunkt Olten ins Herz der Zentralschweiz nach Luzern führt uns diese Strecke, sie bildet zusammen mit der Verbindung Basel–Olten [500] die wichtigste Zufahrtslinie zur Gotthardbahn [→ 600]. Im Jahre 1856 eröffnete die damalige SCB *(Schweizerische Centralbahn)* zusammen mit der Verbindung Aarau–Olten [→ 650] den Abschnitt Olten–Emmenbrücke, erst 1859 konnte auch die restliche Strecke nach Luzern fertiggestellt werden.

Schon bald nachdem wir den Bahnhof von Olten [→ 450] verlassen haben, zweigen rechterhand mit niedrigen Brücken über die Aare zunächst die Strecke nach Biel [→ 410] und dann die Neubaustrecke in Richtung Bern [→ 450] ab. Vorbei an Aarburg mit seiner aufragenden Festung und dem Abzweig der alten Strecke nach Bern erreichen wir bei km 8 Zofingen (437 m ü.d.M., 10000 Einwohner), wo wir auf die aus Aarau kommende Regionalstrecke [→ 504] treffen, auf der nur noch wochentags Zugverkehr herrscht. Sehenswert ist die mittelalterliche Altstadt mit der Stadtkirche, deren gotischer Chor bedeutende Glasmalereien aufweist. Bis Dagmersellen verläuft unsere Strecke weitgehend parallel zur Autobahn A 2, mit gleichmässiger Steigung machen wir dann einen Bogen südlich um den Santenberg und kommen bei km 30 nach Sursee mit seinem ebenfalls noch weitgehend erhaltenen historischen Stadtkern.

Die hier nach Triengen abzweigende ST *(Sursee-Triengen-Bahn)* hat ihren Personenverkehr auf der Schiene schon 1971 eingestellt. Ausser dem Güterverkehr gibt es jedoch noch gelegentliche Sonderfahrten mit Dampfbetrieb.

Am Sempacher See entlangfahrend, haben wir rechterhand einen schönen Blick auf die Waldstätter Alpen mit Rigi und Pilatus. Hinter Emmenbrücke (km 50) stossen wir auf die »Seetalbahn« der SBB [→ 651] und anschliessend auf die Strecken aus Zürich [→ 660] und Bern [460]. Weiter geht es an der Reuss entlang und nachdem auch die Gotthardstrecke [→ 600] zu uns gestossen ist, erreichen wir durch zwei kurze Tunnels unser Ziel, den Kopfbahnhof von Luzern

[→ 600].

ST Sursee-Triengen-Bahn

Eröffnet:	1912 (seit 1971	Stromart:	–
	nur noch Güterverkehr)	max. Neigung:	15 ‰
Streckenlänge:	9 km	Depot:	Triengen
Spurweite:	1435 mm		

Fahrzeuge: Der Güter-Anschlussverkehr wird von zwei Dieselloks Em 2/2 abgewickelt, für Dampf-Sonderzüge stehen zwei ehemalige SBB-Loks der Reihe E 3/3 »Tigerli« zur Verfügung.

600 ✳   SBB
Luzern–Gotthard–Chiasso (225 km)

Eine Fahrt über die ***Gotthardbahn** gehört zu den eindrücklichsten Erlebnissen im an Schönheiten nicht armen Bahnnetz der Schweiz. Mit ihren zahlreichen Tunnels, Brücken und Hangviadukten folgt sie mit Steigungen bis zu 28‰ durch die Täler der Reuss und des Ticino einem schon im 14. Jh. benutzten Alpenübergang. Herzstück der verkehrsreichsten Bahnverbindung zwischen Nord- und Südeuropa ist der 15 km lange Gotthard-Scheiteltunnel. Bei seiner Eröffnung 1882 war er der längste Eisenbahn-Tunnel der Welt und wurde erst 1906 vom Simplon-Tunnel [→ 100] übertroffen.

Nach der Semmering-Bahn (1854), der Brenner-Bahn (1867) und der Mont-Cenis-Strecke (1870) war die Gotthard-Bahn zwar erst die vierte, zugleich aber auch die bei weitem kühnste Alpenüberquerung. Mit ihrem Bau wurde 1872 nach lange währenden Diskussionen über die richtige Linienführung und einem schliesslich 1869 mit Italien und Deutschland abgeschlossenen Staatsvertrag durch die GB (*Gotthard-Bahn*) begonnen. Bereits 1874 konnten die südlichen Talstrecken Biasca–Giubiasco–Locarno und Lugano–Chiasso eröffnet werden. Am 1. Juni 1882 wurde dann die zunächst von Immensee ausgehende Gesamtstrecke bis Chiasso feierlich in Betrieb genommen; gleichzeitig eröffnete die ASB (*Aargauische Südbahn*) mit dem Teilstück Rotkreuz–Immensee die Verbindung Aarau–Arth-Goldau [653]. Die direkte Strecke Luzern–Immensee wurde ebenso wie das den Weg nach Zürich abkürzende Teilstück Zug–Arth-Goldau [→ 601] erst 1887 fertiggestellt.

1909 ist die GB im Zuge der Privatbahn-Verstaatlichungen von der SBB übernommen worden. Die Elektrifizierung der bis 1893 zwischen Erstfeld und Biasca bereits doppelspurig ausgebauten Strecke wurde 1922 abgeschlossen, sie ist damit zum Vorreiter für die weitere Elektrifizierung der SBB mit Wechselstrom 15 kV 16 2/3 Hz geworden. 1965 konnte mit dem Seedamm Melide–Bissone die letzte Doppelspurlücke geschlossen werden. In den sechziger und siebziger Jahren sind zahlreiche Brücken und Hangviadukte erneuert worden, auch der Lawinenverbauung wurde grosse Aufmerksamkeit geschenkt. Für die nahe Zukunft steht der Baubeginn des 57 km langen Gotthard-Basistunnels bevor, über den bereits im einleitenden Abschnitt »Bahn 2000 – Ein Blick nach vorne« berichtet wurde.

Der Regionalverkehr zwischen Flüelen und Göschenen sowie zwischen Airolo und Biasca ist 1994 von der Schiene auf die Strasse verlegt worden. Für die »echten« Eisenbahnfreunde, die ihrem Hobby ohne (oder fast ohne) Auto fröhnen, sind dadurch Besuche so markanter Punkte wie der Kehrschleifen bei Was-

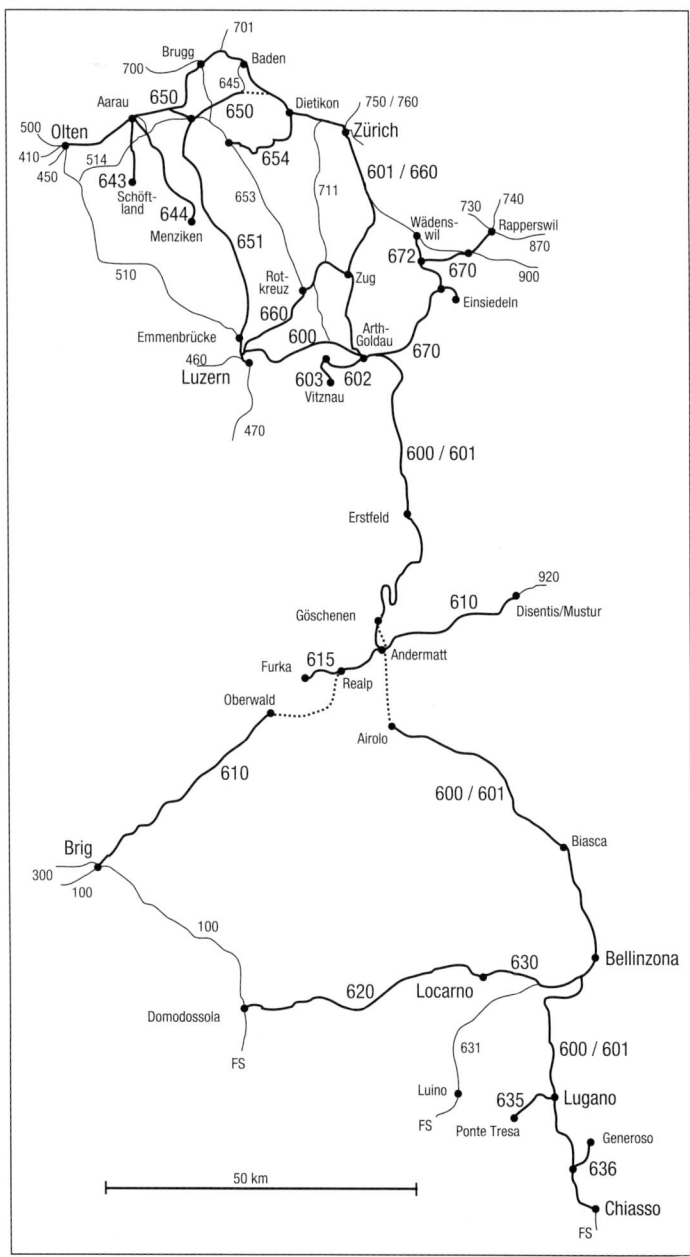

sen oder der Biaschina etwas komplizierter geworden. Wegen Sanierungsarbeiten am Abschnitt Luzern–Meggen, insbesondere am Musegg-Tunnel, wurde dieses Teilstück 1997 völlig gesperrt. Der Fernverkehr wurde über Rotkreuz [→ 660] nach Arth-Goldau umgeleitet und der Regionalverkehr nach Meggen auf Busse umgestellt. Die Bauarbeiten werden sich über zwei Jahre erstrecken, danach fliesst der Gotthardverkehr wieder über die nachstehend beschriebene Strecke.

Luzern

Hauptstadt des gleichnamigen Kantons und traditionsreiche Metropole des schweizerischen Fremdenverkehrs, 436 m ü.d.M., 63000 Einwohner, Tourist Information, Frankenstr. 1, 6006 Luzern, Tel. 041 410 71 71.

In malerischer Lage am Ausgang des Vierwaldstätter Sees gelegen, ist Luzern heute eine moderne Stadt, die dennoch vielerorts ihren historischen Charakter bewahrt hat. Die Neustadt am Südufer der Reuss wird durch die überdachte hölzerne *Kapellbrücke von 1333 mit dem am Hang gegenüber liegenden alten Stadtkern verbunden. Im Norden wird die Altstadt von der Museggmauer mit ihren neun unterschiedlichen Türmen begrenzt. Das Renaissance-Rathaus und die barocke *Jesuitenkirche sind weitere Sehenswürdigkeiten. Die Quais am Nordufer des Sees mit herrlichem Alpenpanorama führen zur Hofkirche und zum geologisch interessanten *Gletschergarten.

Umgebung: Vom per Trolleybus erreichbaren Vorort Kriens führt eine Standseilbahn [2515] auf den 780 m hohen Sonnenberg mit herrlicher Aussicht. In Kriens ist auch die Talstation einer Luftseilbahn [2516/2517], die in zwei Sektionen auf den *Pilatus führt [→ 473]. Die Ausflugsschiffe auf dem Vierwaldstätter See erschliessen viele weitere lohnende Ziele, auch eine Fahrt mit der Rigibahn [→ 602/603] ist mit einer Bootsfahrt Luzern–Vitznau kombinierbar.

Eisenbahn: Der Kopfbahnhof von Luzern ist der wichtigste Eisenbahnknotenpunkt der Zentralschweiz. Das Empfangsgebäude aus dem Jahre 1896 fiel 1971 einem Brand zum Opfer, ein moderner Neubau wurde zwanzig Jahre später fertiggestellt.

Hier enden die Schnellzugstrecken aus Bern [→ 460], aus Olten [→ 500] und aus Zürich [→ 660]. Und hier beginnt die grossartige Gotthardbahn [→ 600] und die von ihr in Arth-Goldau abzweigende Strecke in Richtung Bodensee [→ 670]. Auch die Seetalbahn [→ 650] endet in Luzern. Im östlichen Teil des Bahnhofes nimmt die Brünigbahn nach Interlaken ihren Ausgang [→ 470] sowie die ebenfalls schmalspurige LSE nach Engelberg [→ 480].

Ein Besuch im *Verkehrshaus der Schweiz [→ 460] am Lido ist für den Eisenbahnfreund natürlich unverzichtbar, das Museum ist vom Bahnhof aus in wenigen Minuten mit der Trolleybus -Linie 2, aber auch mit dem Ausflugsdampfer [3600] erreichbar.

Im Kursbuch vergeblich suchen wird man die KLB (Kriens-Luzern-Bahn). Seit 1886 Luzern mit dem Vorort Kriens verbindend, betreibt sie schon seit 1900 keinen Personenverkehr mehr. Sie dient nur noch der Übernahme von Güterwagen und der Verteilung auf die Anschlussgleise der Krienser Industriebetriebe, ihre 4 km lange Verbindung mit dem Bahnhof Luzern führt streckenweise über ein Vierschienengleis gemeinsam mit der schmalspurigen Brünigbahn [→ 470]. Die 1926 mit Gleichstrom 600 V elektrifizierte KLB wurde 1968 auf Dieselbetrieb umgestellt, heute besorgt ein Zweiwege-Fahrzeug den nur noch geringen Betrieb.

Stadtverkehr: Der 1899 eröffnete Trambetrieb, er umfasste Ende der zwanziger Jahre eine Streckenlänge von fast 12 km, wurde 1961 eingestellt; heute verkehren nur noch Busse und Trolleybusse. Auf den Gütsch, Ausgangspunkt für schöne Spaziergänge, führt eine 1884 eröffnete kurze Standseilbahn [1510], die nach ihrer Talstation an der Baselstrasse die hier aus dem Gütsch-Tunnel austretende Bahnstrecke überquert.

Links: Die Kursbuchstrecken 600 bis 672 umfassen das grosse Gebiet der Gotthardbahn, ihrer Zufahrten und den Nebenlinien im Mittelland zwischen Olten, Zürich und Luzern, die Furka-Oberalp-Bahn sowie die Bahnen im Tessin

Wir verlassen den Kopfbahnhof von Luzern, umfahren die Innenstadt und zweigen von den zunächst noch gemeinsam weiterführenden Strecken nach Bern, Olten und Zürich rechterhand ab. Nach Überquerung der Reuss passieren wir den 2107 m langen Musegg-Tunnel. Parallel zum Ufer des Vierwaldstätter Sees verläuft die Strecke leicht oberhalb der Nationalstrasse 2 und von der anderen Seite der Strasse grüssen bald die im Verkehrshaus der Schweiz [→ 460] ausgestellten Schienenfahrzeuge.

Über Meggen und Küssnacht am Rigi erreichen wir in Immensee (km 19) das Südufer des Zuger Sees und den Abzweig der vor allem für den Güterverkehr wichtigen Strecke nach Aarau [653]. Die klassische Kilometrierung der Gotthardbahn beginnt mit dem km 0 hier in Immensee, bei unserer Beschreibung wollen wir uns aber weiterhin am heutigen Ausgangspunkt Luzern orientieren. Im Knotenpunkt Arth-Goldau (km 28, 510 m ü.d.M.) treffen wir auf die aus Zürich kommende Gotthardzufahrt [→ 601] und die aus Rapperswil kommende SOB [→ 670], auf einer gedeckten Brücke quer über den Bahngleisen liegt die Talstation der auf den Rigi führenden Zahnradbahn [→ 602]. Linkerhand sehen wir am Hang des Rossbergs noch die Spuren des gewaltigen Bergrutsches, der 1806 den alten Ort Goldau mit 457 Menschen unter sich begrub.

Am kleinen Lauerzer See vorbeifahrend, sehen wir links vor uns die markanten Gipfel des Grossen und des Kleinen Mythen und kommen bei km 36 zur weitab vom Zentrum liegenden Station des Kantonshauptortes Schwyz (455 m ü.d.M., 12000 Einwohner) mit seiner barocken Pfarrkirche und dem freskengeschmückten Rathaus.

Die seit 1900 von SBB-Bahnhof zur Stadt führende Trambahn wurde 1963 stillgelegt, ebenso die über Ibach nach Brunnen führende Linie der einstigen SStB (*Schwyzer Strassenbahnen*). Brunnen war seit 1905 Ausgangspunkt der über Morschach auf den Axenstein fahrenden Zahnradbahn BRMB, die 1969 stillgelegt wurde.

Hinter Brunnen (km 40) teilt sich die beim Ausbau auf Doppelspur wegen der schwierigen Topografie über 12 km getrennt geführte Strecke und am Steilufer des Urner Sees fahren wir durch mehrere Tunnels weiter südwärts. Gegenüber am Seelisberg liegt die berühmte Rütliwiese, die Keimzelle der Eidgenossenschaft. Bei Sisikon überschreiten wir die Grenze zum Kanton Uri und kommen bei Flüelen (km 52) zum Ende des Urner Sees. Hier zweigt die auch von Postautobussen befahrene Strasse über den 1948 m hoch gelegenen *Klausen-Pass* ab, die in Linthal Anschluss an die über Glarus nach Ziegelbrücke führende Regionalstrecke [736] hat. Die 1906 eröffnete Tramlinie der AF nach Altdorf wurde 1951 eingestellt.

Den Urner Hauptort Altdorf mit seinem Tell-Denkmal passieren wir bei km 55 und erreichen parallel zur Nationalstrasse 2 in Erstfeld (472 m ü.d.M.) den eigentlichen Beginn der *Gotthard-Nordrampe*. Im Depot der SBB werden die schweren Lokomotiven der Reihe Re 6/6 und die mit ihnen in Doppeltraktion eingesetzten Re 4/4 III mehr und mehr von den modernen Re 460 verdrängt, zur Erinnerung an die legendären»Krokodile« der Reihe Ce 6/8 ist die Lok 14270 aus dem Jahr 1921 auf dem Depotgelände als Denkmal aufgestellt.

Die bisher nur mässige Steigungen aufweisende Strecke wird nun mit bis zu 28 ‰ merklich steiler. Hinter Amsteg mit dem ältesten Bahnstrom produzierenden SBB-Kraftwerk fahren wir über die zum Teil erneuerte, 127 m lange Chärstelenbach-Brücke, linkerhand geht es in das malerische Maderaner Tal. Über die ebenfalls moderne Intschireuss-Brücke, die mit 77 m die höchste Brücke der Gotthardstrecke ist, wechseln wir auf die westliche Seite des enger werdenden Tales und passieren bei km 73 Gurtnellen. Hier und talaufwärts bei Wattingen und in Göschenen wurde die Strecke bei einem Unwetter am 25. August 1987 durch Überschwemmungen und Unterspülungen zerstört. In Rekordzeit wurden

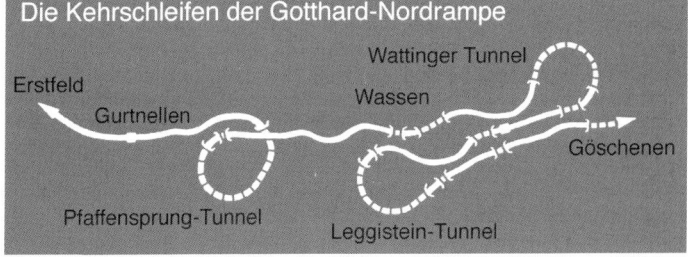

Wattinger Tunnel

Erstfeld

Wassen

Gurtnellen

Göschenen

Pfaffensprung-Tunnel

Leggistein-Tunnel

die Unterbrechungen beseitigt und am 12. September konnte der Betrieb zunächst provisorisch wieder aufgenommen werden.

Hinter Gurtnellen (738 m ü.d.M.) liegt der 1476 m lange Pfaffensprung-Kehrtunnel und bald folgt die berühmte Doppelschleife von Wassen (km 81, 928 m ü.d.M.) mit ihren beiden Kehrtunnels. Dreimal überqueren wir hier die vom Sustenpass herabfliessende Maienreuss, die unterste Brücke liegt eingezwängt zwischen dem Mühle-Tunnel und dem Kirchberg-Tunnel noch unterhalb der als Orientierungspunkt bekannt gewordenen barocken Dorfkirche.

Wir queren nun die Reuss, fahren im Halbkreis durch den Wattinger Kehrtunnel und wechseln unmittelbar danach wieder auf die westliche Talseite. Vorne über uns können wir einen kurzen Blick auf die noch zu erwähnende Tunnelbrücke über den Rohrbachgraben werfen und nach einem weiteren Tunnelstück passieren wir auf unserer nun in nördliche Richtung verlaufenden Strecke den Bahnhof von Wassen.

Vor der Verlegung des Regionalverkehrs auf die Strasse sind hier immer wieder einmal Reisende – der Autor selbst nicht ausgenommen – falsch eingestiegen, da die nach Luzern und Zürich führenden Züge von Wassen aus in südliche Richtung rollen, die Züge ins Tessin jedoch nach Norden. Es folgt eine Lawinengalerie, nach der wir rechterhand zum zweitenmal das auf einem kleinen Hügel liegende Kirchlein erblicken und ebenfalls zum zweitenmal die Maienreuss überqueren. Der Leggistein-Kehrtunnel bringt uns wieder in die »richtige« Fahrtrichtung und wenn wir dann gleich hinter dem Tunnelportal zum drittenmal die Maienreuss überqueren, haben wir gegenüber der untersten Brücke etwa 200 Höhenmeter gewonnen. Links unter uns sehen wir noch einmal die Kirche von Wassen.

Leider ist das einst malerische Tal durch den Bau der Gotthard-Autobahn mit einem breiten Betonband durchzogen worden, im Vergleich dazu nimmt sich die Bahnstrecke regelrecht bescheiden aus. Wir passieren nun die 1983 fertiggestellte Brücke über den Rohrbachgraben, die zwar auch nicht gerade eine Zierde für die Landschaft, technisch aber äusserst beeindruckend ist: Es ist weltweit die erste Tunnelbrücke, durch die die Bahn vor den hier häufig niedergehenden Lawinen geschützt wird. Der massiven, völlig geschlossenen Betonröhre der eigentlichen Brücke mit einer Länge von fast 90 Metern sind kurze Lawinengalerien vor- und nachgeordnet. Direkt im Anschluss an die Brücke, die von den Reisenden von einem gewöhnlichen Tunnel kaum zu unterscheiden ist, durchfahren wir den 1570 m langen Naxbergtunnel, den letzten der Gotthard-Nordrampe.

Bei km 89 erreichen wir den grosszügig dimensionierten Bahnhof von Göschenen (1106 m ü.d.M.). Draussen vor dem Empfangsgebäude endet die schmalspurige Schöllenenbahn der FO aus Andermatt [➤ 610]. Hier hält auch das in den Sommermonaten über den 2224 m hoch gelegenen **Sustenpass** 137 nach Meiringen [→ 470] verkehrende Postauto. Unmittelbar am Ende des Bahnhofs liegt das Nordportal des 15 km langen *Gotthard-Tunnels*, seine imposante Wirkung wird noch verstärkt durch das benachbarte Portal für zwei im Berg liegende Ausziehgleise. Rechterhand zieht sich die steile Zahnstangenstrecke der FO zur Schöllenenschlucht hinauf und oberhalb des Tunnelportals verläuft am Berghang eine Stichstrecke der Schöllenenbahn zur nur wenig benutzten Umladeanlage.

Im Tunnel passieren wir bei Streckenkilometer 98 den 1151 m ü. d. M. gelegenen Scheitelpunkt der Gotthardbahn. Nach einer Fahrzeit von etwa zwölf Minuten kommen wir bei km 104 in Airolo (1142 m ü. d.M., 2000 Einwohner) wieder an das Tageslicht. Airolo ist die höchstgelegene Station im Netz der SBB, aber auch die tiefstgelegene SBB-Station, Riazzino-Cugnasco an der Strecke Bellinzona–Locarno [→ 630], liegt im Bereich der Gotthardbahn. In Airolo enden auch der Autobahn-Tunnel und die serpentinenreichen alten Strassen über den 2108 m hoch gelegenen *St. Gotthard-Pass*. Für eine reizvolle Rundfahrt können wir von hier das im Sommer über den Pass verkehrende Postauto nach Andermatt benutzen, wo wir wieder auf die schmalspurige FO [→ 610] treffen. Die durch das romantische Val Bedretto und über den 2440 m hoch gelegenen *Nufenen-Pass* nach Oberwald führende Alpenpost-Strecke trifft dort im Goms ebenfalls auf die FO.

Wir verlassen Airolo, überqueren erstmals den Ticino und treten unsere Fahrt talwärts durch das Valle Leventina an. Bis Bellinzona haben wir nun eine Höhendifferenz von 900 m vor uns. Von Ambri-Piotta (km 112) führt die mit 878 ‰ steilste Standseilbahn Europas [2603] hinauf zum Ritom-Stausee und in das schöne Val Piora. Die ehemalige Baubahn des SBB-Kraftwerkes Ritom wird auch heute noch als einzige Standseilbahn von der SBB betrieben, im Gegensatz zu den üblichen Konstruktionen wie beispielsweise der BLM [→ 313] oder der SATEB [→ 132] besitzt sie nur eine einzelne Kabine. Die Talstation liegt knapp 10 Gehminuten talaufwärts auf der anderen Seite der N2 und das SBB-Kraftwerk dort besitzt als besondere Kuriosität ein niveaugleich über die Autobahn führendes, allerdings äusserst selten benutztes Anschlussgleis.

Hinter Rodi-Fieso (km 117, 942 m ü.d.M.) beginnt im Dazio Grande der eindrucksvollste Abschnitt der *Gotthard-Südrampe*. Das Tal verengt sich zur Piottino-Schlucht und wir durchfahren zunächst den in der linken Bergflanke liegenden Freggio-Kehrtunnel und dann den talabwärts auf der anderen Seite des

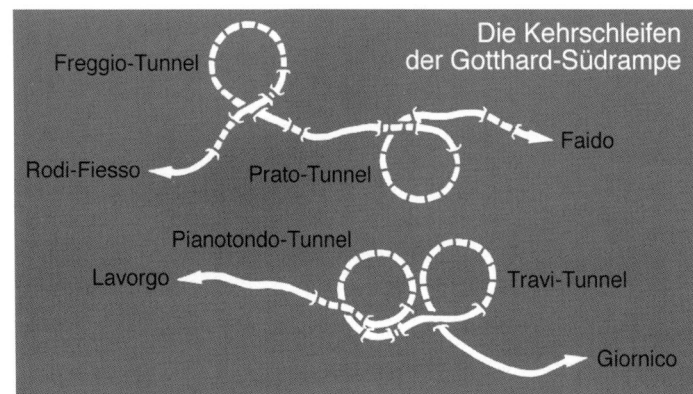

Die Kehrschleifen der Gotthard-Südrampe

Freggio-Tunnel

Faido

Rodi-Fiesso   Prato-Tunnel

Pianotondo-Tunnel

Lavorgo   Travi-Tunnel

Giornico

Ticino liegenden Prato-Kehrtunnel, der uns zum fast 200 m tiefer liegenden Faido (km 125), dem Hauptort der Leventina, bringt. Der Baustil wie auch die Vegetation vermitteln hier bereits einen recht südländischen Eindruck.

Hinter Lavorgo (615 m ü.d.M.) passieren wir in einer weiteren Steilstufe abermals zwei Kehrtunnel, bei Eisenbahnfreunden als ***Biaschina-Schlaufen** bekannt. Wir fahren zunächst durch den La-Lume-Tunnel und über ein Viadukt, von dem aus wir rechts unter uns den weiteren Streckenverlauf erkennen können und tauchen dann in den Pianotondo-Kehrtunnel ein. Am Hang entlang geht es neben der in Serpentinen talwärts führenden Kantonalstrasse dem unmittelbar benachbarten Travi-Kehrtunnel entgegen, nach dessen unterem Portal wir den Ticino queren und zurückblickend über uns die beiden eben durchfahrenen »Etagen« unserer Strecke noch einmal sehen können.

Bei km 141 erreichen war das nur noch 391 m ü.d.M. liegende Giornico mit der schönen romanischen Kirche ***San Nicolao**. Durch das sich weitende Tal kommen wir bei km 151 nach Biasca (293 m ü.d.M., 3500 Einwohner), dem Endpunkt der Südrampe. Von hier führte bis zu ihrer Einstellung 1973 die schmalspurige BA (*Biasca-Acquarossa*) ins Valle di Blenio. Mit dem Postauto können wir über den ***Lukmanier-Pass** (1916 m ü.d.M.) nach Disentis/Mustér fahren, wo wir auf die FO und die RhB [➤ 920] treffen.

Den Ticino talabwärts begleitend, erreichen wir im hier Riviera genannten Talabschnitt bei km 166 Castione-Arbedo. Bis hinauf zum bündnerischen Mesocco führte von Bellinzona einst die schmalspurige BM (*Ferrovia elettrica Bellinzona-Mesocco*), heute gibt es bei der seit 1942 zur RhB [➤ 910] gehörenden Bahn nur noch gelegentlichen Güterverkehr auf dem Teilstück Castione–Cama, der Personenverkehr wurde schon 1972 eingestellt. Stattdessen treffen wir auf eine Postauto-Linie, die durch das Misoxer Tal über San Bernardino und das Tal des Hinterrheins nach Thusis und Chur [➤ 920] führt.

Bellinzona (241 m ü.d.M., 17000 Einwohner), den Hauptort des Kantons Tessin, erreichen wir bei km 170. Von weitem schon fallen die drei das Stadtbild überragenden ***Burgen Grande, Montebello** und **Sasso Corbaro** ins Auge. Sehenswert sind auch die Kirchen SS. Pietro e Stefano und S. Maria delle Grazie mit schönen Renaissance-Fresken. Für den Eisenbahnfreund ist Bellinzona wegen des grossen Depots, des Rangierbahnhofs S. Paolo und der SBB-Hauptwerkstätte von Interesse.

In Giubiasco (km 173) zweigen rechterhand die im Talboden über Cadenazzo nach Locarno und nach Luino führenden Strecken [➤ 630] ab. Die Gotthardbahn jedoch steigt mit schönen Ausblicken auf die Tessiner Alpen und den Lago Maggiore zum Monte Ceneri hin wieder kräftig an und führt nach einer langen Rampe durch zwei parallele, einspurige Tunnels zum Scheitelpunkt Rivera-Bironico (km 184, 472 m ü.d.M.). Talabwärts geht es dann nach Lugano, dessen hochgelegenen Bahnhof wir bei km 199 erreichen.

Lugano

Grösste Stadt und touristisches Zentrum des Tessins, 272 m ü.d.M., 28000 Einwohner, Ente turistico Lugano e dintorni, Piazza della Riforma, 6900 Lugano, Tel. 091 921 46 64, Fax 091 922 76 53.

In sanfter Terrassenlage an einer Bucht des Lago di Lugano ansteigend, macht die Stadt einen recht südländischen Eindruck. Sehenswert sind die Kathedrale S. Lorenzo mit einer Renaissance-Fassade aus Marmor, die ***Fresken** aus dem 16. Jh. in der Kirche S. Maria degli Angioli, das klassizistische Rathaus und der prächtige ***Stadtpark** mit Palmen und modernen Skulpturen am Ufer des Sees. Auch die private ***Kunstsammlung Thyssen-Bornemisza** in der Villa Favorita ist trotz der Weggabe vieler Arbeiten nach Madrid immer noch besuchenswert.

Umgebung: Zum *Monte Brè (925 m ü.d.M.) mit herrlicher Aussicht auf die Stadt, den zerklüfteten See und die Berglandschaft führt von Cassarate aus in zwei Sektionen eine Standseilbahn [2653]. Eine weitere »Funicolare« führt vom Ortsteil Paradiso auf den 912 m hohen *San Salvatore [2652], die Talstationen beider Bahnen sind vom Zentrum aus per Trolleybus zu erreichen, im Vorortbahnhof Paradiso halten auch die SBB-Regionalzüge nach Chiasso. Das eng an die steile Bergwand des Nordufers gelehnte Fischerdorf *Gandria ist per Autobus, im Sommer aber auch mit dem Schiff [3607/08] erreichbar. Einen Ausflug wert ist auch das ebenfalls per Bus und per Schiff [3606] zu besuchende altertümliche Städtchen *Morcote; für eine Rundreise ist die Weiterfahrt per Schiff nach Ponte Tresa möglich, von dort mit der FLP [➙ 635] zurück nach Lugano. Die Berglandschaft des *Malcantone ist durch mehrere Buslinien erschlossen.

Eisenbahn: Dem SBB-Bahnhof gegenüber liegt die Endstation der schmalspurigen FLP nach Ponte Tresa [➙ 635]. Die einst nach Tesserete führende Überlandbahn der LT ist 1967 stillgelegt worden, drei Jahre später fuhren auch auf der ebenfalls schmalspurigen LCD über Cadro nach Dino die letzten Züge.

Stadtverkehr: Direkt vom Hausbahnsteig der SBB-Station führt eine kurze Standseilbahn [2650] hinunter ins Stadtzentrum. Die 1896 eröffnete und ursprünglich unter doppelter Fahrleitung mit Drehstrom betriebene Trambahn der TEL *(Tramvie elettriche Lugano)* wurde schon 1959 von Trolleybussen und Bussen verdrängt.

Von Lugano aus fahren wir in einem Bogen um den »Arme-Leute-Vorort« Paradiso und am Westufer des Sees entlang geht es weiter nach Melide (km 205), dort können wir in der Modell-Anlage *Swissminiatur die wichtigsten Schenswürdigkeiten der Schweiz auf kleinstem Raum erleben, im Masstab 1:25 und einschliesslich einer dazu passenden Modelleisenbahn. Unsere Strecke überquert nun den Lago di Lugano auf dem 817 m langen Seedamm und zieht sich am Ostufer entlang nach Capolago (km 213), den Ausgangspunkt der auf den Monte Generoso führenden Zahnradbahn MG [➙ 636]. Die früher einmal vom benachbarten Riva San Vitale über Capolago und Mendrisio nach Chiasso führende schmalspurigc TEM *(Tram elettriche mendrisiensi)* wurde 1950 eingestellt.

Wir kommen nach Mendrisio, dem Ausgangspunkt der kurzlebigen FMS *(Ferrovia Mendrisio-Stabio)*, die 1926 eröffnet wurde, als grenzüberschreitende Nebenstrecke geplant war und nach der nicht zustande gekommenen Weiterführung durch die norditalienische Privatbahn FNM *(Ferrovie Nord Milano)* schon 1928 wieder stillgelegt worden ist. Weiter geht es nach Balerna, wo die Gleise zum grossen Rangierbahnhof Chiasso abzweigen und bei km 225 gelangen wir schliesslich zum Endpunkt der Gotthardbahn, dem buchstäblich auf der Grenze nach Italien liegenden Bahnhof von Chiasso (238 m ü.d.M., 8500 Einwohner). Hier wurde 1989 das erste elektronische Stellwerk der Schweiz in Betrieb genommen. Durch den Monte-Olimpino-Tunnel und das nur 6 km entfernte Como führt die ab Chiasso mit Gleichstrom elektrifizierte Strecke auf italienischem Boden weiter in Richtung Milano.

601 ✳   SBB
Zürich–Zug–Gotthard–Chiasso (242 km)

Eine eigene Kursbuch-Strecke für die ab oder über Zürich verkehrenden Gotthard-Züge wurde erst vor wenigen Jahren eingerichtet, zuvor waren die Verkehre Zürich–Chiasso und Luzern–Chiasso in einem Feld [➙ 600] zusammengefasst. Damit ist auch die recht »krumme« Nummer 601 zu erklären, die auf den ersten Blick eher eine regionale Nebenstrecke vermuten lässt.

Bei der Eröffnung der Gotthardbahn hatte Zürich zunächst über die 1864 von der damaligen ZZL (*Zürich-Zug-Luzern-Bahn*) eröffnete »Reppischbahn« [⊳ 660] in Rotkreuz Anschluss an die Alpenmagistrale, dort war jedoch umständlich Kopf zu machen. 1897 stellte dann die damalige NOB (*Schweizerische Nordostbahn*) die von ihrer Strecke Zürich–Ziegelbrücke [⊳ 900] in Thalwil abzweigende Verbindung mit Zug fertig, gleichzeitig wurde die von der GB (*Gotthardbahn*) gebaute Fortführung nach Arth-Goldau eröffnet.

Der Abschnitt Zürich–Zug gehört heute zum S-Bahn-Netz der Agglomeration Zürich [⊳ 740], die hier verkehrende S 1 ist im Kursbuch mit den anderen Linien unter der Sammel-Nummer 1700 zusammengefasst. Für eine überwiegend im Tunnel verlaufende zweite Doppelspur Zürich–Thalwil haben die Bauarbeiten im Herbst 1997 begonnen.

Wir verlassen den Zürcher Hauptbahnhof [⊳ 700] in einer weiten Linkskurve und passieren die bei einer Neutrassierung 1927 gebauten Tunnelabschnitte von Wiedikon und Enge gemeinsam mit der nach Chur führenden Linie [⊳ 900]. Sie verläuft hinter Thalwil (km 12) weiter am dichtbebauten Südufer des Zürichsees, während unsere Strecke rechts abzweigend langsam ansteigt. Bei Horgen (km 17) haben wir immerhin schon 75 Höhenmeter gewonnen und weiter geht es durch den knapp 2 km langen Zimmerberg-Tunnel nach Sihlbrugg (km 19), wo wir mit 514 m ü.d.M. den Scheitelpunkt unserer Strecke erreichen. Hier endet die aus Zürich-Selnau kommende Sihltalbahn der SZU [⊳ 712]. Bei der Fahrt durch den 3359 m langen Albis-Tunnel überschreiten wir die Kantonsgrenze und kommen über Baar hinunter nach Zug (km 29) am Nordufer des gleichnamigen Sees.

Im Zentrum der Kantonshauptstadt (425 m ü.d.M., 23000 Einwohner) ist neben den mittelalterlichen Befestigungen die spätgotische **Kirche St. Oswald** sehenswert. Die seit 1907 von Zug nach Schönegg führende ZBB (*Zuger Berg- und Strassenbahn*) wurde 1959 eingestellt; die 1913 von der ESZ (*Elektrische Strassenbahnen im Kanton Zug*) eröffneten, ebenfalls schmalspurigen Linien nach Oberägeri, Menzingen und Thalacker sind bereits 1953 bis 1955 stillgelegt worden.

Hier zweigt rechterhand die Strecke nach Luzern ab [⊳ 660]. Wir verlassen Zug durch einen kurzen Tunnel und am Hang des Zugerbergs entlang fahren wir parallel zum Seeufer nach Süden. Hinter Walchwil (km 39) steigt die Strecke wieder stärker an und über den See hinweg haben wir einen schönen Blick auf die Rigikette. Im Knotenbahnhof Arth-Goldau (km 45) liegen unsere Gleise nördlich des Empfangsgebäudes, während die aus Luzern kommende Strecke südlich davon verläuft. Hier vereinigen sich unsere Routen, der weitere Weg über die Alpentransversale nach Chiasso ist unter der Stamm-Nummer der Gotthardbahn [⊳ 600] nachzulesen.

602 ✳   RB
Arth-Goldau–Rigi (9 km)

Die nach langer Konkurrenz 1992 zur RB (*Rigi-Bahnen*) fusionierten ARB (*Arth-Rigi-Bahn*) und VRB (*Vitznau-Rigi-Bahn*) gehören sicherlich zu Recht zu den bekanntesten Bergbahnen. Einmal abgesehen von der gemischt betriebenen RHB [⊳ 857] und der aus Standseilbahnen entstandenen LO [⊳ 103/104] sind die von dem Bergbahn-Pionier Nikolaus Riggenbach konstruierten Bahnen die einzigen normalspurigen Zahnradbahnen der Schweiz.

Die ehemalige ARB wurde 1875 eröffnet, ihre Strecke begann ursprünglich als Adhäsionsbahn in Arth am Ufer des Zuger Sees. Die bis zum Bahnhof Arth-

RB Rigi-Bahnen
(*bis 1992 Arth-Rigi-Bahn und Vitznau-Rigi-Bahn*)

Eröffnet:	ARB 1875, VRB 1871	Stromart:	Gleichstrom 1500 V
Streckenlänge:	ARB 9 km, VRB 7 km	max. Neigung:	ARB 200 ‰, VRB 250 ‰
Spurweite:	1435 mm	Depot:	Arth-Goldau, Vitznau
Betriebsart:	Zahnrad, System Riggenbach		

Fahrzeuge: Die ältesten noch regelmässig eingesetzten Triebwagen sind die Bhe 2/4 der VRB von 1937 und die ihnen nur äusserlich verwandten BDhe 2/4 der ARB. Mit den Pendelzügen Bhe 4/4 + Bt haben beide Bahnen noch vor ihrer Fusion erstmals gleichartige Fahrzeuge beschafft.
Die beiden Nostalgie-Triebwagen der ARB und die beiden Dampflokomotiven H 2/3 der VRB kommen an Sommerwochenenden in Sonderfahrten zum Einsatz, während die 1996 und 1997 für jeweils wenige Wochen an ihren alten Einsatzort zurückgekehrte Stehkessel-Lokomotive H 1/2 7 von 1873 nun wieder im Verkehrshaus in Luzern

Goldau führende Linie wurde 1881 bis in den Ort hinein verlängert und von der Zahnradbahn getrennt, 1959 ist sie stillgelegt worden. Die Bergbahn wurde 1907 elektrifiziert und zunächst mit Gleichstrom 750 V, ab 1939 mit 1500 V betrieben. Zur ARB gehörte auch das auf Schwyzer Gebiet liegende und an die luzernische VRB [➤ 603] verpachtete Teilstück Rigi Staffelhöhe–Rigi Kulm. Seit 1997 ist die Bahn von der Stillegung bedroht, aus Gründen der Wirtschaftlichkeit soll sie durch eine Luftseilbahn ersetzt werden.

Am Ausgangspunkt Arth-Goldau [➤ 600] liegt die Talstation der RB auf einer gedeckten Brücke quer über dem SBB-Bahnhof, mit dem über die benachbarten Depot-Anlagen eine Gleisverbindung besteht. Die Strecke beschreibt einen Bogen nach Westen und steigt steil am Goldauer Berg empor. In Kräbel passieren wir die Talstation der Luftseilbahn zur Rigi Scheidegg [2568], die früher auch mit der 1942 abgebrochenen schmalspurigen RSB (*Rigi-Kaltbad-Scheidegg-Bahn*) erreicht werden konnte.

Rechterhand fällt der Blick durch den Wald hinunter auf den Zuger See. Ab Rigi Staffel, dort gibt es auch eine Gleisverbindung, verläuft unsere Strecke parallel etwas unterhalb der ehemaligen VRB-Pachtstrecke, mit der wir gemeinsam den 1752 m hoch gelegenen Endbahnhof Rigi Kulm erreichen.

Von der nur wenig entfernten Aussichtsterrasse hat man bei klarem Wetter einen einzigartigen ***Panoramablick**, der über die umliegenden Seen hinweg von den Berner Alpen bis zum Säntis und im Nordwesten sogar bis zum Jura und dem Schwarzwald reicht.

Im Rahmen einer empfehlenswerten Rundreise sollte man den Rückweg hinunter nach Vitznau wählen. Von dort bestehen im Sommer Schiffsverbindungen über den Vierwaldstätter See nach Luzern, es gibt aber auch Bus-Verbindungen zur Gotthardstrecke [➤ 600] nach Brunnen und nach Küssnacht .

603 *   RB

Vitznau–Rigi (7 km)

Die frühere VRB (*Vitznau-Rigi-Bahn*), die 1992 mit der ARB [➤ 602] zur RB (*Rigi-Bahnen*) fusionierte, darf sich mit dem Superlativ der ältesten Zahnradbahn Europas schmücken. 1871 wurde die normalspurige Strecke mit dem nach seinem

Erfinder benannten Riggenbach-Zahnradbahn-System in Betrieb genommen. Sie endete wegen der den Berg teilenden Kantonsgrenze zunächst bei der Station Rigi Staffelhöhe; 1873 wurde die seither als Pachtstrecke der ARB betriebene Verlängerung bis Rigi Kulm fertiggestellt. Die Elektrifizierung der Strecke erfolgte 1937 mit Gleichstrom 1500 V.

Die Talstation in Vitznau (435 m ü.d.M.) liegt zusammen mit der grossen neuen Depothalle unmittelbar am Ufer des Vierwaldstätter Sees. Am Südhang des Rigi steigen wir mit schönen Ausblicken über den See durch den Wald steil empor. Vom Bedarfs-Haltepunkt Freibergen bis Rigi Kaltbad-First ist die Strecke schon seit 1874 zweigleisig ausgebaut.

Hier in Kaltbad begann die 1875 fertiggestellte schmalspurige RSB zur Rigi Scheidegg, die 1931 stillgelegt und elf Jahre später endgültig abgebrochen wurde. Heute endet hier die von Weggis kommende und ebenfalls durch die VRB betriebene Luftseilbahn [2566], die für eilige Leute einen bequemen Weg zurück zum Seeufer darstellt.

Bei Staffelhöhe kommen wir über die bereits erwähnte Kantonsgrenze von Luzern nach Schwyz und treffen in Staffel auf die bis zum gemeinsamen Endbahnhof Rigi Kulm parallel verlaufende Strecke der früheren ARB [➤ 602]. Der beeindruckende **Panoramablick** wurde dort bereits geschildert und die empfohlene Rundtour ist natürlich auch in entgegengesetzter Richtung mit Talfahrt nach Arth–Goldau ebenso möglich.

610 ✳   FO
Brig–Furka–Andermatt–Oberalp–Disentis/Mustér
(96 km)

Die durch die Täler der Rhône, der Reuss und des Rheins führende Schmalspurstrecke der FO (*Furka-Oberalp-Bahn*) ist eine der schönsten und eindrucksvollsten Bahnlinien der Schweizer Alpen und zentraler Abschnitt des nicht nur von Eisenbahnfreunden gerühmten Glacier-Express [➤ 611].

Die wechselvolle Vorgeschichte der erst 1926 fertiggestellten Ost-West-Verbindung begann bereits Mitte des vorigen Jahrhunderts mit dem ersten Projekt einer Grimselbahn, die Luzern über den Brünig-Pass, das Haslital und das Goms mit Brig verbinden sollte. In den neunziger Jahren wurde eine das Wallis mit der Gotthardbahn verbindende Strecke konzessioniert, die durch das Goms und das Val Bedretto nach Airolo führen sollte. Im Bergbahn-Boom der Jahrhundertwende wurden mehrere konkurrierende Projekte schmalspuriger Verbindungen Brig–Gletsch und Visp–Gletsch entwickelt, 1906 kam erstmals eine durchgehende Strecke von Visp bis Disentis zur Verknüpfung von BVZ und RhB ins Gespräch.

Von der überwiegend mit französischem Kapital gegründeten BFD (*Compagnie suisse du chemin de fer de la Furka Brigue-Furka-Disentis*) konnte schliesslich 1915 auf dem Abschnitt Brig–Gletsch der Betrieb aufgenommen werden. Wirtschaftliche Schwierigkeiten führten jedoch 1916 zur Einstellung der Bauarbeiten an der restlichen Strecke und 1923 musste die BFD Konkurs anmelden. Nur mit Bundesmitteln konnte der Betrieb fortgeführt werden. Erst von der auf Initiative der BVZ und der RhB neu gegründeten FO wurde im Sommer 1926 die Strecke nach Disentis fertiggestellt und der durchgehende Betrieb aufgenommen.

1930 schloss die BVZ die Lücke Visp–Brig in der schmalspurigen Verbindung zwischen Zermatt und Graubünden, im gleichen Sommer verkehrte erstmals der Glacier-Express. Bis 1942 dauerte die Dampf-Ära der FO, erst dann wurde der elektrische Betrieb wie bei den Nachbarbahnen RhB [→ 920] und BVZ [→ 140] mit Wechselstrom 11 kV 16 2/3 Hz aufgenommen. 1961 fusionierte die benachbarte Schöllenenbahn [→ 612] mit der FO.

Die in Höhenlagen oberhalb 2000 m ü.d.M. führenden Strecken über die Furka und den Oberalp-Pass konnten zunächst nur im Sommer betrieben werden, von Mitte Oktober bis Ende Mai verkehrten die Züge nur zwischen Brig und Oberwald sowie zwischen Sedrun und Disentis. Bis 1943 wurde auf Drängen des Kriegskommissariates die Oberalpstrecke wintersicher gemacht, auf dem Abschnitt Oberwald-Realp musste jedoch weiterhin der Betrieb eingestellt werden, in jedem Herbst wurden Fahrleitungen an Lawinenhängen abgebaut und die berühmt gewordene Brücke über das Steffenbachtobel demontiert.

1973 begannen die Bauarbeiten am Furka-Basistunnel, der nach vielen Schwierigkeiten 1982 in Betrieb genommen werden konnte und mit 15,442 km der längste schmalspurige Tunnel der Welt und vorerst auch noch der längste rein schweizerische Eisenbahn-Tunnel ist. (Von den knapp 20 km des Simplon-Tunnels [→ 100] liegen mehr als 11 km schon auf italienischem Boden, der Gotthard-Tunnel [→ 600] misst »nur« 15,003 km.) Der nun ganzjährig durchgehende Verkehr nahm damals einen starken Aufschwung, an dem insbesondere der Glacier-Express [→ 611] grossen Anteil hat.

FO Furka-Oberalp-Bahn

Eröffnet:	1915
Streckenlänge:	100 km
Spurweite:	1000 mm
Betriebsart:	Adhäsion/Zahnrad, System Abt
Stromart:	Wechselstrom 11 kV 16 2/3 Hz
max. Neigung:	Adhäsion 40 ‰, Zahnrad 110 ‰,
	Schöllenenbahn 179 ‰
Depots:	Brig, Andermatt, Disentis

Fahrzeuge: Die gemeinsam mit der SBB und der BVZ ab 1985 beschafften Lokomotiven der Gattung HGe 4/4 II haben inzwischen die anlässlich der Elektrifizierung in Dienst gestellten HGe 4/4 I völlig abgelöst, sie bilden zusammen mit den in zwei Serien gebauten Gepäcklokomotiven Deh 4/4 das Rückgrat der Zugförderung. Für den Transport der Autozüge durch den Furka-Tunnel wurden 1980 zwei reine Adhäsions-Loks Ge 4/4 beschafft.

Unsere Fahrt beginnt in Brig [→ 100] auf dem Vorplatz des SBB-Bahnhofes. Hier haben die FO und die BVZ [→ 140] ihren gemeinsamen Endpunkt. Wir unterqueren die Simplon- und die Lötschbergstrecke und überqueren über eine 1996 in Betrieb genommene Hubbrücke, die bei starkem Hochwasser um 1,3 m angehoben werden kann, die Rhône und fahren parallel zu ihr talaufwärts. Gleich hinter Naters (673 m ü.d.M.) erblicken wir rechterhand auf der anderen Seite der Rhône das mächtige Nordportal des Simplon-Tunnels [→ 100]. Wir überqueren die Massa, deren Wasser ein SBB-Kraftwerk für die Simplonbahn speist und passieren die linkerhand am steilen Felshang eingezwängte Kapelle Hohenflüh. Von Mörel (km 7) führen Seilbahnen [2330/2331] auf die Riederalp, einen Ausgangspunkt für schöne Höhenwanderungen, und von Betten (km 10) kann man per Luftseilbahn und Gondelbahn [2337ff.] zur Bettmeralp und weiter zum Bettmerhorn (2770 m ü.d.M.) gelangen.

603 – Von der Parallelstrecke der früheren Konkurrenten ARB und VRB, hier mit einem Zug aus Arth-Goldau, reicht der Blick bis hinunter zum Vierwaldstätter See

604 – Ein Zug der RB aus Vitznau strebt oberhalb von Rigi Staffel der Bergstation entgegen

Über das Nussbaum-Viadukt wechseln wir nun die Talseite, hier beginnt der erste Zahnstangen-Abschnitt der FO. Unmittelbar hinter Grengiols (km 12, 891 m ü.d.M.) queren wir auf dem mit 60 m höchsten Viadukt der FO erneut die Rhône und überwinden mit Hilfe der Zahnstange in einem 592 m langen Kehrtunnel die Felsnase des Deischbergs. Beim oberen Tunnelportal haben wir rechterhand einen schönen Blick zurück ins Tal auf die eben zurückgelegte Strecke.

Vor uns liegt nun das offene Hochtal des Goms, dessen Hauptort Fiesch (1062 m ü.d.M.) wir bei km 17 erreichen. Empfehlenswert ist ein Ausflug mit der Seilbahn [2343] auf das 2927 m hohe *Eggishorn, von dem man einen eindrucksvollen Panoramablick über die Gipfel der Walliser Alpen und der Berner Alpen bis zum Jungfrau-Massiv [→ 311] sowie hinunter auf den *Aletsch-Gletscher geniesst. Das als schönster Ort im Goms geltende *Ernen erreicht man durch das hübsche Seitental der Binna mit einer Buslinie der FO.

Wir passieren nun den dritten Zahnstangen-Abschnitt, der bei km 20 in Fürgangen-Bellwald (1202 m ü.d.M.) endet. Durch die ruhigen Gomser Dörfer Niederwald, Reckingen und *Münster mit ihren sonnenverbrannten Holzhäusern kommen wir bei km 37 nach Ulrichen (1347 m ü.d.M.), dem Ausgangspunkt der Postauto-Linie über den *Nufenen-Pass durchs Val Bedretto nach Airolo [→ 600]. In Oberwald (km 42, 1366 m ü.d.M.) begann früher die Bergstrecke über den *Furka-Pass, der heute immerhin noch per Postauto und bald vielleicht wieder mit den Dampfzügen der DFB (*Dampfbahn Furka-Bergstrecke*) überquert werden kann.

Hinter den für den Autoverlad erweiterten Bahnhofsanlagen passieren wir zunächst einen kurzen, der Ortsumfahrung dienenden Bergdurchstich, queren ein letztes Mal die Rhône und gelangen zum schlichten Beton-Portal des 15,442 km langen Basistunnels. Die eingleisige Tunnelstrecke, deren Kulminationspunkt auf 1564 m ü.d.M. liegt, verfügt über zwei mehr als 700 m lange Ausweichen, die »fliegende« Zugkreuzungen ermöglichen. Etwa in Tunnelmitte queren wir die Grenze vom Wallis zum Kanton Uri.

Unmittelbar vor Realp (km 59, 1538 m ü.d.M.) kommen wir wieder an das Tageslicht, vor uns liegt nun das von der Furkareuss durchflossene Urserental. Noch vor dem modernisierten FO-Bahnhof sehen wir linkerhand die Talstation der DFB [→ 615]. Durch das dünnbesiedelte Hochtal führen parallel zu unserer Strecke schöne Wanderwege. Über das 76 m lange Richleren-Viadukt erreichen wir das von der Ruine eines Wehrturmes aus dem 13. Jh. überragte Dorf Hospental, den Ausgangspunkt der nur im Sommer geöffneten alten Pass-Strasse über den St. Gotthard.

Der am Talende im Schnittpunkt der grossen Alpen-Pässe liegende Ferien- und Wintersportort Andermatt (km 68, 1436 m ü. d. M., 1800 Einwohner, Verkehrsbüro, Gotthardstr. 2, 6490 Andermatt, Tel. 041 887 14 54) ist im Sommer ein guter Ausgangspunkt für Postauto-Touren. Die fahrplanmässigen Fahrten über den St. Gotthard-, den Nufenen-, den Furka-, den Susten- und den Grimsel-Pass sind allerdings seit 1997 in Folge von Sparmassnahmen erheblich eingeschränkt wurden, stattdessen werden spezielle Exkursions-Programme angeboten.

Der Glacier-Express setzt von Andermatt seine Fahrt nach Disentis fort, die Regionalzüge der FO fahren hingegen zumeist durch die Schöllenenschlucht hinunter zum Gotthardbahnhof nach Göschenen. Seit einigen Jahren hat diese kurze Verbindungsstrecke ein eigenes Kursbuchfeld [→ 612].

In Richtung Disentis beginnt direkt nach dem Bahnhof von Andermatt der nächste Zahnstangen-Abschnitt, er führt in serpentinenartigen Kurven und durch drei Kehrtunnels mit Steigungen bis zu 110 ‰ hinauf nach Nätschen (km 72, 1843 m ü.d.M.). Unterwegs haben wir einen herrlichen Blick zurück auf das unter uns liegende Andermatt und durch das Urserental bis zur Furka. Ein weiterer, mit 65 ‰ weniger steiler Zahnstangen-Abschnitt bringt uns durch das karge Hochtal der Oberalp-Reuss zum Südende des tiefblauen Oberalp-Sees, an seinem Ufer erreichen wir durch eine gemeinsam mit der Autostrasse benutzte Lawinen-Galerie bei km 78 die Station Oberalppasshöhe-Calmot (2033 m ü.d.M.), den Kulminationspunkt der gesamten FO-Strecke. Hier verlassen wir den Kanton Uri und kommen nach Graubünden. Ein schöner Wanderweg führt zum stillen Tomasee, der Quelle des Rheins.

In steiler Talfahrt geht es nun über die weitgehend durch Lawinen-Galerien geschützte Zahnstangen-Strecke hinab nach Tschamut-Selva (km 81, 1701 m ü.d. M.). Rechts unterhalb unserer Strecke fliesst der junge Vorderrhein, der auf Bündnerisch den schönen Namen Rein Anterius trägt und den wir in den weiten Talkessel von Sedrun (1441 m ü.d.M.) begleiten. Der beliebte Ferienort ist das Zentrum der Talgemeinde Tujetsch und besitzt eine hübsche Barockkirche mit romanischem Glockenturm. Über das in einem Bogen gelegene Buggei-Viadukt fahren wir durch das waldreicher werdende Tal weiter bergab, um über einen letzten Zahnstangen-Abschnitt unser Ziel Disentis/Mustér (1133 m ü.d.M.) mit dem schon von weitem sichtbaren *Benediktiner-Kloster [-> 920] zu erreichen.

Der Glacier-Express

Er verbindet die weltbekannten Wintersportorte St. Moritz und Zermatt miteinander und ist nicht zuletzt durch erfolgreiche Marketing-Bemühungen der mit weitem Abstand bekannteste Zug der Schweiz. Auch dass er seinen Namen heute eigentlich nicht mehr ganz zu Recht trägt, denn schliesslich bleibt dem Reisenden der Blick auf den namensgebenden Rhône-Gletscher (frz. Glacier) bei der Fahrt durch den Furka-Basistunnel verwehrt, tut seiner Beliebtheit offenbar keinen Abbruch. Im Kursbuch ist ihm sogar ein eigenes Feld [611] gewidmet.
Der auch als »langsamster Schnellzug der Welt« beworbene Glacier-Express verkehrte erstmals im Sommer 1930 auf der Strecke Zermatt–Chur mit Kurswagen nach St. Moritz, nachdem mit dem Abschnitt Visp-Brig die letzte Lücke in der schmalspurigen Verbindung von BVZ [-> 140], FO [-> 610] und RhB [-> 920] geschlossen worden war.
Seit der Fertigstellung des Furka-Tunnels 1982 verkehrt der Glacier-Express ganzjährig und schon längst gibt es zur sommerlichen Reisezeit nicht nur einen Zug dieses Namens, sondern ein ganzes System von Zugpaaren, die ausser St. Moritz auch Chur, Klosters und Davos mit Zermatt verbinden. Im Winter kommt jedoch weiterhin je Richtung nur ein Zug zum Einsatz.
Für die 291 km lange Strecke St. Moritz–Zermatt benötigte der Zug anfangs fast elf Stunden, heute kann man die Reise in etwa acht Stunden zurücklegen. Sie beginnt in St. Moritz auf der Albulabahn der RhB [-> 940], in Reichenau-Tamins stossen wir auf die aus Chur kommende Strecke durch das Bündner Oberland [-> 920]. In Disentis/Mustér erfolgt der erste Lokwechsel und über die Strecke der FO [-> 610] geht es weiter bis Brig. Hier übernimmt die BVZ den Zug für die Fahrt hinauf nach Zermatt [-> 140].
Damals wie heute wird von den drei beteiligten Bahnen das Wagenmaterial gemeinsam gestellt. Besonders attraktiv und komfortabel sind die eleganten Panoramawagen der FO und der BVZ, Wagen gleicher Bauart mit zusätzlichen Aussichtsteuerwagen hat die MOB [-> 120] für ihren Chrystal-Panoramic-Express beschafft. Als »richtiger« Express-Zug führt der Glacier-Express auch Speisewagen, sie werden von der RhB gestellt und nur auf einem Teil des Laufweges eingesetzt. Eine Platzreservierung ist obligatorisch, der Zuschlag für Einzelreisende beträgt neun Franken.
Eisenbahnfreunden, die die Strecke vielleicht ohnehin nicht in »einem Rutsch«, sondern in mehreren Etappen bewältigen werden und die Fahrt nicht buchstäblich »in vollen Zügen geniessen« wollen, sei die etwas schwächer ausgelasteten Vor- und Nachsaison-Zeiten empfohlen.

Brig–Furka–Andermatt–Oberalp–Disentis/Mustér

600 – Die mittlere der drei Brücken über die Maienreuss bei Wassen ist mit einer Spannweite von 56 m eine der grössten der Gotthardbahn

Rechts: **600** – Nur mit sehr viel Glück kann man in der Biaschina auf allen drei »Etagen« zur gleichen Zeit Zugverkehr erleben, überdeckt vom fast schon symbolisch drohenden Schatten der Gotthard-Autobahn

600 – Auch im Gotthard-Tunnel herrscht Linksverkehr, hier das Nordportal in Göschenen, unter dem Stationsschild ist die Rampe der FO-Schöllenenbahn zu erkennen

612 ❋ FO
Göschenen–Andermatt (4 km)

Die kurze Reise durch die wilde ***Schöllenen-Schlucht** gehört zu den eindrück-
lichsten Streckenabschnitten der FO. Die ursprünglich selbständige SchB (*Schöl-
lenenbahn*) eröffnete 1917 die Schmalspur-Zahnradbahn vom Gotthardbahnhof
Göschenen [→ 600] hinauf nach Andermatt. Planung und Bau hatten sich vor dem
Krieg lange hingezogen und wurden dann durch die vermeintlichen militärischen
Notwendigkeiten beschleunigt.
Die von Beginn an mit Gleichstrom 1200 V elektrifizierte Bahn verkehrte zunächst
nur im Sommer, ab 1925 dann ganzjährig. Ab Ende der zwanziger Jahre, als
Kurswagen noch en vogue waren und Umsteigen als Zumutung galt, verkehrten
von Göschenen aus sogar direkte Wagen bis Chur und bis Zermatt. Bei der Elektrifizierung der FO wurde auch die Schöllenenbahn auf Wechselstrom umgestellt, 1961 fusionierte sie mit der FO. Mit Steigungen bis 179 ‰ ist die Schöllenenbahn wesentlich steiler als die anderen Strecken der FO, was auch heute noch
betriebliche Besonderheiten bedingt. So dürfen beispielsweise die Lokomotiven
HGe 4/4 II hier nicht verkehren.
   In Andermatt zweigen wir von dem in Richtung Disentis nach Nätschen hinaufführenden Gleis in einer Linkskurve ab und überqueren schon bald die Reuss.
Bevor wir dann in den Bruckwaldbodentunnel eintauchen, erblicken wir rechterhand in der Schlucht die alte und die neue Teufelsbrücke und den Saumweg,
der heute von Wanderern benutzt werden kann. An den Tunnel schliessen sich
mächtige Lawinengalerien an, mehr als 50 % der Strecke sind derart überbaut
oder liegen in Tunneln.
   Mit starkem Gefälle geht es talwärts, begleitet von der sich in engen Serpentinen windenden Strasse und dem wild herabstürzenden Wasser der Reuss.
Direkt nach dem letzten Bergdurchstich zweigt rechts eine Stichstrecke zum Gü-
terverlad mit der SBB ab, wir überqueren abermals die Reuss, fahren an einem
Werkstattgebäude der FO vorbei und erreichen auf einer Rampe parallel zur
Gotthardbahn [→ 600] die Station Göschenen (1106 m ü.d.M.), die FO-Strecke
endet hier unmittelbar vor dem grossen Empfangsgebäude der SBB. Wenn wir
zurück hinauf nach Andermatt fahren, haben wir links vor uns einen schönen
Blick auf das mächtige Nordportal des Gotthard-Tunnels, der wenige Kilometer
südlich die FO-Strecke fast genau beim Bahnhof Andermatt kreuzt – allerdings
rund 330 m unter ihr im Fels.

615 ❋ DFB
Realp DFB–Furka (7 km)

Schon als im Herbst 1981 letztmals Züge der FO [→ 610] zwischen Oberwald und
Realp über die Furka verkehrten und im Frühjahr darauf der neue Basistunnel
eröffnet wurde, keimte die Idee, die landschaftlich wie eisenbahntechnisch bedeutende Furka-Bergstrecke nicht endgültig preiszugeben. Verständlicherwei-
se durfte die FO, die schon seit Mitte der sechziger Jahre in diesem Streckenabschnitt nur die allernotwendigsten Investitionen getätigt hatte, an einem rein
touristischen Parallelbetrieb nicht interessiert sein. 1982 konnten engagierte Eisenbahnfreunde zunächst den bevorstehenden Abbruch der Bahnlinie verhin-
dern. Und nach Gründung des »Verein Furka-Bergstrecke« Ende 1983 konnte
sich 1986 die neue Betriebsgesellschaft DFB (*Dampfbahn Furka-Bergstrecke AG*)

mit dem Ziel konstituieren, auf der alten Strecke einen nostalgischen Dampfbetrieb aufzunehmen.

Nach Jahren harter Arbeit von wenigen bezahlten und vielen freiwilligen
Helfern ist 1992 der Verkehr auf dem Abschnitt Realp–Tiefenbach wieder eröffnet worden, inzwischen verkehren die Dampfzüge während der sommerlichen
Betriebszeiten schon bis zur Station Furka (2160 m ü.d.M.) unmittelbar vor dem
Scheiteltunnel. Nahziel bis zur Jahrtausendwende ist die Wiederherstellung der
Strecke bis Gletsch, wo sich im Angesicht des imposanten *Rhône-Gletschers
die Pass-Strassen von Grimsel und Furka treffen. Über die erstere gelangt man
mit dem Postauto nach Meiringen zur Brünigbahn der SBB [→ 470], letztere bietet eine parallel zur alten Bergstrecke verlaufende Fahrt hinauf zum *Furka-Pass
(2431 m ü.d.M.) und weiter nach Realp, in Gegenrichtung können wir auch hinunter nach Oberwald [→ 610] gelangen. Schlussendlich will die DFB den Verkehr
auf der Gesamtstrecke Realp–Furka–Oberwald wieder aufnehmen, bis dahin

---

DFB Dampfbahn Furka-Bergstrecke

Eröffnet:	1992 (Wiedereröffnung)
Streckenlänge:	18 km (Gesamtstrecke Oberwald-Realp)
Spurweite	1000 mm
Betriebsart:	Adhäsion/Zahnrad, System Abt
Stromart:	–
max. Neigung:	110 ‰
Depot:	Realp

Fahrzeuge: Die Dampflokomotiven sind im einleitenden Kapitel »Dampf nach Fahrplan« beschrieben. Neuerdings zählen auch ein Benzin-Triebwagen und eine Dampf-
Schneeschleuder zum Fahrzeugpark der DFB. Die Personenwagen stammen von verschiedenen Schweizer Schmalspurbahnen.

---

werden aber sicher noch einige Jahre harter Aufbauarbeit nötig sein. Freiwilli-
ge Helfer werden übrigens immer noch gerne gesehen.

Vom neuerrichteten DFB-Bahnhof Realp, der unweit der FO-Strecke liegt,
aber (noch) keinen Anschluss an sie hat, kommen wir am Depot und dem »In-
stallationsplatz« vorbei zum Beginn des ersten Zahnstangen-Abschnitts. Schon
bald überqueren wir die Furkareuss auf der 59 m langen Wilerbrücke und durch
die drei kurzen Senntumstafel-Tunnel kommen wir zum interessantesten Bauwerk, der Steffenbachbrücke. Diese 1925 gebaute und weltweit einzigartige drei-
teilige Stahl-Klappbrücke kann während der winterlichen Betriebspause zur Si-
cherung vor Lawinen auf ihre Widerlager zurückgezogen werden. Bei km 4 kommen wir zur einsam in der kargen Bergwelt liegenden Kreuzungsstation Tiefenbach, wo zum Wasserfassen ein Aufenthalt angesetzt ist. Über das
Steinstafel-Viadukt queren wir erneut die Furkareuss. Eine weitere Brücke führt
über den vom Sidelengletscher gespeisten Zufluss, die Steigung der Bahntras-
se von zuvor bis zu 110 ‰ wird nun mit etwa 45 ‰ deutlich geringer und wir erreichen den vorläufigen Endpunkt Furka am Eingang des Scheiteltunnels (2160
m ü.d.M.). Die Station liegt weit unterhalb der Pass-Strasse, wer zu dem stel-
lenweise steilen Anstieg wenig Lust verspürt, sollte besser gleich in Realp ein
Rückfahrbillett lösen.

Die Dampfzüge der DFB verkehren von Mitte Juni bis Anfang Oktober freitags, samstags und sonntags, während der Schulferien ist von Mitte Juli bis Mitte August täglich Betrieb.

610 – Ein Glacier-Express mit Wagen der RhB, der FO (Panoramawagen) und der BVZ vor Niederwald, dem Geburtsort des Hotelkönigs Ritz

610 – Zur andernorts schon frühlingshaften Osterzeit entstand dieses Foto einer FO-Pendelzugkomposition zwischen Nätschen und dem Oberalppass

620 – *Internationale Zugbegegnung im Centovalli: Rechts ein Niederflur-Trieb-wagen der FART, hinten ein ABe 8/8 der SSIF an der Grenzstation Camedo*

636 – *Ein Doppeltriebwagen der erst 1982 elektrifizierten MG bei Bellavista, die etwas untypische Farbgebung erinnert an die Eigentümerin Migros*

Locarno–Centovalli–Domodossola

620 – Ein Schnellzug der italienischen SSIF überquert vor Intragna auf einem äusserst filigranen Viadukt die Isorno-Schlucht

620 ✴ FART/SSIF
Locarno–Centovalli–Domodossola (52 km)

Seit 1923 führt die von den Einheimischen »Centovallina« genannte Schmalspurbahn vom Tessin durch das überaus malerische »Tal der hundert Täler« und durch das italienische Valle Vigezzo weiter nach Domodossola.

Mit dem Bau der Strecke wurde bereits 1913 begonnen, der Weltkrieg verzögertejedoch die weiteren Arbeiten und erst zehn Jahre später konnten die schweizerische FRT (*Ferrovie Regionali Ticinesi, durch den 1961 aufgenommenen Zusatz Autolinee heute FART*) und die italienische SSIF (*Società Subalpina di Imprese Ferroviarie*) den Betrieb aufnehmen. Die Strecke knüpfte in Ponte Brolla an die schon seit 1907 von Locarno aus das Maggiatal erschliessende LPB (*Ferrovie Locarno-Pontebrolla-Bignasca*) an, die von 1949 bis zu ihrer Stillegung 1965 von der FRT mitbetrieben wurde. Im Stadtgebiet von Locarno benutzten beide Bahnen zunächst das vom Bahnhofsvorplatz über die Piazza Grande nach S. Antonio führende Trambahngleis; 1928 wurde eine Umfahrung des Zentrums über die Via Macello in Betrieb genommen. Inzwischen ist auch diese Strecke Geschichte, denn 1990 konnte die 3 km lange Tunnelstrecke vom SBB-Bahnhof bis Solduno in Betrieb genommen werden.

Locarno

204 m ü.d.M., 14000 Einwohner, Ente turistico di Locarno e Valli, Piazza Grande, 6600 Locarno, Tel. 091 751 03 33, Fax 091 751 90 70.

Das am nördlichen Ende des Lago Maggiore landschaftlich und klimatisch günstig gelegene Städtchen hat sich neben Lugano zum bedeutendsten Touristenzentrum des Tessins entwickelt. Mittelpunkt der Stadt ist die Piazza Grande, die zum ehemaligen Castello der Herzöge von Visconti führt und von der schmale Gassen in die kleine Altstadt hinaufführen. Im Ortsteil Muralto östlich des SBB-Bahnhofs liegt die Kirche **San Vittore** mit sehr schöner romanischer Hallenkrypta.

Eine Standseilbahn [2620] führt von der Via Ramongna zur Wallfahrtskirche Madonna del Sasso aus dem 17. Jh.; per Luftseilbahn und Sessellift [2621/2622] können wir weiterfahren zum Gipfel der ***Cimetta** (1676 m ü.d.M.) mit herrlichem Panoramablick.

Eisenbahn: Im Kopfbahnhof der SBB – die hier im Tessin natürlich mit FFS *(Ferrovie federali svizzera)* bezeichnet wird – endet die Zweiglinie der Gotthardbahn aus Bellinzona [→ 630]. Die dem Bahnhof früher gegenüberliegende Endstation der Centovallibahn ist so gut wie spurlos verschwunden, heute führt eine postmodern gedeckte Rolltreppe zwischen SBB und Busparkplatz zur unter die Erde gelegten FART [→ 620].

Stadtverkehr: Die als eine der wenigen Trambahnen der Schweiz ursprünglich mit Wechselstrom betriebene STL (Società tramvie elettriche locarnesi) wurde 1960 eingestellt. Ihr Triebwagen Ce 2/2 7 steht heute bei der FART für Nostalgiefahrten im Einsatz. Eine Autobus-Linie verbindet Locarno mit den weiter südlich am Lago Maggiore gelegenen Ferienorten Ascona und Brissago.

Wir beginnen unsere Fahrt in der auch mit grosszügigen Abstellgleisen ausgestatteten Endstation der FART unter dem SBB-Bahnhof. Bis zum Stadtrand bleiben wir unter der Erde und kommen bei km 7 nach Ponte Brolla. In das hier nach Norden abzweigende Maggiatal fährt als Nachfolger für die 1965 stillgelegte Schmalspurbahn, deren Spuren noch vielerorts zu sehen sind, die Buslinie 10 der FART bis Bignasco (441 m ü.d.M.). Postauto-Linien führen zum unterhalb des Stausees von Sambuco (1460 m ü. d. M.) am Ende des Tals gelegenen Dörfchen Fusio und in die idyllischen Seitentäler.

Oberhalb des Wildbaches Melezza führt die Strecke durch das Pedemonte und überquert vor Intragna (km 12) auf einer weitgespannten Brücke die Isorno-Schlucht. Neuerdings dient die filigrane Stahlkonstruktion auch Bungee-Springern als Plattform, von einem Kombi-Tarif »Ride and Jump« ist allerdings noch nichts bekannt. Schon von weitem sehen wir den fast 70 m hohen Glockenturm der Barockkirche des auf einem Hügelrücken liegenden Ortes. Durch zahlreiche Tunnels windet sich unsere Route nun am bewaldeten Berghang das enger werdende Tal hinauf, hier beginnt mit dem eigentlichen Centovalli der eindrucksvollste Teil der Strecke. Tief unter uns liegt die bei Palagnedra zu einem See aufgestaute Melezza und bei km 21 erreichen wir den Grenzort Camedo (549 m ü.d.M.).

Über das 145 m lange Ribellasca-Viadukt geht es auf dem italienischen Teil der Strecke weiter aufwärts zum Wallfahrtsort Re (km 27) mit seiner mächtigen Kuppelkirche und bald erreichen wir bei km 33 den Hauptort des Valle Vigezzo, Santa Maria Maggiore und den mit 831 m ü.d.M. höchstgelegenen Punkt der Strecke. Hier war die Bahnlinie nach einem schweren Unwetter im Herbst 1978 zwei Jahre lang unterbrochen. Durch das als Feriengebiet beliebte, bewaldete

FART/SSIF	Ferrovie Autolinee Regionaii Ticinesi (CH)		
	Società Subalpina di Imprese Ferroviarie (I)		
Eröffnet:	1923	max. Neigung:	61 ‰
Streckenlänge:	52 km (FART 20 km)	Depot:	Locarno (FART),
Spurweite:	1000 mm		Domodossola (SSIF)
Stromart:	Gleichstrom 1200 V		

Fahrzeuge: FART und SSIF beschafften 1992 die ersten Gelenk-Triebwagen in Niederflurbauweise, sie sind an den Seitenwänden zur Türüberwachung mit Videokameras ausgerüstet. Von der SSIF werden grenzüberschreitend auch noch die dreiteiligen ABe 8/8 von 1959 eingesetzt.

Tal senkt sich die Strecke weiter nach Westen. Hinter Trontano (km 44) steigt sie in engen Kurven ins breite Talbecken des Toce hinab nach Domodossola (273 m ü.d.M.). Vorbei an den Depotanlagen kommen wir zur seit 1961 unterirdisch beim FS-Bahnhof liegenden Endstation.

In einer schönen Rundfahrt kann man die Centovalli-Bahn mit der hier endenden Simplonstrecke [→ 100], der FO Brig–Andermatt–Göschenen [→ 610] und der Gotthardbahn [→ 600] kombinieren.

630   SBB
Bellinzona–Locarno (20 km)

Bereits 1874 wurde diese zu den südlichen Talstrecken der Gotthardbahn gehörende Verbindung zwischen der Kantonshauptstadt des Tessin und dem Lago Maggiore eröffnet.

Wir verlassen Bellinzona [600] in südwestliche Richtung zusammen mit der über Lugano nach Chiasso führenden Route, die uns hinter Giubiasco (km 3) linkerhand abzweigt und rasch an Höhe gewinnt. Unsere Strecke bleibt im weiten Piano la Magadino, der Ebene des Ticino. Hinter Cadenazzo (km 8) zweigt die über den Grenzort Pino ins italienische Luino führende Strecke [631] ab, die zwar für den Gütertransport wichtig ist, für den internationalen Reiseverkehr jedoch keine Bedeutung hat. Die bescheidene Station Riazzino-Cugnasco (km 12) ist mit 201,6 m ü.d.M. der tiefstgelegene Bahnhof der Schweiz.

Von Gordola (km 15) führt eine Postauto-Linie in das abgeschiedene Val Verzasca, vorbei am Stausee Lago die Vogorno bis hinauf nach Sonogno (920 m ü.d.M.). Hinter Tenero (km 16) erreichen wir den in deutsch weit weniger prosaisch klingenden Langensee und fahren an seinem Nordufer entlang zu unserem Ziel Locarno, dem Ausgangspunkt der das Tessin mit dem italienischen Domodossola und der Simplonlinie verbindenden Centovallibahn [→ 620].

635   FLP
Lugano–Ponte Tresa (12 km)

Von den einst zahlreichen Schmalspurbahnen im Tessin ist ausser der Centovallibahn [620] und der Zahnradbahn auf den Monte Generoso [636] nur noch die FLP (*Ferrovia Lugano–Ponte Tresa*) übrig geblieben, die heute als moderne Überlandbahn vorwiegend dem Vorortverkehr von Lugano [600] dient.

Von der in Lugano dem SBB-Bahnhof gegenüber etwas unterhalb der Strasse liegenden Endstation führt die Bahn durch die westlichen Vororte und in einem grossen Bogen nach Bioggio. In Agno trifft sie auf eine westlichere Bucht

---

FLP Ferrovia Lugano-Ponte Tresa

Eröffnet:	1912	Stromart:	Gleichstrom 1000 V
Streckenlänge:	12 km	max. Neigung:	30 ‰
Spurweite:	1000 mm	Depot:	Agno

Fahrzeuge: Der Verkehr auf der FLP wird mit den Pendelzügen Be 4/8 abgewickelt, ihre Verwandtschaft mit den baugleichen Fahrzeugen der RBS [→ 420] wird auch durch die orangefarbene Lackierung deutlich.

643 – Alt und neu bei der WSB: Der für Sonderfahrten vorgehaltene BSe 4/4 von 1910 und ein gut neunzig Jahre jüngerer Niederflurtriebwagen Be 4/8

670 – Ein abendlicher Schnellzug verlässt den Seedamm in Rapperswil: KTU-Lok der BT mit Revvivo-Wagen, die 1997 für SOB und BT umgebaut worden sind

des stark zerklüfteten Lago di Lugano. Sie überquert die aus dem malerischen Malcantone kommende Magliasina und erreicht schliesslich den Grenzort Ponte Tresa. Die einst auf italienischem Gebiet weiterführenden Strecken nach Luino und nach Varese sind schon lange auf Busbetrieb umgestellt. Wer für die Rückfahrt nach Lugano genügend Zeit hat, kann im Sommer eine rund zwei Stunden dauernde Bootsfahrt über den See machen (2606).

636 ✳   MG
Capolago–Generoso (9 km)

Die einzige Zahnradbahn im Tessin hat eine recht wechselvolle Vergangenheit: 1890 nahm die MG (*Ferrovia Monte Generoso*) ihren Betrieb auf, sie ist damit die älteste Zahnradbahn der Schweiz mit einer Spurweite von 800 mm. Schon 1904 führten wirtschaftliche Schwierigkeiten zur Liquidation der Gesellschaft, die 1909 von neuen Eigentümern gegründete AG ging 1914 in Konkurs. Eine zwei Jahre später erneut gebildete Gesellschaft bedurfte 1921 der finanziellen Sanierung und musste 1939 den Betrieb einstellen. 1941 wurde die Generosobahn dann von der Handelskette Migros übernommen und wieder eröffnet. Da an eine teure Elektrifizierung vorerst nicht zu denken war, wurde ab 1953 der Dampfbetrieb durch Diesellokomotiven und -Triebwagen ersetzt. 1982 konnte dann im Rahmen einer umfassenden Modernisierung doch noch der elektrische Betrieb aufgenommen werden. Seit ihrer Eröffnung verkehrte die MG nur während der Sommermonate, neuerdings bietet sie bei schönem Wetter auch im Winter Fahrten an.

MG Ferrovia Monte Generoso

Eröffnet:	1890	Stromart:	Gleichstrom 850 V
Streckenlänge:	9 km	max. Neigung:	220 ‰
Spurweite:	800 mm	Depot:	Capolago
Betriebsart:	Zahnrad, System Abt		

Fahrzeuge: Die 1982 beschafften Doppel-Triebwagen sind baugleich mit den Fahrzeugen der MTGN [→ 121], auch auf der Bayerischen Zugspitzbahn und auf der von Ribas de Freser nach Nuria führenden Bahn in den spanischen Pyrenäen sind ähnliche Triebwagen im Einsatz. Für Sonderfahrten steht die Dampflok HG 2/3 2 von 1890 zur Verfügung.

In Capolago (273 m ü.d.M., 1000 Einwohner) liegt die Talstation der MG auf dem kleinen Vorplatz des SBB-Bahnhofes [→ 600]. Die eigentliche Endstation liegt etwa 300 m nördlich direkt am Ufer des Luganer Sees bei der Schiffsanlegestelle, sie wird aber planmässig nur noch zweimal täglich bedient. Nach wenigen hundert Metern überqueren wir die Gotthardstrecke und fahren am steilen Hang des Monte Generoso in südliche Richtung bergan. Zurückschauend haben wir einen sehr schönen Talblick auf den See hinunter. Nach einem kurzen Kehrtunnel passieren wir bei km 3 den Haltepunkt S. Nicolao (707 m ü.d.M.). In der dem See abgewandten Bergseite klettern wir nun in Richtung Nordosten den bewaldeten Hang weiter empor und erreichen bei km 6 die Station Bellavista (1222 m ü.d.M.). Eine Pferdebahn verband seit 1891 die Station mit dem nur wenig entfernten Hotel Pasta, die 600-mm-Strecke der TB (Tramway Bellavista) wurde 1913 stillgelegt.

Der letzte Streckenabschnitt windet sich knapp unterhalb des Kammes empor, nach einigen kurzen Tunnels sind wir am Ziel, der Bergstation Generoso Vetta. Bis zum Gipfel des **Monte Generoso** (1701 m ü.d.M.) sind noch gut 100 Höhenmeter zu Fuss zu bewältigen, der hervorragende Panoramablick lohnt jedoch die Mühe. Bei gutem Wetter reicht nach Süden die Aussicht durch die Ebene der Lombardei fast bis nach Mailand, im Norden ragt über dem Luganer See die grossartige Alpenkulisse auf.

643/644 WSB
Aarau–Schöftland (10 km)
Aarau–Menziken–Burg (22 km)

Die heutige WSB (*Wynental- und Suhrentalbahn*) entstand 1957 durch die Fusion von zwei meterspurigen Bahnen, der AS (*Aarau-Schöftland-Bahn*) und der WTB (*Wynental-Bahn*). 1901 hatte die AS ihre von der Kantonshauptstadt des Aargaus durch das Suhrental führende elektrische Überlandbahn eröffnet, die ebenfalls von Aarau ausgehende Strecke der WTB nach Menziken-Burg wurde 1904 fertiggestellt. Ursprünglich hatten beide Bahnen in Aarau ihren Endpunkt auf dem Bahnhofsvorplatz, 1924 erhielt die WTB eine eigene Station südlich des SBB-Bahnhofes. Seit 1967 fährt auch die Suhrentalbahn nicht mehr durch die engen Stadtstrassen. In dem neu errichteten Bahnhof wurden beide Linien der WSB zusammengeführt und ermöglichen so einen durchgehenden Zugbetrieb. Für den Güterverkehr in beiden Tälern wurden schon früh in Oberentfelden und Suhr Rollbock-Anlagen errichtet.

Auf der in das Suhrental führenden Linie passieren wir kurz nach unserer Abfahrt in Aarau [➤ 650] einen 260 m langen Tunnel, in südlicher Richtung zieht sich die Strecke dann über den Distelberg neben der Strasse talaufwärts. In Oberentfelden (km 4) quert sie auf einem niveaugleichen Übergang mit stromlosem Kreuzungsabschnitt die SBB-Strecke Zofingen–Aarau [514] und durch das stark besiedelte Tal der Suhre erreichen wir den Endpunkt der Strecke in Schöftland.

Die Wynentalbahn verlässt Aarau in südöstliche Richtung, auch sie verläuft weitgehend parallel zur Strasse. Die SBB-Strecke Zofingen–Aarau queren wir bei km 4 in Suhr auf einem auch hier niveaugleichen Übergang. Hinter Gränichen (km 6) lockert sich die Besiedlung im Tal der Wyna, die wir bei Bleien überqueren. In einem Bogen nähert sich die Strecke dem Ort Gontenschwil und ab Reinach (km 19) verläuft sie unweit der inzwischen auf Busbetrieb umgestellten Seitenlinie der SBB-Seetalbahn [➤ 651] nach Beromünster zum Endpunkt Menziken-Burg.

WSB Wynental- und Suhrentalbahn

Eröffnet:	1901	Stromart:	Gleichstrom 750 V
Streckenlänge:	32 km	max. Neigung:	45 ‰
Spurweite:	1000 mm	Depots:	Aarau, Schöftland

Fahrzeuge: Neben den Niederflur-Fahrzeugen Be 4/8 von 1992 kommen auch noch die Pendelzüge von 1965 und 1978 zum Einsatz. Für den Güterverkehr stehen drei moderne De 4/4 zur Verfügung, der aus dem Jahre 1904 stammende De 4/4 42 kommt nur noch gelegentlich zum Einsatz. Ein 1901 gebauter Triebwagen wurde für Sonderfahrten zum »Salonwagen« BSe 4/4 hergerichtet.

Olten–Lenzburg–Zürich (54 km)
Olten–Brugg–Zürich (60 km)

Für eine Reise von Olten nach Zürich haben wir heute zwei Alternativen zur Wahl, die entweder die älteste oder eine der jüngsten Strecken der SBB berühren: Gemeint sind die 1847 von der *Schweizerischen Nordbahn* eröffnete »Spanisch-Brötli-Bahn« Zürich-Baden [→ 700] und die seit 1975 bestehende Heitersberglinie über Lenzburg.

Die ältere Verbindung zwischen Olten und Zürich über Brugg ist 1858 durch die S.N.B.-Nachfolgerin NOB (*Schweizerische Nordostbahn*) fertiggestellt worden, der Abschnitt Aarau–Olten war schon zwei Jahre zuvor zusammen mit der Fortsetzung in Richtung Luzern [→ 510] von der SCB (*Schweizerische Centralbahn*) eröffnet worden.

Die schnellere Heitersberglinie benützt ab Rupperswil die 1874 von der ASB (*Aargauische Südbahn*) eröffnete Strecke nach Wohlen, ab Lenzburg die 1877 durch die ehemalige SNB (*Schweizerische Nationalbahn*) fertiggestellte Strecke von Zofingen über Baden-Oberstadt nach Winterthur und schliesslich den neuen Heitersbergtunnel, der uns wieder auf die alte Strecke Baden–Zürich führt. Um die Geschichte zu vervollständigen, soll nicht unerwähnt bleiben, dass die SNB-Strecken nach deren Pleite 1880 von der NOB übernommen wurden.

Den Eisenbahnknotenpunkt Olten [→ 450] verlassen wir zunächst in nördliche Richtung, trennen uns aber schon bald in einem nach Südosten führenden Bogen von der linkerhand nach Basel führenden Strecke [→ 500], die durch eine 1926 gebaute Verbindungskurve den Zügen Basel–Aarau–Zürich das Kopfmachen in Olten erspart, und erreichen bei km 13 Aarau (382 m ü.d. M., 18 000 Einwohner), wo 1798 vom Rathausbalkon die Helvetische Republik verkündet wurde. Hier beginnen die Regionalstrecken nach Zofingen [514] und nach Wettingen [645] und die beiden Linien der schmalspurigen WSB [→ 643/644].

Der nun folgende Abschnitt bis Rupperswil ist seit 1997 aus Kapazitätsgründen viergleisig ausgebaut. Hinter Rupperswil zweigt bei km 20 rechterhand die Heitersberglinie ab. Bleiben wir zunächst einmal auf der »klassischen«, nördlicher verlaufenden Route, nähern wir uns bei Wildegg der Aare und kommen bei km 31 nach Brugg. Hier treffen wir auf die über Frick von Basel kommende Strecke [→ 700], der gemeinsame weitere Weg über Baden und Dietikon nach Zürich ist dort nachzulesen.

Wenn wir die schnellere Alternative gewählt haben, so sind wir hinter Rupperswil nach Südosten abgezweigt und erreichen bei km 23 Lenzburg, den Ausgangspunkt der »Seetalbahn« [→ 651] und der Nebenstrecke nach Brugg [652]. Das ***Schloss Lenzburg** aus dem 11. bis 18. Jh. ist heute ein Museum.

Wir vereinen uns hier mit der von Aarau über Suhr und weiter nach Wettingen führenden Regionalstrecke [645]. Nachdem wir Lenzburg verlassen haben, zweigt rechterhand die über Wohlen nach Zug führende und für den Güterverkehr über den Gotthard wichtige Strecke ab [653]. Bei Othmarsingen nähern wir uns der Nationalstrasse 1, hier zweigt linkerhand die schon erwähnte Nebenstrecke nach Brugg [652] ab. Vor Mellingen überqueren wir die Reuss und verlassen dann bei km 32 die linkerhand weiter nach Baden-Oberstadt und Wettingen führende alte Nationalbahn-Strecke [645], um durch den knapp 5 km langen, auch für den schweren Güterverkehr sehr wichtigen Heitersberg-Tunnel kurz vor Killwangen-Spreitenbach bei km 45 wieder die über Baden nach Zürich führende Strecke [→ 700] zu erreichen.

672 – In Wädenswil treffen sich SBB und SOB, die Lok in farbenfroher Werbe-lackierung ist eine frühere Re 4/4 IV der SBB, die 1995 als Re 446 der SOB den Arbeitgeber wechselte

740 – Ein gelungenes Beispiel moderner Bahnhofs-Architektur ist die S-Bahn-Station Stadelhofen, für deren Neubau die SBB den Brunel-Award erhielt

651 ✳ SBB
Lenzburg–Luzern (47 km)

Die 1883 von der britischen *Lake Valley of Switzerland Railway Company* eröffnete und 1894 von der schweizerischen STB (*Seethalbahn*) übernommene Strecke wurde erst 1922, also zwanzig Jahre nach der Verstaatlichung der grossen Privatbahnen, von der SBB übernommen. Schon 1910 war die STB elektrifiziert worden, zunächst allerdings mit Wechselstrom 5,5 kV 25 Hz, die Umstellung auf den »Einheitsstrom« erfolgte 1930. Typisch für den Verkehr auf dieser Strecke waren lange Zeit die »Seetal-Krokodile« der Reihe De 6/6 und später die Gepäcktriebwagen De 4/4.

Wir verlassen Lenzburg [→ 650] auf der in südliche Richtung führenden Strecke. Sie verläuft fast vollständig direkt neben der Kantonalstrasse 26 und weist dadurch zahlreiche niveaugleiche Strassenübergänge auf. Dies und der nicht seltene Nebel im Seetal bescherten den hier eingesetzten Triebfahrzeugen und Steuerwagen die charakteristischen rot-gelben Warnstreifen.

Über Seon erreichen wir hinter Hallwil (km 7) mit seinem malerischen Wasserschloss den linkerhand gelegenen Hallwiler See. Die in Beinwil bei km 15 abzweigende Stichstrecke nach Beromünster wurde 1992 auf Busbetrieb umgestellt. Zuvor war dieses Schicksal schon dem von Lenzburg mit einer Spitzkehre über Lenzburg Stadt nach Wildegg [→ 650] führenden Streckenabschnitt widerfahren.

Unsere Strecke neigt sich nun wieder zum See hinunter und vor seinem Ende bei Mosen überqueren wir die Grenze zum Kanton Luzern. Rechterhand taucht bald der kleinere Baldegger See auf und über Hochdorf kommen wir bei km 42 nach Emmenbrücke. Dort stossen wir auf die Strecke aus Olten [→ 500]. Unser Zug muss hier Kopf machen, entlang der Reuss erreichen wir dann unser Ziel Luzern [→ 600].

654 BD
Wohlen–Bremgarten–Dietikon (19 km)

1902 eröffnete die BD (*Bremgarten-Dietikon-Bahn*) ihre schmalspurige elektrische Überlandbahn zwischen Bremgarten-Obertor und Dietikon. Erst zehn Jahre später konnte durch eine Brücke über die Reuss ab Bremgarten West der Anschluss an die nach Wohlen führenden Normalspurstrecke erreicht werden. Sie war bereits 1876 von der WB (*Wohlen-Bremgarten-Bahn*) gebaut und 1902 verstaatlicht worden. Diese Strecke pachtete die BD von der SBB, elektrifizierte sie und rüstete sie durch das Einlegen einer dritten Schiene für den durchgehenden Schmalspurbetrieb Wohlen–Dietikon aus. Heute ist die BD als Linie 17 in das S-Bahn-Netz Zürich [→ 740] integriert.

Die 1916 von der WM (*Wohlen-Meisterschwanden-Bahn*) eröffnete und unter gemeinsamer Direktion mit der BD stehende normalspurige Stichstrecke von Wohlen nach Fahrwangen wurde 1997 auf »Schienenersatzverkehr« umgestellt, lediglich der kurze Abschnitt bis Villmergen ist als Güteranschlussgleis erhalten geblieben.

Das an dem Flüsschen Bünz gelegene Wohlen, Hauptort des Aargauer Freiamts, erreichen wir per Bahn aus Richtung Lenzburg [→ 650] oder aus Richtung Rotkreuz [→ 660] über die von Aarau nach Zug führende Regionalstrecke [653].

BD Bremgarten-Dietikon-Bahn

Eröffnet:	1902 (Wohlen-Bremgarten West 1876)
Streckenlänge:	19 km (einschl. Pachtstrecke)
Spurweite:	1000 mm (Wohlen-Bremgarten West 1000/1435 mm)
Stromart:	Gleichstrom 1200 V
max. Neigung:	50 ‰
Depot:	Bremgarten

Fahrzeuge: Die Doppelgelenk-Triebwagen BDe 8/8 aus dem Jahre 1969 sind 1993 in einer Gemeinschafts-Bestellung mit RBS [▸ 420] und WSB [▸ 643/644] um moderne Niederflur-Fahrzeuge Be 4/8 ergänzt worden, für den Güterverkehr Wohlen-Bremgarten verfügt die BD auch über normalspurige Em 2/2.

Die schmalspurige BD hat ihre Station auf dem Bahnhofsvorplatz, gleich danach wird die Strecke mit einem normalspurigen Anschlussgleis aus den SBB-Anlagen zusammen- und als Dreischienengleis bis Bremgarten West weitergeführt. Auf einem fotogenen Viadukt überqueren wir die Reuss und erreichen bei km 9 das Zentrum von Bremgarten mit seiner reizvollen kleinen Altstadt. Weiter geht es auf windungs- und steigungsreicher Strecke mit Steigungen bis 50 ‰ über die Mutschellen-Höhe (550 m ü.d.M.) und hinunter durch das Reppischtal nach Dietikon, wo wir auf die Strecke Basel–Zürich [▸ 700] treffen.

660   SBB
Zürich–Zug–Luzern (57 km)

Von der damaligen ZZL (*Zürich-Zug-Luzern-Bahn*) wurde 1864 die erste, über Affoltern am Albis führende Verbindung zwischen Zürich und Luzern eröffnet; Zug erhielt einen Kopfbahnhof, der über ein Kehrdreieck erreicht wurde. 1897 stellte dann die NOB (*Schweizerische Nordostbahn*), die 1892 die ZZL übernommen hatte, ihre von der Strecke Zürich–Zieglbrücke in Thalwil abzweigende Verbindung mit Zug fertig. Durch die gleichzeitig von der Gotthardbahn eröffnete Fortführung nach Arth-Goldau [▸ 601] wurde Zug zum Durchgangsbahnhof mit Abzweig in Richtung Luzern und erhielt statt des Kehrdreiecks eine Wendeschleife. Die nach einem kleinen Nebenfluss der Limmat auch als Reppischbahn bezeichnete alte Strecke über Affoltern [711] gehört heute zum S-Bahn-Netz Zürich [▸ 740], hier verkehrt die von Uster kommende Strecke aus Durchmesserlinie 9.

Der erste Reise-Abschnitt von Zürich bis Zug wurde bereits bei der Gotthardzufahrt [▸ 601] beschrieben. Während die Strecke nach Arth-Goldau am Ostufer des Zuger Sees nach Süden führt, wenden wir uns in westliche Richtung. In einem weiten Bogen passieren wir Cham (km 34), entfernen uns vom See und erreichen nach Unterquerung der Gotthard-Autobahn bei km 39 Rotkreuz. Schon vor dem Ort haben wir die hier mündende Strecke aus Arth-Goldau unterquert, über die während der Bauarbeiten im Musegg-Tunnel der Verkehr Luzern–Chiasso [▸ 600] fliesst. Hinter dem Bahnhof zweigt rechterhand die nach Aarau führende Regionalstrecke [653] ab. Durch das offene Tal, hier ist die Strecke seit 1996 doppelspurig ausgebaut, kommen wir nach Ebikon, fahren am Rotsee vorbei und treffen nach Überquerung der Reuss auf die aus Bern [▸ 460] und aus Olten [▸ 510] kommenden Strecken. Wenig später mündet linkerhand auch die Gotthardbahn und zusammen erreichen wir den Kopfbahnhof von Luzern [▸ 600].

Rapperswil–Pfäffikon–Arth-Goldau (39 km)

Als erstes Teilstück einer geplanten Verbindung von Rapperswil mit der damals im Bau befindlichen Gotthardbahn nahm 1878 die damalige ZGB (*Zürichsee-Gotthard-Bahn*) die über den Seedamm von Rapperswil führende Strecke nach Pfäffikon in Betrieb. Zum Weiterbau fehlte jedoch das Kapital und erst die neugegründete SOB (*Schweizerische Südostbahn*), die 1890 auch die benachbarte WE [➙ 672] übernahm, konnte 1891 die durchgehende Verbindung über Samstagern und Biberbrugg nach Arth-Goldau fertigstellen. Heute bildet diese 1939 elektrifizierte Strecke zusammen mit ihrer Fortsetzung nach Romanshorn [➙ 870] die direkte Achse für den »Voralpen-Express« zwischen der Zentralschweiz und der Bodensee-Region.

SOB Schweizerische Südostbahn

Eröffnet:	1877	max.Neigung:	50 ‰
Streckenlänge:	49 km	Depot:	Samstagern
Spurweite:	1435 mm	Stromart:	Wechselstrom 15 kV 16 2/3 Hz

Fahrzeuge: Die BDe 576 der EAV-Bauart wurden 1995 um moderne RBDe 566 ergänzt. Als Re 446 haben die von der SBB nur in vier Prototypen beschafften Hochleistungsmaschinen Re R4/4 IV hier eine neue Heimat gefunden, eine andere interessante Occasion sind die durch die Lokoop AG auch für die MThB [➙ 830] beschafften Ae 477, bei denen es sich um die frühere DDR-Reichsbahn-Baureihe 242 handelt.

Wir verlassen die »Rosenstadt« Rapperswil [➙ 730] über den zusammen mit der Autostrasse benutzten Damm und erreichen bei km 4 Pfäffikon. Hier kreuzen wir die am Seeufer entlang führende SBB-Linie Zürich–Chur [➙ 900]. Nach kurzer Parallelführung steigt unsere Strecke nun mit bis zu 50 ‰ stark an, rechterhand haben wir einen weit reichenden Blick hinunter auf den See und auf den gegenüberliegenden Pfannenstiel. Vor Samstagern (km 13) vereinen wir uns in einer 180¡-Kurve mit der SOB-Strecke aus Wädenswil [➙ 672]. Neben dem Bahnhof liegen das Depot und die Werkstätten der SOB.

Die hier seit 1992 im Ausbau auf Doppelspur befindliche Gemeinschafts-Strecke steigt weiter an und bei km 20 erreichen wir Biberbrugg, wo die nach Einsiedeln führende Linie wieder abzweigt. Das geschützte Hochmoor von Rothenthurm passierend, kommen wir bei der Bedarfshaltestelle Biberegg (km 27) zum immerhin 932 m ü.d.M. liegenden Scheitelpunkt der Strecke. Über den Sattel fahren wir dann am Hang des Rossbergs hinab ins Tal, haben linkerhand einen hübschen Blick auf den Lauerzer See und erreichen bei km 39 Arth-Goldau an der Gotthardbahn [➙ 600].

672 SOB
Wädenswil–Einsiedeln (17 km)

Die damalige WE (*Wädenswil-Einsiedeln-Bahn*) eröffnete 1877 ihre Stichstrecke vom Südufer des Zürichsees hinauf zum Wallfahrtsort Einsiedeln. An der Steigungen bis zu 50 ‰ aufweisenden Strecke waren Versuche mit einem neuartigen Walzen-Zahnstangen-System vorausgegangen, die jedoch scheiterten. 1890 wurde die WE von der neugegründeten SOB (*Schweizerische Südostbahn*) übernommen. Die 1939 elektrifizierte und auch für den Wallfahrerverkehr immer noch bedeutende Strecke zählt heute als Linie 13 zur S-Bahn-Zürich [➤ 740].

In Wädenswil [➤ 900] verlassen wir gleich nach dem SBB-Bahnhof die weiter am See entlangführende Strecke Zürich–Chur und dank der maximalen Steigung von 50 ‰ haben wir linkerhand schon bald einen schönen Blick hinunter auf den Zürichsee und den durch den Rapperswiler Seedamm abgeteilten Obersee. Vor Samstagern vereinen wir uns mit der in einem engen Bogen von Pfäffikon heraufführenden Strecke [➤ 670], die wir in Biberbrugg wieder verlassen. Vorbei an grosszügig dimensionierten Abstellgleisen für die Pilgerzüge erreichen wir unser Ziel, den Kopfbahnhof von Einsiedeln (881 m ü.d.M., 10500 Einwohner).

Der Wallfahrtsort ist vor allem wegen seiner ***Benediktiner-Abtei** sehenswert, die mit ihrer Stiftskirche zu den eindrucksvollsten Beispielen barocker Baukunst zählt. Einsiedeln ist jedoch auch ein beliebtes Wanderziel und ein aufstrebender Wintersportort.

---

700   SBB
Basel–Brugg–Zürich (88 km)

Zwischen den beiden grössten Städten der Schweiz gab es schon 1858 über Olten und die alte Hauensteinlinie eine durchgehende Zugverbindung [➤ 500]. Die hier beschriebene Route über Stein-Säckingen und Brugg wurde durch die von der damaligen Bbb (*Bötzbergbahn*) 1875 eröffnete Strecke Pratteln–Brugg vollendet. Dort schloss sie an die schon 1856 eröffnete NOB-Strecke nach Baden [➤ 650] an, auf den letzten 23 km benutzt sie die Strecke der ersten Eisenbahn der Schweiz, der am 1847 von der S.N.B. (*Schweizerische Nordbahn*) eröffneten »Spanisch-Brötli-Bahn« Zürich-Baden.

Eine 1969 fertiggestellte Verbindungslinie erspart mit einer 479 m langen Brücke den von Basel über Wohlen [653] zum Gotthard fahrenden Güterzügen das Kopfmachen in Brugg.

Wir verlassen Basel [➤ 500] rheinaufwärts über Muttenz mit seinem riesigen Rangierbahnhof und passieren hinter Pratteln bei km 11 Kaiseraugst mit den Ausgrabungen der ehemaligen römischen Kolonie ***Augusta Raurica**. Rheinfelden mit der bekannten Brauerei Feldschlösschen, die nicht nur wegen der imposanten Betriebsgebäude, sondern auch wegen ihrer Werkbahn-Dampflokomotiven von Interesse ist, erreichen wir bei km 16 und hinter Stein-Säckingen (km 29) verlassen wir den Rhein und wenden uns dem Fricktal zu. Von der zu unserer Linken weiterführenden Rheintallinie [701] ist der Abschnitt Laufenburg–Koblenz 1994 auf Busbetrieb umgestellt worden. Die westliche Reststrecke bis Laufenburg hat seither im Kursbuchfeld 700 Unterschlupf gefunden, hier und wechselweise in dem an unserer Strecke nach Zürich nun vor uns liegenden Frick starten die 1997 eingeführten Regio-Züge der »Grünen Linie« zum elsässischen Mulhouse [501].

Hinter Effingen beginnt bei km 46 der 2526 m lange Bözberg-Tunnel, den wir unmittelbar vor Schinznach-Dorf wieder verlassen. Hier befindet sich der Rundkurs der aus einer 600-mm-Feldbahn hervorgegangenen SchBB (*Schinznacher Baumschulbahn*), auf dem an den Sommer-Wochenenden Dampf- und Diesellokomotiven zum Einsatz kommen.

***700** – Für einmal kein Bild vom Schienennetz Schweiz: Das elsässische Mulhouse ist der Endpunkt der als »Grüne Linie« bezeichneten Regio-Bahn aus Frick und Laufenburg*

Vor Brugg (km 57), dessen ehemaliges Kloster Königsfelden grossartige Glasmalereien aus dem 14. Jh. aufweist, überqueren wir über eine 1995 auf den alten Pfeilern neu errichteten Brücke die Aare. Hier zweigt zunächst rechterhand die erwähnte Verbindungslinie in Richtung Wohlen [653] ab, dann vereinigt sich bei km 57 die aus Olten kommenden Strecke [-> 650] mit unserer Route. Nahe an ihrer Mündung in die Aare queren wir die Reuss und wenden uns dann dem Limmattal zu, wo sich uns in Turgi die von Norden kommende Strecke aus Koblenz [701] anschliesst. Hier ist 1996 ein originelles neues Empfangsgebäude in Form eines kreisrunden Pavillons fertiggestellt worden. Bei km 66 erreichen wir Baden. Als »Aquae Helvetiae« schon von den Römern besiedelt, hat dieser Thermalkurort (385 m ü.d.M., 14000 Einwohner) eine schöne Altstadt und auch das Empfangsgebäude der SBB-Station ist noch der ursprüngliche Bau aus dem Eröffnungjahr 1847.

Die von hier nach Zürich führende erste schweizerische Eisenbahn verdankt ihren Übernamen »Spanisch-Brötli-Bahn« der scherzhaften Behauptung, sie sei nur gebaut worden, damit die in Baden kurenden reichen Zürcher nicht auf dies damals sehr beliebte Backwerk verzichten mussten.

Durch den Schlossberg-Tunnel verlassen wir Baden, überqueren die Limmat und kommen nach Wettingen, das bei der ursprünglichen Trassierung der Strecke noch am linken Flussufer umfahren worden war. Die hier abzweigende Strecke über Regensdorf nach Zürich [703] gehört heute ebenso zum S-Bahn-Netz der Agglomeration wie der Abschnitt Brugg–Zürich unserer Route.

Bei Killwangen-Spreitenbach (km 72) trifft die Heitersberglinie [-> 650] auf unsere Strecke, für den nun folgenden, am stärksten befahrenen SBB-Streckenabschnitt haben im Sommer 1997 die Bauarbeiten für eine zweite Doppelspur begonnen. Rechterhand liegt bei km 75 der riesige Rangierbahnhof Limmattal, ihm folgen Dietikon und das bei Eisenbahnfreunden durch die Waggonfabrik bekannte Schlieren, wenig später erreichen wir das langgezogene Gleisvorfeld des Zürcher Hauptbahnhofs.

Zürich

Grösste Stadt der Schweiz und Hauptstadt des gleichnamigen Kantons, 108 m ü.d. M., 343 000 Einwohner, Zürich Tourismus, Bahnhofbrücke 1, 8001 Zürich, Tel. 01 215 40 00, Fax 01 215 40 44.

Zum Leidwesen mancher Zürcher zwar nicht die Hauptstadt, immerhin aber das wirtschaftliche Zentrum der Schweiz. Ausser den grossen Bankhäusern haben hier auch viele Industrie- und Versicherungsunternehmen ihren Hauptsitz. Die Bahnhofstrasse mit ihren eleganten Geschäften zieht sich vom Zürichsee aus durch die Innenstadt. Beiderseits der parallel zu ihr nach Norden fliessenden Limmat liegt die Altstadt mit den wichtigsten Sehenswürdigkeiten: Auf der rechten Seite des Flusses das im Kern romanische *Grossmünster, das mit seinen neugotischen Doppeltürmen zum Wahrzeichen Zürichs geworden ist. Dahinter am Heimplatz liegt das *Kunsthaus, eine der wichtigsten Gemäldegalerien der Schweiz mit grossen Sammlungen alter Meister und der Kunst des 19. und 20. Jahrhunderts.

Westlich der Limmat der schöne Münsterhof und das gotische *Fraumünster mit Glasfenstern von Marc Chagall. Die benachbarte Pfarrkirche St. Peter weist als Superlativ die mit fast 60 m≈ grössten Turmuhr-Zifferblätter in Europa auf. Nördlich vom Bahnhof liegt auf der Landzunge zwischen Limmat und Sihl das *Schweizerische Landesmuseum mit einer umfangreichen kulturgeschichtlichen Sammlung.

Eisenbahn: Schon bei der Eröffnung der »Spanisch-Brötli-Bahn« 1847 lag der Zürcher Endpunkt zwischen Limmat und Sihl auf dem Areal des heutigen Bahnhofs »Zürich HB«. Die 1871 gebaute Bahnhalle des Kopfbahnhofes, in der die Reisenden neuerdings von einem farbenfrohen Schutzengel von Niki de St.Phalle begrüsst werden, wurde bei Erweiterungen 1902 und 1933 zur Empfangshalle und eine neue Bahnhalle wurde quer über die Sihl gebaut.

Viele Jahre lang war der Hauptbahnhof von umfangreichen Umbau- und Erweiterungsarbeiten geprägt, die erst im Jubiläumsjahr 1997 ihren (vorläufigen) Abschluss fanden. Heute besitzt er einschliesslich der neuen unterirdischen Nebenbahnhöfe Museumsstrasse und SZU 22 Gleise und seit Eröffnung der S-Bahn-Zürich – ihr ist eine separate Beschreibung gewidmet [➤ 740] – im Jahre 1990 ist er für den Regionalverkehr vom Kopfbahnhof zur Durchgangsstation geworden.

Architektonisch von Interesse ist auch der schön restaurierte Vorortbahnhof Zürich-Enge sowie die ultramoderne Station Stadelhofen, für deren elegante Beton-Architektur die SBB den begehrten Brunel-Award erhalten hat.

Zwischen Zürich-Altstetten und -Oerlikon dient seit 1969 die Käferberglinie dem Güterverkehr Ostschweiz–Rangierbahnhof Limmattal zur Umfahrung des Hauptbahnhofes. Sie besteht im wesentlichen aus dem 1,1 km langen Hardturmviadukt und dem daran anschliessenden 2,1 km langen Käferbergtunnel. Eine 1982 fertiggestellte Verzweigung in Richtung Hauptbahnhof dient der Entlastung der Strecke über Wipkingen nach Oerlikon [➤ 750] und hat mit der Eröffnung der S-Bahn-Zürich an Bedeutung gewonnen.

Die von Zürich ausgehenden Strecken der normalspurigen SZU [➤ 712, 713] haben ihren Endpunkt im unterirdischen Nebenbahnhof, während die schmalspurige, innerstädtisch auf Trambahngleisen verkehrende FB [➤ 731] vor dem Bahnhof Stadelhofen ihren Ausgangspunkt hat.

Mit der auf den Dolder hinaufführenden Db [➤ 732] besitzt Zürich auch eine richtige Zahnradbahn, deren Strecke jedoch nur 1,3 km lang ist.

Stadtverkehr: Das erste »Rössli-Tram« verkehrte in Zürich 1882, die private EStZ (*Elektrische Strassenbahn Zürich AG*) eröffnete 1894 ihre erste Strecke. Heute betreibt die VBZ (*Verkehrsbetriebe Zürich*) 13 Tramlinien mit einer Betriebslänge von insgesamt mehr als 60 km. 28 Autobus- und Trolleybuslinien ergänzen das Tramnetz.

Vom Limmatquai besteht seit 1889 mit der Polybahn eine nur 176 m lange Standseilbahn-Verbindung zur Hochschule hinauf [2700]. Diese einzige noch existierende Dreischienen-Seilbahn der Schweiz wurde 1976 von der Bankgesellschaft UBS vor der Einstellung gerettet und wird seither von ihr als Nostalgie-Bahn betrieben. Eine weitere Standseilbahn führt von der Universitätsstrasse den Zürichberg hinauf zum Aussichtspunkt Rigiblick [2701].

Zürich–Sihlbrugg (18 km)

1892 nahm die damalige SiTB (*Sihltalbahn*) ihre von Zürich bis Sihlwald führende Strecke in Betrieb, die fünf Jahre später zum Anschluss an die Gotthard-Zufahrt [→ 601] bis Sihlbrugg verlängert wurde. Die 1924 elektrifizierte SiTB fusionierte 1973 mit der Uetlibergbahn [→ 713] zur heutigen SZU (*Sihltal-Zürich-Uetliberg-Bahn*). 1990 sind die bis dahin in Zürich-Selnau endenden Linien der SZU durch eine in das Sihlbett gebaute Tunnelstrecke bis zum Hauptbahnhof verlängert worden.

Gemeinsamer Endpunkt ist seither eine unterirdische Kopfstation, für die eine in den siebziger Jahren »auf Vorrat« gebaute Haltestelle der von den Stimmbürgern anschliessend abgelehnten Zürcher U-Bahn genutzt werden konnte. Als Linie 4 ist die Sihltalbahn in das S-Bahn-Netz [→ 740] integriert.

Wir beginnen unsere Fahrt in dem noch unter dem Einkaufskeller »Shopville« liegenden Kopfbahnhof. Die knapp 1,3 km lange Tunnelstrecke umfasst auch die in das Flussbett gebaute neue Station Selnau, der alte oberirdische Endbahnhof der SZU existiert nicht mehr. Wieder am Tageslicht, passieren wir die für den Güterverkehr und den Materialtransport wichtige Verbindungsstrecke zum SBB-Bahnhof Wiedikon [→ 900], die durch den 1927 gebauten Manesse-Tunnel führt.

Wir erreichen nun den Bahnhof Giesshübel mit den umfangreichen Depot-Anlagen der SZU. Dort trennen sich die beiden Linien und bis Adliswil (km 8) fahren wir durch dicht besiedelte Vororte. Hier beginnt die Luftseilbahn hinauf zum Felsenegg [2705], ein Wanderweg führt über den Kamm der Albis-Kette zum Uetliberg.

Hinter Adliswil lockert sich die Bebauung, wir passieren Langnau-Gattikon (km 12) mit den neuen grossen Abstellanlagen der SZU und nach einem anschliessenden Tunnel erreichen wir dichtes Waldgebiet. Weiter talaufwärts fahrend, treffen wir in unserem Ziel, der weit ausserhalb des Ortes liegenden Station Sihlbrugg, auf die vom Zürichsee durch den Zimmerberg-Tunnel heraufführende Strecke in Richtung Zug [→ 660].

SZU   Sihltal-Zürich-Uetliberg-Bahn

	Sihltal-Linie	*Uetliberg-Linie*
Eröffnet:	1892	1875
Streckenlänge:	18 km	10 km
Spurweite:	1435 mm	1435 mm
Stromart:	Wechselstrom	Gleichstrom
	15 kV 16 $\frac{2}{3}$ Hz	1200 V
	(seit 1924)	(seit 1923)
max. Neigung:	28 ‰	70 ‰
Depot:	Zürich Giesshübel	Zürich Giesshübel

Fahrzeuge: Auf der Sihltal-Linie verkehren neben den von Triebwagen BDe 576 geführten Pendelzügen auch moderne Drehstrom-Umrichter-Lokomotiven Re 456, die ab 1987 beschafft wurden.
Der Verkehr zum Uetliberg wird mit Triebwagen Be 4/4 von 1992 und die älteren Be 8/8 abgewickelt.

750 – Alle reden vom Wetter - vielleicht auch der Lokführer dieser typischen Güterzug-Doppeltraktion aus Re 6/6 und Re 4/4 III bei der Einfahrt in den Bahnhof von – nomen est omen – Winterthur.

760 – Ein imposantes Bauwerk ist die 440 m lange Rheinbrücke in Eglisau mit Vorlandviadukten und 90 m weitem Stahlträger-Mittelteil

713 SZU
Zürich–Uetliberg (10 km)

Der 1875 eröffneten UeB (*Uetlibergbahn*) gebührt das Superlativ, die steilste Adhäsionsbahn normaler Spurweite in Europa zu sein, ihre Steigungen betragen bis zu 70 ‰. Die auf den beliebten Aussichtsberg der Zürcher führende Bahn fusionierte 1973 mit der Sihltalbahn [→ 712] zur SZU (*Sihltal-Zürich-Uetliberg-Bahn*).

1923 ist die zuvor zwei Jahre lang eingestellte Bahn mit Gleichstrom 1200 V elektrifiziert worden. Von der gemeinsamen Endstation unter dem Zürcher Hauptbahnhof verläuft die Strecke bis Giesshübel zusammen mit der »normal« elektrifizierten Sihltal-Linie , die Fahrleitung und die Pantographen ihrer Fahrzeuge sind deswegen aus der normalen Mittellage um 130 cm seitlich versetzt.

Ab Giesshübel führt die Strecke bei kräftiger Steigung durch die westlichen Vororte Zürichs. Bei Waldegg (km 7) beschreibt sie einen grossen Bogen und klettert dann in vielen Kurven den bewaldeten Hang des Uetlibergs empor. Von der Bergstation führt ein kurzer Fussweg zum Gipfel (871 m ü.d.M.), vom Aussichtsturm dort hat man einen schönen Panoramablick.

730 SBB
Zürich–Meilen–Rapperswil (36 km)

Die 1894 von der damaligen NOB (*Schweizerische Nordostbahn*) eröffnete Strecke gehört heute zum S-Bahn-Netz Zürich, die hier verkehrende Linie 7 verbindet Rapperswil über Zürich und Kloten mit Winterthur. Ein S-Bahn-ähnlicher Verkehr wurde hier schon 1968 mit den eigens angeschafften RABDe 12/12 eingerichtet, mit dem Abschnitt Tiefenbrunnen–Küsnacht wurde 1997 die für eine Taktverdichtung nötige Doppelspur weiter ausgebaut.

Der früher über Zürich Letten und durch den Letten-Tunnel führende Streckenabschnitt wurde mit der S-Bahn-Eröffnung 1990 stillgelegt. Ausgangspunkt unserer Fahrt ist heute die viergleisige unterirdische Erweiterung des Hauptbahnhofes unter der Museumsstrasse. In einer Tiefe bis zu 35 m unterfahren wir durch den 1,3 km langen Hirschengraben-Tunnel die Zürcher Altstadt und erreichen den modernen Bahnhof Stadelhofen. Hier zweigen nach links die Doppelspuren des Zürichbergtunnels ab [→ 740], wir fahren rechterhand durch den Riesbach-Tunnel nach Tiefenbrunn.

Am dichtbesiedelten Nordufer des Zürichsees entlang, das wegen seiner »hablichen« Bewohner den Übernamen Goldküste trägt, führt die Strecke über Zollikon und Küsnacht nach Meilen (km 20). Von hier verkehrt eine Autofähre [3735] zum gegenüberliegenden Horgen. Früher endete in Meilen die 1950 stillgelegte schmalspurige WMB (*Wetzikon-Meilen-Bahn*). Über Männedorf, Stäfa und Uerikon, dem einstigen Ausgangspunkt der UeBB [→ 740], erreichen wir das malerisch auf einer Halbinsel gelegene Städtchen ***Rapperswil** (416 m ü.d.M., 7800 Einwohner, Verkehrsbüro, Fischmarktplatz 1, 8640 Rapperswil SG Tel. 055 220 57 57, Fax 055 220 57 50. Über der »Rosenstadt« erheben sich das mächtige Schloss aus dem 12 bis 14. Jh. und die mehrfach umgebaute Pfarrkirche. Sehenswert ist auch das freskengeschmückte Rathaus. Hier können wir umsteigen in den Luzern mit der Bodensee-Region verbindenden »Voralpen-Express« [→ 670, 870].

730 – In dem von Doppelstockzügen dominierten S-Bahn-Netz Zürich ist das schon zum Nachbarkanton St. Gallen gehörende Rapperswil einer der wichtigen Knotenpunkte

731 FB
Zürich Stadelhofen–Forch–Esslingen (16 km)

Die 1912 nach vielen anderen Plänen von der FB (*Forchbahn*) in Betrieb genommene schmalspurige Überlandbahn spielt heute als S-Bahn-Linie 18 eine wichtige Rolle im Agglomerationsverkehr von Zürich.

Ausgangspunkt ist die Wendeschleife vor der SBB-Station Stadelhofen [→ 730], bis Rehalp (km 3) werden die Gleise der VBZ (*Verkehrsbetriebe Zürich*) mitbenutzt. Durch ausgedehnte Villenviertel führt die hier doppelspurig ausgebaute Strecke hinauf zum Zollikerberg. Durch den 1976 zur Vermeidung der Ortsdurchfahrt von Zumikon angelegten unterirdischen Streckenabschnitt erreichen wir bei km 10 den Betriebsmittelpunkt Forch (676 m ü.d.M.). Von hier führen schöne Wanderwege ins nördlich gelegene Glattal zum Greifensee und auch nach Südwesten hinunter zum Zürichsee. Unsere Strecke neigt sich über Egg ihrem Endpunkt Esslingen entgegen. Hier hatte die bis 1966 auch Güterverkehr betreibende FB einst Anschluss an die 1949/1950 stillgelegten Strecken der UOe und der WMB [→ 740].

FB Forchbahn

Eröffnet:	1912	Stromart:	Gleichstrom 1200 V
Streckenlänge:	13 km	max. Neigung:	70 ‰
Spurweite:	1000 mm	Depot:	Forch

Fahrzeuge: Neben den trambahnähnlichen Doppel-Triebwagen Be 8/8 kommen die älteren BDe 4/4 nur noch in Spitzenzeiten zum Einsatz.

732 Db
Zürich Römerhof–Dolder (1,3 km)

Die jüngste und gleichzeitig eine der kürzesten Privatbahn-Strecken der Schweiz ist die 1973 eröffnete Db (*Dolderbahn*), die vom Römerhof-Platz hinauf zum Grand Hotel Dolder (548 m ü.d.M.) am Zürichberg führt.

Bereits 1895 wurde hier eine Standseilbahn gebaut, die vier Jahre später um eine kurze Trambahnstrecke vom Endpunkt Waldhaus Dolder zum Grand Hotel ergänzt worden war. Die alte Standseilbahn und die 1930 auf Busbetrieb umgestellte Trambahn wurden 1973 durch eine moderne schmalspurige Zahnradbahn ersetzt, die zwar eher ein innerstädtisches Verkehrsmittel ist, aber dennoch ein eigenes Kursbuchfeld erhalten hat.

Vielleicht am Rande interessant: Fast genau unter der Bergstation der Dolderbahn verläuft der in Stadelhofen beginnende Zürichberg-Tunnel des S-Bahn-Netzes.

Db Dolderbahn

Eröffnet:	1973	Betriebsart:	Zahnrad, System Strub
	(Standseilbahn 1895)	Stromart:	Gleichstrom 600 V
Streckenlänge:	1,3 km	max. Neigung:	196 ‰
Spurweite:	1000 mm		

Fahrzeuge: Zwei Zahnrad-Triebwagen Bhe 1/2 sind die einzigen Fahrzeuge der Dolderbahn.

---

740 SBB
Zürich–Uster–Hinwil (30 km)
Zürich–Uster–Rapperswil-Pfäffikon (45 km)

Auf den hier zu beschreibenden Strecken verkehren heute die S-Bahn-Linien 5, 9 und 14. Während wir mit den ersteren ab Zürich HB die 1990 eingeweihte Neubaustrecke durch den Zürichberg benutzen, folgt die Linie 14 der »klassischen« Linienführung über Oerlikon [→ 750].

Die von Zürich-Oerlikon über Wallisellen nach Winterthur und weiter zum Bodensee [→ 840] führende Strecke wurde 1855 von der NOB eröffnet. Ein Jahr später wurde von der GtB (*Glatthal-Bahn*) die Verbindung Wallisellen–Uster fertiggestellt, die 1859 von der VSB (*Vereinigte Schweizer Bahnen*) als Teil ihrer Linie Zürich–Chur über Wetzikon und Rapperswil fortgeführt wurde. Die später auch in der NOB aufgegangene EH (*Effretikon-Wetzikon-Hinwil-Bahn*) wurde 1876 eröffnet. Ihr nördlicher Abschnitt Effretikon–Wetzikon hat ein eigenes Kursbuchfeld [753], hier verkehrt die S-Bahn-Linie 3.

Auf dem bereits beschriebenen Tunnelabschnitt Zürich HB–Stadelhofen [→ 730] sind fünf S-Bahn-Linien gebündelt. Ab Stadelhofen führt unsere zweigleisige Strecke durch die zunächst getrennten Tunnelröhren des 4,5 km langen Zürichbergtunnels, nach der neuen Station Stettbach erreichen wir wieder das Tageslicht. Hier im Glattal teilt sich die Neubaustrecke, geradeaus quert sie das Tal und schliesst über das Neugut-Viadukt, den kurzen Föhrlibuck-Tunnel und das Weidenholz-Viadukt in Dietlikon an die Strecke Zürich–Winterthur [→ 750]

830 – Recht farbenfroh präsentiert sich neuerdings die MThB, die nicht erst seit der Übernahme der Seelinie zu den innovativsten Bahnen gerechnet werden darf

855 – Die AB und die TB haben ihren gemeinsamen Endpunkt im St. Galler Nebenbahnhof, auffällig ist das unterschiedliche Lichtraumprofil dieser Meterspurbahnen

an. Unsere Route hingegen führt über kreuzungsfreie Rampen ins Tal hinunter, wo wir uns vor Dübendorf mit der von Wallisellen kommenden Strecke vereinen.

Vom Bahnhof Nänikon-Greifensee (km 15) ist es nicht weit zum hübschen Örtchen Greifensee am Nordufer des gleichnamigen kleinen Sees. Auf weiterhin leicht ansteigender Strecke kommen wir bei km 18 nach Uster. Hier begann einst die 1949 stillgelegte schmalspurige UOe (*Uster-Oetwil-Bahn*), die in Esslingen Anschluss an die Forchbahn [→ 731] hatte und in Oetwil auf die heute auch schon lange stillgelegte WMB (*Wetzikon-Meilen-Bahn*) traf. Deren einstigen Ausgangspunkt Wetzikon erreichen wir bei km 25.

Wenig später zweigt nach links die nach Hinwil führende Strecke ab. Hier konnte man früher umsteigen in die den Zürichsee [→ 730] mit dem reizvollen Tösstal verbindende UeBB (*Uerikon-Bauma-Bahn*), die ab 1948 in Raten stillgelegt wurde. Über die auf dem Abschnitt Hinwil–Bauma im Sommer an zwei Sonntagen pro Monat verkehrenden Dampfzüge des DVZO informiert das Kursbuchfeld 742.

Unsere Route neigt sich nun langsam hinunter nach Rüti (km 34), wo bis vor wenigen Jahren ein mit Zahnstange ausgerüstetes Werksanschlussgleis eine tieferliegende Maschinenfabrik bediente. Vereint mit der aus Winterthur durch das Tösstal führenden Strecke [754], die heute von der S-Bahn-Linie 26 bedient wird, erreichen wir unser Ziel Rapperswil [→ 730].

S-Bahn Zürich

Seit Mai 1990 wird der Eisenbahnverkehr in und um Zürich von den blau-weiss lackierten Doppelstockzügen der S-Bahn geprägt. Das fast 400 km lange Streckennetz umfasst aber nicht nur die engere Stadtregion, sondern den gesamten Kanton Zürich. Von Brugg bis Wil und von Schaffhausen bis Einsiedeln reichend, zieht es sich sogar noch über die Kantonsgrenzen hinaus. Neben den »Dosto«-Zügen mit den eigens beschafften Re 450 kommen auch noch Triebwagen-Pendelzüge mit den modernisierten RBe 540 zum Einsatz

Aus der recht wechselvollen Vorgeschichte sollen hier nur die von den Stimmbürgern abgelehnten Pläne einer Tiefbahn (1962) und eines U-Bahn- und S-Bahn-Systems (1973) erwähnt werden. Nach einer dann 1981 positiven Abstimmung konnte 1983 auf der Grundlage älterer Planungen mit dem Bau begonnen werden.

Kernstück des Netzes ist die im Vorfeld des Hauptbahnhofes beginnende Neubaustrecke mit der viergleisigen unterirdischen Station unter der Museumsstrasse, dem 1,3 km langen Hirschengraben-Tunnel, dem neuerstandenen Bahnhof Stadelhofen, dem 4,5 km langen Tunnel durch den Zürichberg mit der neuen Station Stettbach und der über Viadukte führenden Verzweigung im Glattal mit Anschluss an die Strecken in Richtung Uster [→ 740] und Winterthur [→ 750].

Neben der SBB sind auch die Privatbahnen SOB, SZU, BD und FB am S-Bahn-Netz beteiligt. Die Züge verkehren überwiegend im 30-Minuten-Takt, durch die enge Netzverknüpfung und die Bündelung von Strecken ergibt sich im städtischen Kernbereich ein angenäherter 10-Minuten-Takt. Der Hauptbahnhof wird von 12 Linien bedient, die im Kursbuch in ihren angestammten Feldern zu finden sind und zusätzlich linienweise im Feld 1700 zusammengefasst wurden. 10 weitere Linien dienen dem Verkehr im Umland, insbesondere in der Region Winterthur.

Mit kontinuierlichen Ausbaumassnahmen, wie der 1997 fertiggestellten Doppelspur Zürich-Seebach–Regensdorf, wird das Netz auch künftig weiter verdichtet und verbessert werden.

Gleichzeitig mit der S-Bahn-Eröffnung startete 1990 auch der Zürcher Verkehrsverbund, zu dem nicht nur der Eisenbahnverkehr, sondern auch Tram-, Bus- und Schiffahrtslinien des in 43 Tarifzonen aufgeteilten Kantons Zürich gehören. Für den Touristen sind die Tageskarten und die an sechs frei wählbaren Tagen geltenden Tageswahlkarten ein interessantes Angebot.

Zürich–Winterthur (26 km)

Nicht nur nach Rom führen viele Wege – von Zürich nach Winterthur bietet die SBB heute immerhin vier verschiedene Routen an, drei davon werden von S-Bahnen bedient, während auf der über den Zürcher Flughafen führenden Strecke die IC- und IR-Züge verkehren.

Die jüngste Verbindung führt durch den Zürichbergtunnel [➙ 740] und schliesst in Dietlikon an die älteste der vier Routen an. Diese von Oerlikon über Wallisellen führende und über Winterthur hinaus bis Romanshorn reichende Strecke [➙ 840] wurde von der NOB schon 1855 fertiggestellt, ein Jahr später wurde die Lücke zum Zürcher Hauptbahnhof geschlossen.

Die von der glücklosen SNB (*Schweizerische Nationalbahn*) 1877 eröffnete Verbindung über Kloten nach Winterthur wird heute von der S-Bahn ab Zürich HB über die neue Station Hardbrücke, das dann nach Norden abzweigende Verbindungsviadukt von 1982 und die 1969 gebaute Käferberglinie erreicht. Die in Oerlikon abzweigende Flughafenlinie wurde 1980 eingeweiht.

Wir verlassen Zürich über das den Vorbahnhof überquerende, 1894 fertiggestellte Limmat-Viadukt, durchfahren den 959 m langen Wipkingen-Tunnel und kommen nach Oerlikon (km 5), wo die über Wallisellen führenden S-Bahn-Linien nach Winterthur und nach Rapperswil [➙ 740] und später auch die Strecke nach Schaffhausen [➙ 760] abzweigen. Nachdem wir die Nationalstrasse überquert haben, führt rechterhand die alte Nationalbahn-Strecke nach Kloten weiter, wir hingegen erreichen über die mehr als 4 km lange Tunnelstrecke den 18 m unter dem »Airport-Plaza« liegenden viergleisigen Flughafen-Bahnhof.

Auch bei Kloten unterfahren wir noch auf der Tunnelstrecke, um uns danach wieder mit der alten Route zu vereinen. In Effretikon (km 17) stossen dann auch die von Wallisellen und durch den Zürichtunnel kommenden S-Bahn-Linien zu uns. Nun neigt sich die Strecke ins Tal der Kempt, der wir bis zu ihrem Zusammenfluss mit der Töss folgen. Etwa bei km 24 mündet schliesslich von Westen die Rheintallinie aus Zurzach [701] und gemeinsam erreichen wir unser Ziel, das geschäftige Winterthur (439 m ü.d.M., 86000 Einwohner, Verkehrsverein, Bahnhofplatz 12, 8400 Winterthur, Tel. 052 212 00 88, Fax. 052 212 00 72).

Sehenswert ist die kleine Altstadt, die ***Kunstsammlung Oskar Reinhart** und das im Nordwesten der Stadt gelegene ***Technorama** mit seiner grosszügigen technik-geschichtlichen Ausstellung. Neben anderen grossen Industriefirmen hat in Winterthur auch die SLM (*Schweizerische Lokomotiv- und Maschinenfabrik*) ihren Sitz. Der 1898 mit einer Strecke nach Töss eröffnete Trambahnbetrieb, er umfasste in den dreissiger Jahren eine Streckenlänge von mehr als 11 km, wurde 1951 durch Trolleybusse abgelöst.

760   SBB

Schaffhausen–Bülach–Zürich (46 km)

Bereits 1857 wurde von der NOB (*Schweizerische Nordostbahn*) eine in Winterthur von ihrer Linie Zürich–Romanshorn abzweigende Verbindung nach Schaffhausen fertiggestellt. 1865 eröffnete dann die BR (*Bülach-Regensberg-Bahn*) ihre von Zürich Oerlikon nach Bülach führende Strecke. Der anschliessende Abschnitt Bülach–Eglisau gehört zur 1876 von der NOB in Betrieb genommenen Rheintallinie [701]. Durch die Strecke Eglisau–Neuhausen, 1897 von der NOB fertiggestellt, konnte dann der Weg über Winterthur um gut 10 km verkürzt werden, indem man einen zum Teil über deutsches Gebiet führenden Streckenverlauf in Kauf nahm. Auf der 1928 elektrifizierte Verbindung verkehren heute die S-Bahn-Linien 5 und 22, aber auch internationale IC und der Cisalpino Stuttgart–Zürich–Milano. Die in das Kursbuchfeld 760 mit aufgenommene Seitenlinie von Oberglatt nach Niederweningen wurde 1865 von der BR begonnen und 1891 von der NOB fertiggestellt.

Unsere Fahrt beginnt in Schaffhausen, der Hauptstadt des gleichnamigen Kantons. Das reizvolle Städtchen (404 m ü.d.M., 34000 Einwohner, Tourist-Service, Fronwagplatz, 48200 Schaffhausen, Tel. 052 625 51 41, Fax. 052 625 51 43) besitzt eine schöne Altstadt, in der besonders das romanische Münster und das benachbarte historische **Museum zu Allerheiligen** erwähnenswert sind. Auf einem Weinberg östlich der Altstadt liegt die **Festung Munot** aus dem 16. Jh. Schaffhausen ist ein wichtiger Eisenbahnknotenpunkt; ausser unserer Route treffen hier die von Rorschach über Kreuzlingen führende Bodensee-Strecke [➝ 820] und die aus Winterthur kommende Linie [762] zusammen. Hinzu kommen die von der DB betriebenen Verbindungen über Erzingen und Waldshut nach Basel Bad Bf. [763/5210] und über Thayngen nach Singen [764/5230]. Die seit 1901 existierende SchSt (*Schaffhauser Strassenbahn*) und der StSS (*Strassenbahn Schaffhausen-Schleitheim*) wurden bis 1966 stillgelegt.

Wir fahren am rechten Rheinufer entlang flussaufwärts und kommen bei km 2 nach Neuhausen. Auch wer hier die Fahrt nicht unterbrechen kann, muss auf die wichtigste Sehenswürdigkeit nicht ganz verzichten, denn auch vom Zug aus haben wir linkerhand einen eindrucksvollen Blick auf den **Rheinfall** mit seinen über eine Breite von 150 m herabstürzenden Wassermassen. In Altenburg (km 6) überschreiten wir die deutsche Grenze, passieren Jestetten und Lottstetten und erreichen bei km 13 vor Rafz wieder Schweizer Boden. Gleich hinter Hüntwangen-Wil überqueren wir den Rhein auf einem imposanten, 440 m langen Viadukt und vereinen uns im malerischen Eglisau (km 20) mit der von Wettingen kommenden Strecke nach Winterthur [701].

Durch das untere Glattal kommen wir bei km 26 nach Bülach, wo sich die beiden Strecken wieder trennen. In Oberglatt mündet von Westen die Seitenlinie aus Niederweningen [761] und schon bald sehen wir linkerhand den Flughafen Zürich. Vor Oerlikon vereinen wir uns dann mit der schon eine Weile parallel verlaufenden Strecke aus Winterthur [➝ 750], und erreichen durch den Wipkingen-Tunnel unser Ziel Zürich [➝ 700].

---

820   SBB

Schaffhausen–Kreuzlingen–Romanshorn–Rorschach (80 km)

Der Abschnitt Kreuzlingen–Rorschach dieser als »Seelinie« bekannten Strecke wurde 1871 von der NOB (*Schweizerische Nordostbahn*) fertiggestellt. 1875 nahm die ehemalige SNB (*Schweizerische Nationalbahn*) auf ihrer von Winterthur über Etzwilen nach Kreuzlingen führenden Strecke den Betrieb auf, 1895 konnte dann von der NOB, die schon 1880 die Strecken der SNB übernommen hatte, die Lücke Etzwilen–Schaffhausen geschlossen werden. Seit 1997 wird nach einem Entscheid des Bundesrates die Strecke Schaffhausen–Romanshorn von der MThB [➝ 830] betrieben, da sie für einen über zehn Jahre laufenden Versuch das überzeugendere Konzept vorgelegt hat. Der Abschnitt Romanshorn–Rorschach verbleibt jedoch bei der SBB.

856 – Auf dem steilsten Streckenabschnitt der AB steigt beim Haltepunkt Stoss ein Pendelzug aus dem Rheintal empor

870 – Ein Regionalzug der BT auf dem Walketobel-Viadukt bei Herisau, der Miniatur-Tunnel im Hintergrund scheint fast einer Modellbahn-Anfangspackung entsprungen

Wir verlassen den Bahnhof von Schaffhausen [→ 760] zunächst nach Norden, linkerhand zweigt die von der DB betriebene Strecke nach Singen [764] ab. Nachdem wir den 761 m langen Emmersberg-Tunnel durchfahren haben, überqueren wir bei Feuerthalen den Rhein. Vor Schlatt (km 5) kommen wir in den Kanton Thurgau, linkerhand liegt ein ehemaliges Nonnenkloster mit dem schönen Namen »Paradis«. Bei km 10 passieren wir das altertümliche Städtchen Diessenhofen und verlassen das bewaldete Rheintal zur Umfahrung des Rodenbergs. In Etzwilen (km 17) mündet die aus Winterthur kommende Nationalbahn-Strecke [821], die heute auch zum S-Bahn-Netz Zürich gehört. Ihre Fortsetzung über die Grenze nach Singen ist im Kursbuch nicht zu finden, da der Personenverkehr schon 1969 auf Busse umgestellt wurde. Auf dieser einzigen nicht elektrifizierten SBB-Strecke verkehrten bis 1996 noch Huckepack-Züge, die nun vom neuen Terminal in Singen über die DB-Strecke nach Schaffhausen geführt werden.

Bei km 20 kommen wir nach *Stein am Rhein (2500 Einw.). Zum Besuch des malerischen Ortes, der zu den am besten erhaltenen mittelalterlichen Kleinstädten der Schweiz zählt, müssen wir vom Bahnhof aus den Rhein überqueren. Am Marktplatz liegt das aus dem 16. Jh. stammende Rathaus, unweit die romanische Basilika St. Georgen, ein schöner Aussichtspunkt ist die Burg Hohenklingen. Bei Stein beginnt der Untersee, der westlichste Ausläufer des Bodensees, an dessen Ufer mit seinen schönen Städtchen Steckborn (km 31) und Ermatingen (km 39) wir unsere Fahrt fortsetzen. Zusammen mit der von Süden kommenden MThB-Strecke [→ 830], die uns zunächst in einer Überwerfung quert, erreichen wir bei km 46 den Grenzort Kreuzlingen. Zwischen Kreuzlingen und Kreuzlingen Hafen zweigt die über Konstanz und Singen nach Engen führende Strecke ab, die seit 1994 grenzüberschreitend auch von der MThB betrieben wird.

Unsere Fahrt geht nun am Ufer des eigentlichen Bodensees entlang. Freie Blicke weit über den See wechseln mit kleinen Ortschaften; Funde von Pfahlbauten aus der Bronzezeit künden von der frühen Besiedelung dieser Region. Romanshorn (km 65, 8000 Einwohner) besitzt als Ferienort gepflegte Uferparks, aber auch den grössten Hafen am Bodensee. Statt des früheren Eisenbahn-Trajektverkehrs nach Friedrichshafen gibt es seit 1976 nur noch eine Autofähre [3810], die aber auch gute Bahnanschlüsse bietet. Diese Schiffslinie ist darum auch Bestandteil der Strecke Zürich–Ulm [5235]. In Romanshorn enden die Bahnlinien aus Winterthur [→ 840] und aus Rapperswil [→ 870]. Weiter am Ufer entlang erreichen wir hinter Arbon (km 73) den Kanton St. Gallen und vereinigen uns in Rorschach mit der Strecke St. Gallen–Chur. Der wenige hundert Meter lange Abschnitt von Rorschach Hafen zum Stadtbahnhof Rorschach [→ 880] wird auch von der nach Heiden hinaufführenden Zahnradbahn RHB [→ 857] mitbenutzt.

---

830 MThB
Engen–Singen–Konstanz–Weinfelden–Wil (92 km)

Die 1911 eröffnete und erst seit 1965 elektrifizierte MThB (*Mittel-Thurgau-Bahn*) ist die einzige normalspurige Privatbahn der Schweiz mit grenzüberschreitendem Verkehr. Seit 1994 bedient sie auch die an ihre Strecke Wil–Konstanz anknüpfende DB-Strecke über Singen nach Engen und konnte damit ihre Betriebslänge mehr als verdoppeln. Und über eine deutsche Tochtergesellschaft hat sie die hier beschriebene »Seehas«-Linie 1996 noch um die seither als »Seehäsle« bezeichnete Verbindung Radolfzell–Stockach ergänzen können. Seit 1997 verkehren erstmals Schnellzüge der neuen Zugsgattung RX (*RegioExpress*) durchgehend zwischen Konstanz und Zürich. Aber auch für den Güterverkehr, insbesondere für die aus dem Stuttgarter Raum kommenden Ölzüge, spielt die MThB eine wichtige Rolle. Und schlussendlich gibt es noch das Reisebüro Mittelthurgau, eine MThB-Tochter, die den Eisenbahnfreunden durch die Übernahme der ehemaligen Rheingold-Aussichtswagen und des SBB-Doppelpfeils bekannt ist.

MThB Mittel-Thurgau-Bahn

Eröffnet:	1911	Stromart:	Wechselstrom
Streckenlänge:	42 km		15 kV 16 $^2/_3$ Hz
	(ohne DB-Strecken)	max. Neigung:	22 ‰
Spurweite:	1435 mm	Depot:	Weinfelden

Fahrzeuge: Neben Pendelzügen mit den neuen RBDe 566 kommen weiterhin die modernisierten ABDe 536 zum Einsatz. Für den Güterverkehr stehen ausser einer Re 4/4 II die ehemaligen Reichsbahn-Lokomotiven Ae 477 der Lokoop AG zur Verfügung.

Auf dem schweizerischen Teil der Strecke beginnt unsere Fahrt in Konstanz, wo die Station der MThB direkt an den DB-Bahnhof stösst. Die Grenze überquerend, erreichen wir das unmittelbar benachbarte Kreuzlingen und überqueren die Strecke Schaffhausen–Rorschach [→ 820]. In einem Bogen wendet sich unsere weiter ansteigende Rute in südöstliche Richtung, linkerhand haben wir einen weiten Blick über den Bodensee. Den Ottenberg umfahrend, können wir im Süden die Gipfel der Appenzeller Berge ausmachen, bevor die Strecke sich nach Weinfelden neigt, wo wir bei km 23 die Bahnlinie Winterthur-Romanshorn [→ 840] kreuzen.

Aus dem Tal der Thur steigt die Strecke nun wieder an und gleich hinter Bussnang queren wir ein Nebental über ein 277 m langes Viadukt. Durch das an Obstbäumen reiche Gebiet kommen wir hinter Bettwiesen (km 37) zur Kantonsgrenze zwischen Thurgau und St. Gallen. Nach Unterquerung der FW-Strecke [→ 841] erreichen wir den Bahnhof von Wil, wo wir auf die SBB-Strecke Winterthur–St. Gallen [→ 850] und die hier beginnende Regionallinie nach Nesslau-Neu St. Johann [853] treffen.

---

840   SBB
Winterthur–Frauenfeld–Romanshorn (56 km)

Diese Strecke gehört zu den ältesten Eisenbahnlinien der Schweiz, sie wurde bereits 1855 von der damaligen NOB (Schweizerische Nordostbahn) als erster Abschnitt ihrer Verbindung zwischen Zürich und Bodensee eröffnet.

Wir verlassen Winterthur [→ 750] gemeinsam mit der Linie nach Rapperswil [754] und der Schnellzugstrecke nach St. Gallen [→ 850], von der wir im Vorort Grüze nach Norden abzweigen. Hinter der Station Oberwinterthur zweigt linkerhand die Regionallinie [821] nach Stein am Rhein ab. Bis Rickenbach-Attikon (km 8) steigt unsere Strecke leicht an, um dann hinab ins Thurgau zu führen. Auf fast schnurgerader Linie erreichen wir bei km 16 Frauenfeld, den Ausgangspunkt der schmalspurigen Überlandbahn nach Wil [→ 841].

Durch die fruchtbare Ebene der Thur geht unsere Fahrt weiter nach Weinfelden (km 33), wo wir die von Konstanz nach Wil führende MThB [→ 830] kreuzen. Hinter Sulgen zweigt schliesslich bei km 40 rechterhand die über Gossau nach St. Gallen führende Strecke [852] ab. Auf leicht abfallender Route erreichen wir über Amriswil unser Ziel Romanshorn am Bodensee (399 m ü.d. M., 8000 Einwohner). Im 1855 auch von der NOB erbauten Hafen begann früher der Eisenbahn-Trajektverkehr zum gegenüberliegenden Friedrichshafen; seit 1976 verkehren auf dieser Route nur noch Autofähren [3810].

841   FW
Frauenfeld–Wil (17 km)

Frauenfeld, die Hauptstadt des Kantons Thurgau (410 m ü.d.M., 18000 Einwohner) liegt an der SBB-Strecke Winterthur–Romanshorn [➤ 840]. Dort nimmt die 1887 als Dampfstrassenbahn eröffnete FW (*Frauenfeld-Wil-Bahn*) ihren Ausgang.

In den letzten Jahren zu einer modernen Überlandbahn ausgebaut, verläuft die schmalspurige Strecke durch das Tal der Murg und weitgehend parallel der Nationalstrasse 7 zum 17 km entfernten Wil (578 m ü. d. M., 16 000 Einwohner), der ehemaligen Sommerresidenz der Fürstäbte von St. Gallen. Hier trifft auch die von Konstanz kommende MThB [➤ 830] auf die SBB-Strecke St. Gallen–Winterthur [850]. 1978 baute die FW hier eine moderne Rollbockanlage zur Bedienung der zahlreichen Industrie-Anschlüsse im Murgtal.

FW Frauenfeld-Wil-Bahn			
Eröffnet:	1887	max. Neigung:	46 ‰
Streckenlänge:	17 km	Depot:	Wil
Spurweite:	1000 mm	Stromart:	Gleichstrom 1200 V (seit 1921)

Fahrzeuge: Moderne Pendelzüge Be 4/4 + Bt haben die alten Triebwagen fast vollständig abgelöst.

850   SBB
Winterthur–St. Gallen (58 km)

Von der damaligen SGAE (*St.Gallisch-Appenzellische Eisenbahn*) wurde diese Strecke bereits 1856 eröffnet, ein Jahr später ging die Gesellschaft zusammen mit der GtB [➤ 740] in der neuen VSB (*Vereinigte Schweizer Bahnen*) auf. Der Abschnitt Winterthur–Wil zählt noch zum S-Bahn-Netz Zürich, hier verkehren aber auch IC mit Ziel Genève und Interlaken und die München mit Zürich verbindenden EC.

Wir verlassen Winterthur [➤ 750] in östliche Richtung. Hinter der Vorortstation Grüze zweigen linkerhand die Strecken nach Stein am Rhein [821] und nach Romanshorn [➤ 840] ab, nach rechts die Linie in Richtung Rapperswil [754]. Durch freundliche Hügellandschaft führt unsere Strecke leicht bergan und bei km 28 passieren wir Wil, den Endpunk der Mittel-Thurgau-Bahn [➤ 830] und der schmalspurigen Überlandbahn nach Frauenfeld [➤ 841].

Vor Schwarzenbach überqueren wir die Thur und hinter Flawil auf einer neuerbauten und 1997 per Querverschub in die richtige Position gebrachten Bogenbrücke den Oberlauf des Flüsschens Glatt. Auf weiterhin ansteigender Strecke erreichen wir bei km 48 den Eisenbahnknoten Gossau. Hier endet die

915 – *Fast 90 Meter über dem Bachlauf überquert ein Regionalzug der RhB auf dem grossartigen steinernen Viadukt kurz vor Filisur das Tal der Wiese*

920 – *In Disentis, der Schnittstelle von RhB und FO, werden die Reisenden des Glacier-Express von dem imposanten Benediktiner-Kloster begrüsst*

aus Weinfelden kommende Strecke [852] und direkt neben dem SBB-Bahnhof hat die AB [→ 854] ihren Ausgangspunkt.

Über ein 191 m langes Viadukt überqueren wir die tiefe Schlucht der Sitter, rechterhand sehen wir nur wenig entfernt das gewaltige Sitter-Viadukt der BT [→ 870]. Durch die westlichen Vororte erreichen wir schliesslich unser Ziel, die Kantonshauptstadt St. Gallen [→ 880].

854 ✳ AB
Gossau–Herisau–Appenzell–Wasserauen (32 km)

Die frühere AB (*Appenzeller Bahn*) stand mit der ebenfalls schmalspurigen SGA (*St. Gallen-Gais-Appenzell-Altstätten-Bahn*) viele Jahre in enger Zusammenarbeit, 1988 fusionierten die beiden Bahnen und firmieren seither als AB (*Appenzeller Bahnen*). Ihren Ursprung hat die AB in der 1875 von der damaligen SLB (*Schweizerische Gesellschaft für Lokalbahnen*) eröffneten Strecke Winkeln–Herisau–Urnäsch, die 1886 bis Appenzell verlängert wurde. Der älteste Streckenabschnitt Winkeln–Herisau ist 1913 zugunsten einer neuen Verbindung von Herisau nach Gossau stillgelegt worden.

Als erstes Teilstück einer geplanten Bergbahn auf den Säntis war im Jahr zuvor die von Appenzell nach Wasserauen führende Talstrecke der elektrischen SB (*Säntisbahn*) eröffnet worden. Finanzielle Probleme und der Kriegsausbruch verhinderten den Weiterbau, nach der Eröffnung einer von Schwägalp auf den Säntis führenden Seilbahn wurde er schliesslich aufgegeben. 1947 fusionierte die inzwischen in AWW (*Appenzell-Weissbad-Wasserauen-Bahn*) umbenannte Gesellschaft mit der AB, die nach einem Versuchsbetrieb mit Diesel-Triebwagen 1933 ebenfalls elektrifiziert worden war. 1978 wurde im Rahmen gemeinsamer Modernisierungen mit der SGA der Rollbockbetrieb eingeführt.

Die Station der AB in Gossau (638 m ü.d.M.) liegt direkt neben dem SBB-Bahnhof [→ 850]. Auf gleichmässig steigender Strecke überqueren wir die Grenze zum Appenzell, dem einzigen völlig »SBB-freien« Schweizer Kanton. Bei km 5 erreichen wir Herisau (745 m ü.d.M., 15000 Einwohner), den Hauptort des Halbkantons Appenzell-Ausserrhoden. Hier überqueren wir die Strecke Rapperswil–Romanshorn [→ 870], die Station und die Depotanlagen der AB liegen unmittelbar neben dem Bahnhof der BT. Durch üppiges Wiesen- und Weideland fahren wir weiter in südliche Richtung hinauf nach Urnäsch (km 15). Für einen Ausflug auf den 2504 m hohen *Säntis mit weitem Panoramablick können wir von hier aus mit dem Postauto zur Schwägalp fahren und von dort mit der erwähnten Luftseilbahn [2730] hinauf zum höchsten Gipfel des Voralpengebietes.

Unsere Strecke biegt nun in einer engen Kurve nach Osten und erreicht ihren Kulminationspunkt von 899 m ü.d.M. in Gonten (km 21). Das Kaubach-Tobel überqueren wir auf einer 1974 neu erbauten Brücke und kommen bei km 26 im Talkessel der Sitter nach Appenzell (786 m ü. d.M., 4700 Einwohner, Tourist Information, Hauptgasse 4, 9050 Appenzell, Tel. 071 788 96 41, Fax 071 788 96 49). Der Hauptort von Innerrhoden liegt in einem beliebten Feriengebiet, sehenswert sind vor allem die reich bemalten Fassaden der Schweifgiebelhäuser am Landsgemeindeplatz und den umliegenden Gassen. Nicht nur für Eisenbahnfreundinnen und -freunde mag von Interesse sein, dass hier erst 1990 durch einen Entscheid des Bundesgerichtes das ansonsten in der Schweiz »schon« seit 1971 geltende Frauen-Wahlrecht eingeführt wurde. Im modernisierten Bahnhof endet die von St. Gallen kommende Linie der AB [→ 855], wir wenden uns in einem weiten Bogen nach Süden und erreichen auf wieder ansteigender Route unseren Endpunkt Wasserauen (869 m ü.d.M.). Mit der Luftseilbahn [2740] können wir hinauffahren zum Aussichtspunkt Ebenalp [1640 m ü.d.M.), eine schöne Wanderung führt über das in einer Grotte liegende Wildkirchli zum idyllischen **Seealpsee**.

AB Appenzeller Bahnen

	ehem. AB	ehem. SGA
Eröffnet:	1875	1889
Streckenlänge:	32 km	28 km
Spurweite:	1000 mm	1000 mm
Betriebsart:	Adhäsion	Adhäsion/Zahnrad
	System Strub	
Stromart	Gleichstrom 1500 V	Gleichstrom 1500 V
max. Neigung:		
Adhäsion:	37 ‰	69 ‰
Zahnstange:		160 ‰
Depot:	Herisau	Gais

Fahrzeuge: Moderne Pendelzüge mit BDe 4/4 und BDeh 4/4 tragen heute die Hauptlast des Personenverkehrs, auf der Steilstrecke Gais-Altstätten sind noch die 1953 gebauten ABDeh 4/4 im Einsatz. Für Güterzüge wurde 1994 eine als Einzelstück gebaute Lok Ge 4/4 beschafft.
Als historische Fahrzeuge werden eine Dampflok G 3/4 von 1902, der einmalige Dieseltriebwagen BCFm 2/4 von 1929 und der BCFeh 4/4 von 1931 gepflegt.

855   AB
St. Gallen–Gais–Appenzell (20 km)

1889 wurde von der damaligen ASt (*Appenzeller Strassenbahngesellschaft*) die Schmalspurbahn St. Gallen-Gais eröffnet. Trotz ihres eher »harmlosen« Namens hat die Strecke durch Zahnstangen-Abschnitte und enge Kurvenradien zum Teil fast Bergbahn-Charakter. Die im Volksmund als »Gaiserbahn« bekannte Linie wurde 1904 bis Appenzell verlängert und erhielt dort Anschluss an die ebenfalls schmalspurige AB [→ 854].

1931 erfolgte die Elektrifizierung der Strecke und die Umbenennung in SGA (*St.Gallen-Gais-Appenzell-Bahn*), 1949 wurde die Gaiserbahn mit der AG [→ 856] zur neuen SGA (*St.Gallen-Gais-Appenzell-Altstätten-Bahn*) zusammengeschlossen. 1988 konnte dann die lange geplante Fusion mit der bisherigen AB [→ 854] zur neuen AB (*Appenzeller Bahnen*) realisiert werden.

In St. Gallen [→ 880] beginnen wir unsere Fahrt im »Nebenbahnhof«, der auch von der TB [859] benutzt wird. Noch im Stadtgebiet passieren wir einen der wohl eindrücklichsten Abschnitte, die über die Ruckhalde führende Zahnstangen-Strecke. Mit einer Steigung von 100 ‰ führt das Gleis in einer engen Kehre von nur 30 m Radius hinauf zur Kantonsgrenze beim Riethüsli und überwindet hier einen Höhenunterschied von 80 m. Auf weiter ansteigender Strecke erreichen wir bei km 7 das schöne Dorf Teufen (834 m ü. d. M.). Parallel zur Strasse fahren wir durch das bewaldete Tal und kommen über eine weitere Steigungsstrecke nach Gais (km 14, 916 m ü.d.M.), einem beliebten Erholungsort mit schönen Appenzeller Schweigiebelhäusern am historischen **Dorfplatz**. Hier zweigt die Strecke ab nach Altstätten hinunter [→ 856]; unsere Route wendet sich in einer engen 180-Grad-Kehre nach Südwesten zum Sammelplatz (929 m ü.d.M.), dem Scheitelpunkt der Strecke. Durch die saftigen Weiden des Appenzeller Mittellandes kommen wir hinunter zum Haltepunkt Hirschberg (km 18), der einen weiten Blick über das Alpsteingebiet und das Tal der Sitter bietet. Anstelle des früheren Zahnstangenabschnittes führt die Strecke jetzt in einem großen Bogen – nicht zu Unrecht Panorama-Kurve genannt – hinab zum langgezogenen Sitter-Viadukt, über das wir die aus Wasserauen kommende Strecke der AB [854] und unseren Zielort Appenzell erreichen.

856   AB
Gais–Altstätten Stadt (8 km)

Die damalige AG (*Elektrische Bahn Altstätten-Gais*) eröffnete 1911 ihre aus dem Rheintal in das Appenzeller Mittelland führende Schmalspurbahn. In Altstätten erhielt sie Anschluss an die bereits 1897 fertiggestellte ABB (*Altstätten-Berneck-Bahn*), die 1915 unter ihrem neuen Namen RhStB (*Rheintalische Strassenbahnen*) eine von Heerbrugg ins rechtsrheinische Diepoldsau führende Linie in Betrieb nahm. Bereits 1940 und 1954 wurden die Überlandstrecken der RhStB auf Busbetrieb umgestellt, 1973 auch die Stadtlinie in Altstätten; der interessante Post-Triebwagen Ze 2/2 31 ist auf der Museumsbahn Blonay–Chamby [➤ 105] erhalten geblieben.

    1949 fusionierte die AG mit der St. Gallen-Gais-Appenzell-Bahn zur neuen SGA [➤ 855]. Der durch die engen Strassen von Altstätten führende Abschnitt, er stammte zum Teil noch aus der Zeit der alten ABB, wurde 1975 stillgelegt, die Strecke endet jetzt nicht mehr am SBB-Bahnhof [➤ 880], sondern in der neuen Station Altstätten Stadt.

    In Gais [➤ 855] beginnen wir unsere Fahrt auf zunächst noch leicht ansteigender Strecke. Über den Kulminationspunkt Hebrig (974 m ü.d. M.) geht es zur Haltestelle Stoss (km 4). Hier beginnt die mit einem Gefälle bis zu 160 ‰ durch die Wiesenhänge talwärts führende Zahnstangen-Strecke, bald überschreiten wir die Grenze zwischen den Kantonen Appenzell und St. Gallen. Bei klarem Wetter haben wir einen sehr schönen Blick ins Rheintal hinunter und auf die gegenüberliegenden Vorarlberger Alpen.

    Durch die Waldgebiete oberhalb der Stadt erreichen wir den Endpunkt Altstätten (469 m ü.d.M., 10000 Einwohner). Das Städtchen hat eine schöne Pfarrkirche und hübsche Laubengänge, mit dem Autobus können wir über Heerbrugg der alten RhStB-Linie folgen und einen Abstecher ins österreichische Hohenems an der ÖBB-Strecke Feldkirch–Bregenz machen. Zu Fuss oder per Autobus kommen wir durch die Stadt zum etwas ausserhalb gelegenen SBB-Bahnhof [➤ 880].

857   RHB
Rorschach–Heiden (6 km)

Eine der wenigen normalspurigen Zahnradbahnen der Schweiz ist die 1875 eröffnete RHB (*Rorschach-Heiden-Bergbahn*). Auf der mit max. 90 ‰ nicht allzu steilen Strecke dürfen auch Wagen ohne Bremszahnräder eingesetzt werden, was einen direkten Güterverkehr ermöglicht. Nach Versuchen mit einem Diesel-Triebwagen wurde die Strecke 1930 elektrifiziert.

    Im Abschnitt Rorschach-Hafen-Rorschach [➤ 880] benutzt die RHB im Adhäsionsbetrieb die SBB-Gleise. Gleich danach beginnt die Zahnstangenstrecke; sie führt in einem weiten Bogen den bewaldeten Hang hinauf und kehrt bei der

940 – Die gemauerten Viadukte, über die die Züge der RhB im »Albulazirkus« viermal die Talseite wechseln, fügen sich harmonisch in die Landschaft ein

940 – Vereint mit dem Schnellzug nach Chur bildet der Glacier-Express – hier in der Champagna bei Celerina – eine für Meterspurbahnen beachtliche Zugskomposition

Station Wienacht-Tobel (km 3) in eine Gegenkurve. Mit schönem Blick zurück auf den Bodensee hinunter erreichen wir über Schwendi das schon im vorigen Jahrhundert als Molkenkurort bekannte Heiden (794 m ü.d.M., 3500 Einwohner). Zu einer kleinen Rundfahrt können wir mit dem Postauto weiter nach Trogen fahren und von dort mit der TB [➤ 859] hinunter nach St. Gallen.

RHB Rorschach-Heiden-Bergbahn

Eröffnet:	1875	Stromart:	Wechselstrom
Streckenlänge:	6 km		15 kV 16 2/3 Hz
Spurweite:	1435 mm	max. Neigung:	90 ‰
Betriebsart:	Adhäsion/Zahnrad,	Depot:	Heiden
	System Riggenbach		

Fahrzeuge: Die schon recht betagten ABDeh 2/4 werden schon bald durch eine Neubeschaffung ersetzt werden.

---

858   RhW
Rheineck–Walzenhausen (2 km)

Aus einer 1896 eröffneten Standseilbahn mit Wassergewichts-Antrieb, die mit einer Streckenlänge von etwa 1200 m das unweit des Bodensees gelegene Städtchen Rheineck [880] mit der knapp 300 m höher liegenden Sommerfrische Walzenhausen verband, entstand durch einen Umbau im Jahre 1958 die heutige Zahnradbahn mit der ungewöhnlichen Spurweite von 1200 mm. Hierbei wurde die 1909 als Zubringer-Tram zum Bahnhof gebaute normalspurige Adhäsionsbahn in die RhW (*Bergbahn Rheineck-Walzenhausen*) integriert.

Die Strecke beginnt an einem Kopfgleis neben dem Hausbahnsteig des SBB-Bahnhofs und erreicht nach etwa 700 m »Talfahrt« an der Bedarfshaltestelle Ruderbach den Beginn der Zahnstange. Bei konstanter Steigung passieren wir einen 315 m langen Tunnel, bevor wir nach kurzer Fahrt in der Bergstation Walzenhausen ankommen.

RhW Bergbahn Rheineck-Walzenhausen

Eröffnet:	1958	Betriebsart:	Adhäsion/Zahnrad,
	(Standseilbahn 1875)		System Riggenbach
Streckenlänge:	2 km	Stromart:	Gleichstrom 600 V
Spurweite:	1200 mm	max. Neigung:	250 ‰

Fahrzeuge: Der aus dem Umbaujahr stammende Triebwagen BDeh 1/2 ist das einzige Fahrzeug der RhW.

---

859   TB
St. Gallen–Speicher–Trogen (10 km)

Die 1903 eröffnete TB (*Trogener Bahn*) ist zwar eher eine Überland-Tram als eine »echte« Eisenbahn, sie hat aber immerhin das Superlativ aufzuweisen, mit Steigungen bis zu 76 ‰ die steilste Adhäsionsbahn der Schweiz zu sein.

Ihr Ausgangspunkt in St. Gallen [→ 880] ist der direkt am Empfangsgebäude der SBB liegende und gemeinsam mit der ebenfalls schmalspurigen AB [→ 855] benutzte »Nebenbahnhof«. Bis zum Brühltor befährt die TB die Gleise der ehemaligen TStG (*Trambahn der Stadt St. Gallen*), die ansonsten 1957 auf Obus-Betrieb umgestellt wurde. In vielen Windungen steigt die Strecke dann parallel zur Strasse bergan, der kleinste Kurvenradius liegt bei nur 25 m. Der Scheitelpunkt wird nach 6 km bei der Station Vögelinsegg (956 m ü.d.M.) erreicht, einem Aussichtspunkt mit Blick vom Bodensee im Norden bis zum Säntis im Süden. Die Strecke senkt sich nun hinab nach Speicher (km 8), einem schönen Bergdorf mit dem Verwaltungssitz der TB.

Nach weiter kurvenreicher Fahrt erreichen wir die Endstation Trogen (903 m ü. d.M., 2000 Einwohner) mit dem von schönen alten Gebäuden umstandenen Landsgemeindeplatz des Halbkantons Appenzell-Ausserrhoden. Eine schöne Wanderung führt von hier über den 1250 m hohen Gäbris nach Gais [→ 855], von wo zur Rückfahrt nach St. Gallen die AB benutzt werden kann.

TB Trogener Bahn

Eröffnet:	1903	Stromart:	Gleichstrom 1000 V
Streckenlänge:	10 km	max. Neigung:	76 ‰
Spurweite:	1000 mm	Depot:	Speicher

Fahrzeuge: Neben den Pendelzügen BDe 4/8 kommen ältere Triebwagen nur noch im Spitzenverkehrs zum Einsatz.

---

870 ✳   BT/SBB
Rapperswil–Wattwil–St. Gallen–Romanshorn (80 km)

Zusammen mit der SOB-Strecke Arth-Goldau–Rapperswil [→ 670] bildet diese Verbindung die »direkte Linie« von der Zentralschweiz nach St. Gallen und ins Bodenseegebiet. Sie stellt ein schönes Beispiel dar für die enge Zusammenarbeit zwischen SBB und Privatbahnen: Der Abschnitt Rapperswil–Wattwil gehört der SBB, der Abschnitt Wattwil–Romanshorn der BT (*Bodensee-Toggenburg-Bahn*) und die durchgehende Verbindung über Arth-Goldau nach Luzern wird als »Voralpen-Express« von der BT mit der SBB und der SOB gemeinsam betrieben.

Ältester Teil der Strecke ist der schon 1859 als Teil ihrer Verbindung Zürich–Uster–Ziegelbrücke–Chur von der VSB (*Vereinigte Schweizer Bahnen*) fertiggestellte Abschnitt Rapperswil–Uznach. Die hier anschliessende Strecke durch den Ricken-Tunnel nach Wattwil wurde 1910 von der SBB eröffnet, im gleichen Jahr stellte auch die BT ihre Strecke Wattwil–Romanshorn fertig.

Zur BT gehört auch die 1912 eröffnete Strecke Ebnat-Kappel–Nesslau-Neu St. Johann und als Pachtstrecke der Abschnitt Wattwil–Ebnat-Kappel.

Von Rapperswil [→ 730] aus fahren wir zunächst am Nordufer des Obersees entlang und erreichen bei km 13 Uznach, wo in südliche Richtung die Nebenstrecke [735] nach Ziegelbrücke abzweigt, die einst Bestandteil der VSB-Linie Zürich–Chur gewesen ist. Auf weiterhin ansteigender Strecke passieren wir den 8,6 km langen Ricken-Tunnel und erreichen bei km 27 Wattwil, den Ausgangspunkt der BT. Hier kreuzt die das Tal der Thur erschliessende Regionallinie Wil–Nesslau-Neu St. Johann [853] unsere Strecke.

BT Bodensee-Toggenburg-Bahn

Eröffnet:	1910	max. Neigung:	25 ‰
Streckenlänge:	56 km	Depot:	Herisau
Spurweite:	1435 mm	Stromart:	Wechselstrom 15 kV 16 $^{2}/_{3}$ Hz (seit 1932)

Fahrzeuge: Die 1987 beschafften Drehstrom-Umrichter-Lokomotiven Re 4/4 kommen sowohl im Personen- wie im Güterverkehr zum Einsatz. Neben modernen Pendelzügen mit RBDe 4/4 sind auch die älteren BDe 4/4 noch unverzichtbar.
Für den leichten Güter- und den Rangierverkehr wurden 1995 drei Zweikraft-Lokomotiven als Occasionen von den Bahn- und Hafenbetrieben der Ruhrkohle AG übernommen. Die Dampflok Eb 3/5 9 von 1910 steht für Sonderfahrten zur Verfügung.

Die nächste Station im schönen Toggenburg ist das kleine Städtchen Lichtensteig. Durch den 3,5 km langen Wasserfluh-Tunnel gelangen wir in das Neckertal. Bei Degersheim (km 43) erreichen wir nach einer Reihe von Viadukten und Tunnels den mit 799 m ü.d.M. höchsten Punkt der Strecke, auch der folgende Abschnitt bis Herisau (km 50) ist durch zahlreiche Kunstbauten geprägt. Hier, im Hauptort des Halbkantons Appenzell-Ausserrhoden, liegt das Depot der BT und vor dem Bahnhof können wir umsteigen in die schmalspurige AB [➞ 854].

Das tiefe Tal der Sitter überqueren wir auf dem imposanten 366 m langen und 99 m hohen Viadukt, der höchsten Eisenbahnbrücke der Schweiz. Mit sehr viel Glück sehen wir gleichzeitig einen Zug der SBB auf dem linkerhand nur wenig entfernt liegenden Sitter-Viadukt der Strecke Winterthur–St. Gallen [➞ 850]. Bei km 59 erreichen wir St. Gallen [➞ 880], den Ausgangspunkt der AB nach Gais, Appenzell und Altstätten [➞ 855/856] und der Trogenerbahn [➞ 859].

Wir verlassen St. Gallen in nördlicher Richtung durch den Rosenberger Tunnel und den hinter der Steinachschlucht folgenden Bruggwald-Tunnel. Hinter Wittenbach (km 65) senkt sich die Strecke dem Bodensee entgegen, den wir schon bald in der Ferne erblicken und bei km 80 in Romanshorn [➞ 820] erreichen.

880   SBB

St. Gallen–Rorschach–Buchs–Sargans–Chur (107 km)

Diese Strecke dient nicht nur der Verbindung des Bodenseegebietes mit Graubünden, sondern auch dem internationalen Fernverkehr über St. Margarethen nach München und Prag sowie von Sargans [➞ 900] über Buchs und den Arlberg nach Wien und Osteuropa. Der Abschnitt St. Gallen–Rorschach wurde bereits 1856 von der damaligen SGAE (*St. Gallisch-Appenzellische-Eisenbahn*) eröffnet, deren Nachfolgerin VSB (*Vereinigte Schweizer Bahnen*) stellte bis 1858 die durch das St. Galler Rheintal führende Strecke fertig, die damals noch als Alpenüberquerung geplante Weiterführung über den Lukmanier konnte indes nie realisiert werden [➞ 940]. Für den Verkehr mit Österreich wurde der Abschnitt Sargans–Buchs schon 1927 elektrifiziert, die restliche Strecke erst 7 Jahre später. Durch eine 1980 eröffnete Schleife bei Sargans wird den hier in und aus Richtung Zürich [➞ 900] abzweigenden Zügen das Kopfmachen erspart.

950 – Der Bernina-Express auf der Pass-Strecke am Lago Bianco, im Hintergrund der knapp 3000 Meter hohe Piz Lagalp

950 – Die offenen Aussichtswagen der Berninabahn – hier in der engen Kehrschleife von Alp Grüm – sind eine willkommene Abwechslung zum »druckertüchtigten« Reisen auf Europas Hochgeschwindigkeitsbahnen

St. Gallen

Hauptstadt des gleichnamigen Kantons, 673 m ü.d.M., 74000 Einwohner, Tourist Information, Bahnhofplatz 1a, 9000 St. Gallen, Tel. 071 227 37 37, Fax 071 227 37 67.
Wichtigste Sehenswürdigkeit ist die ehemalige Benediktinerabtei mit der berühmten *Stiftsbibliothek, deren Bestand von rund 100000 Büchern auch viele seltene Frühdrucke und Handschriften umfasst. Die 1767 fertiggestellte *Kathedrale gilt als schönste Barockkirche der Schweiz. Die Altstadt weist besonders in der Marktgasse, der Gallusstrasse und der Spisergasse noch viele alte Häuser mit bemalten Balkonen auf.

Eisenbahn: Westlich der Altstadt unterhalb des Höggerbergs liegt der Bahnhof mit seinem monumentalen Stationsgebäude aus dem Jahre 1913. Die Schnellzugstrecke aus Winterthur [➤ 850] führt von hierher weiter zur österreichischen Grenze und nach Chur [➤ 880]. Sie wird gekreuzt von der »direkten Linie« Rapperswil–Romanshorn [➤ 870]. Im benachbarten »Nebenbahnhof« beginnen die nach Appenzell führende Strecke der AB [➤ 855] und die ebenfalls schmalspurige TB [➤ 859] nach Trogen.

Stadtverkehr: Der Strassenbahnbetrieb wurde 1957 durch Trolleybusse abgelöst, auf dem Abschnitt Bahnhof-Brühltor der ehemaligen Linie 1 verkehrt heute nur noch die Trogener Bahn. Die rund 300 m lange Mühleggbahn [2710] in der Nähe der Kathedrale war ursprünglich eine Standseilbahn, wurde 1949 zur Zahnradbahn umgebaut und wird seit 1975 wieder als Standseilbahn betrieben.

Nach der Abfahrt in St. Gallen durchfahren wir den 1466 m langen Rosenberger Tunnel, hinter dem die nach Romanshorn führende Strecke [➤ 870] linkerhand von unserer Route abzweigt. Zunächst in nördliche Richtung fahrend, haben wir schon bald einen weiten Blick hinab auf den Bodensee. Bei Mörschwil (km 7) wendet sich unsere Strecke nach Osten und führt weiter bergab auf Rorschach zu (km 15). Die alte Hafenstadt (399 m ü. d.M., 12 000 Einwohner) am Südufer des Bodensees hat eine schöne Uferpromenade, erwähnenswert sind auch das alte Kornhaus, heute Heimatmuseum, und die Barockkirche St. Columban.

Wir treffen hier auf die aus Schaffhausen kommende Strecke [➤ 820] und die hinauf nach Heiden führende Zahnradbahn RHB [➤ 857], die unmittelbar hinter dem Bahnhof rechterhand abzweigt. Bei Staad verlassen wir das Seeufer und vorbei an Altenrhein kommen wir bei km 22 nach Rheineck, dem Ausgangspunkt der kleinen Zahnradbahn nach Walzenhausen [➤ 858]. Hinter dem Grenzbahnhof St. Margrethen (km 26) zweigt über den Rhein hinweg die nach Bregenz führende Strecke ab, auf der auch Eurocity-Züge Zürich–München und Zürich–Prag verkehren, wir wenden uns nach Süden dem weiten Rheintal zu.

Der Fluss bildet hier die Grenze, linkerhand sehen wir das österreichische Lustenau und passieren bei km 39 Altstätten [➤ 856]. Rechts oberhalb unserer Strecke liegt die Alpsteinkette mit dem markanten Gipfel des Hohenkasten (1795 m). Hinter Rüthi (km 50) beginnt rechtsrheinisch das Fürstentum Liechtenstein, das keine eigene Eisenbahn hat, aber von der in Buchs (km 64) abzweigenden ÖBB-Strecke nach Innsbruck durchquert wird. Wer den wegen seiner vielen Briefkästen bekannt gewordenen Hauptort Vaduz besuchen will, kann hierzu ab Buchs oder Schaan die Postauto-Linie benutzen, sie führt auf der rechten Rheinseite weiter über Triesen und Balzers zurück in die Schweiz nach Sargans.

Durch das enger werdende Rheintal fahren wir mit Blick auf die Berggipfel des Rätikons weiter südwärts. Hinter Trübbach passieren wir die Abzweigung der oben erwähnten Schleife und vereinen uns in Sargans (km 80) mit der aus Zürich kommenden Strecke [➤ 900], mit der wir unsere Fahrt nach Chur fortsetzen.

900

900 – Für ausländische Besucher immer etwas irritierend ist der auf Schweizer Gleisen herrschende Linksverkehr: ein SBB-Schnellzug vor der Kulisse der Churfirsten am Walensee

900 ✳   SBB
Zürich–Ziegelbrücke–Sargans–Chur (117 km)

Als Zufahrtsstrecke zur nie realisierten Lukmanier-Bahn [➙ 940] hatte die VSB (*Vereinigte Schweizer Bahnen*) die Kantonshauptstadt Chur schon 1858 über die durch das St. Galler Rheintal verlaufende Strecke [➙ 880] an das entstehende Schienennetz angeschlossen. Ein Jahr später ist von der VSB dann die weitaus kürzere Route über Uster, Rapperswil und Ziegelbrücke [➙ 740, 870] eröffnet worden. Mit der am Südufer des Zürichsees entlangführenden Strecke Zürich–Ziegelbrücke konnte schliesslich die NOB (*Schweizerische Nordostbahn*) 1875 die heutige Hauptstrecke fertigstellen. Auf der seit 1928 durchgehend elektrifizierten Strecke wird auch der internationale Verkehr nach Österreich und Südosteuropa abgewickelt und über den Abschnitt Zürich–Thalwil verkehren auch die Züge nach Italien und nach Luzern. 1997 haben hier die Bauarbeiten für eine knapp 11 km lange zweite Doppelspur begonnen, die überwiegend im Tunnel verläuft und im Jahre 2003 fertiggestellt sein soll. Der zum S-Bahn–Netz gehörende Abschnitt Zürich–Ziegelbrücke ist mit dem Gesamtverkehr Zürich–Zug in einem eigenen Kursbuchfeld [720] zusammengefasst.

Nachdem wir Zürich [➙ 700] verlassen haben, folgen wir dem zunächst noch sehr dicht besiedelten Südufer und erreichen bei km 12 in Thalwil den Abzweig der über Zug führenden Strecke in Richtung Gotthard [➙ 601] und Luzern [➙ 660]. In Pfäffikon (km 34) kreuzt die von Rapperswil über den Seedamm führende SOB-Strecke [➙ 670] unsere Route.

Am Obersee entlang, den wir bei km 40 in Lachen verlassen, führt die Strecke in die weite, ehemals sumpfige Ebene der Linth. Vor Ziegelbrücke (km 57) überqueren wir den Linthkanal. Hier kreuzt uns die aus Uznach kommende Regionallinie [735], die weiterführt ins Linthal [736] und nachdem wir in einem kurzen Tunnel den Biberlikopf unterfahren haben, wechselt auch unsere Strecke wieder auf das südliche Kanalufer. Wir erblicken rechterhand die Ausläufer der Glarner Alpen und auf der linken Seite kommt schon bald der Walensee mit den gegenüberliegenden schroffen Flanken der **Churfirsten** ins

950 – Weit unten im Puschlav wird den Reisenden auf der Berninabahn noch ein besonderes Schmankerl geboten: Die offene Kehrschleife von Brusio

960 – Auf seiner Fahrt durch das Unterengadin passiert ein Regionalzug das Bilderbuchdorf Guarda und wird wenig später den Abzweig der neuen Vereinalinie erreichen

Blickfeld. Nachdem wir den 1961 neu erbauten Tunnel unter dem Kerenzerberg verlassen haben, führt die Strecke weiter am steilen Südufer des Sees entlang. Hinter Walenstadt (km 77) wendet sie sich nach Südosten und führt fast schnurgerade parallel zur Nationalstrasse dem St. Galler Rheintal entgegen.

Bei km 90 erreichen wir den Verkehrsknotenpunkt Sargans (483 m ü.d.M., 4500 Einwohner) mit einer stattlichen Burg aus dem 12. bis 17. Jh.). Hier zweigt von unserer Route die zum Bodensee führende Strecke ab [→ 880], über die zum Grenzort Buchs und der über den Arlberg führende Verkehr nach Österreich läuft. Hinter Bad Ragaz mit der wenig entfernten *Taminaschlucht überqueren wir den Rhein und damit die Grenze zum Kanton Graubünden. Ab Landquart (km 103) begleitet uns linkerhand die aus dem Prättigau kommende Strecke Davos-Chur der schmalspurigen RhB [→ 910], die bei Untervaz unsere Route überquert. Bei km 117 erreichen wir schliesslich das Ziel unserer Reise, die Kantonshauptstadt Chur [→ 920].

910   RhB
Chur–Landquart–Davos (64 km)

Die RhB (*Rhätische Bahn*) ist nicht nur die grösste Schmalspurbahn der Schweiz, sondern bei einer Gesamtlänge von fast 400 km auch die nach Streckenausdehnung grösste Privatbahn. Die hier beschriebene Verbindung umfasst mit dem durch das Prättigau und über den Wolfgang-Pass führenden Abschnitt Landquart–Davos die älteste Strecke des gesamten Netzes, sie wurde 1889 von der damaligen LD (*Landquart-Davos-Bahn*) zunächst bis Klosters und ein Jahr später bis Davos fertiggestellt. Initiator dieser Bahn war der im niederländischen Zutphen geborene Willem Jan Holsboer, er propagierte zunächst eine von Davos über den Scalettapass ins Engadin führende Linie, schloss sich aber dann den Befürwortern der Albulabahn [→ 940] an. Seine noch weiter gehenden Ideen einer Bahn durch das Bergell nach Chiavenna und auch der Plan einer Strecke über Martina zum österreichischen Landeck konnten allerdings nie realisiert werden. 1896 wurde auf dem parallel zur SBB-Strecke [900] verlaufenden Abschnitt Landquart–Chur der Betrieb aufgenommen. Schon im Jahr davor war die LD in die heutige RhB umbenannt worden und seit einer Volksabstimmung im Jahre 1897 liegt die Aktienmehrheit beim Kanton Graubünden.

1942/43 fusionierten die drei anderen Bündner Bahnen BM, ChA [→ 930] und BB [→ 950] mit der RhB. Die ehemalige BM (*Ferrovia elettrica Bellinzona-Mesocco*) hat schon lange keine eigene Kursbuch-Nummer mehr. Die durch das Misox führende Strecke wurde 1907 eröffnet und sollte in nie gebauten weiteren Etappen über den San-Bernardino-Pass an die Albulabahn anschliessen. Auf der weitab vom übrigen RhB-Netz liegenden Linie ist 1972 der Personenverkehr eingestellt worden, der Abschnitt Bellinzona–Castione-Arbedo [→ 600] wurde gänzlich stillgelegt, 1978 auch der obere Abschnitt Cama–Mesocco. Ein früher angedachter Umbau auf Normalspur wird wohl kaum realisiert werden, da auch der Güterverkehr stark zurückgegangen ist. Eisenbahnfreunde planen hier zurzeit einen Museumsbetrieb.

Die Elektrifizierung der Strecke Chur–Davos wurde 1921 abgeschlossen; 1930 konnte durch Streckenverlegungen und einen neuen Kehrtunnel die ursprüngliche Spitzkehre bei Klosters aufgehoben werden. 1991 wurde mit dem Bau der neuen Vereinalinie begonnen. Sie wird mit einem 19 km langen Tunnel, der im März 1997 durchschlagen wurde, eine wintersichere Verbindung vom Prättigau ins Unterengadin schaffen und soll im Jahre 2000 fertiggestellt sein.

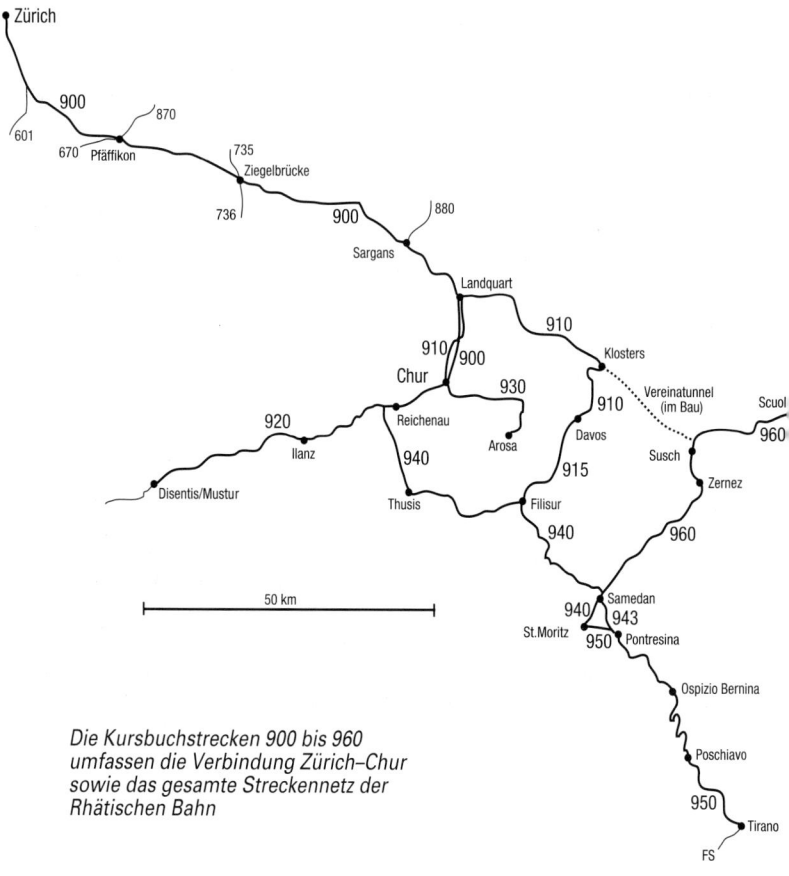

Die Kursbuchstrecken 900 bis 960 umfassen die Verbindung Zürich–Chur sowie das gesamte Streckennetz der Rhätischen Bahn

Wir verlassen Chur [→ 920] parallel mit der SBB-Strecke nach Zürich, die wir nach 8 km bei Untervaz überqueren. Hinter Landquart (km 14, 523 m ü.d.M.), wo die RhB ihre Hauptwerkstätten unterhält, überquert die Strecke den gleichnamigen Fluss und biegt vom Rheintal nach Osten ab. Die enge Klus bei Malans bezwingen wir durch einen 1963 erbauten, 984 m langen Tunnel.

Die Fahrt geht nun durch das freundliche Prättigau, auf ansteigender Strecke passieren wir hinter Schiers (km 28) den 1978 fertiggestellten Fuchsenwihel-Tunnel und erreichen bei km 36 Küblis (810 m ü.d.M.) mit seiner sehenswerten spätgotischen Kirche. Weiter talaufwärts gelangen wir durch dichte Nadelwälder zum Wintersportort Klosters (km 46, 1191 m ü. d.M., 3500 Einwohner, Verkehrsverein Klosters, Alte Bahnhofstr. 6, 7250 Klosters, Tel. 081 410 20 20, Fax 081 410 20 10). In das Skigebiet am Parsenn führt eine Luftseilbahn [2860] auf den 2285 m hoch gelegenen Gotschnagrat. Über eine sehr massive, zweigleisige Brücke, die als gedeckter Betontrog mit Fachwerkträgern ausgeführt ist und 1993 fertiggestellt wurde, überqueren wir in einer Kurve die Landquart. Von den vor uns liegenden benachbarten Tunnelportalen führt das linke durch den 2,1 km langen Zugwaldtunnel zur künftigen Autoverladeanlage Selfranga, an die sich der neue Vereinatunnel anschliesst.

Unsere Strecke führt durch das westlich gelegene Portal in den Klosterser Kehrtunnel. Am Hang hinauf und durch einen weiteren Kehrtunnel gewinnen wir in Steigungen bis zu 45 ‰ weiter an Höhe. Am Wolfgang-Pass (1625 m ü.d.M.) kommen wir zum Scheitelpunkt der Strecke, die nun am Davoser See vorbei Davos Dorf und dann Davos Platz (1540 m ü.d.M., 10500 Einwohner, Davos Tourismus, Promenade 67, 7270 Davos Platz, Tel. 081 415 21 21, Fax 081 415 21 00) erreicht. Schon seit 1860 ist Davos als Luftkurort bekannt und hat sich schon früh auch zu einem bedeutenden Wintersportzentrum entwickelt. Mit mehr als 6000 Hotelbetten und rund 15000 Betten in Ferienwohnungen nimmt es den Spitzenplatz der Schweizer Tourismusorte ein. Die Parsenn-Bahn [2865] führt in zwei Sektionen zum Weissfluhjoch (2663 m ü.d.M.) und ist damit eine der höchsten Standseilbahnen der Schweiz. Die anschliessende Luftseilbahn führt noch knapp 200 m weiter hinauf auf den ***Weissfluhgipfel** mit grossartigem Panoramablick über die Bündner Bergwelt. Eine weitere Standseilbahn [2872] führt auf die Schatzalp; Seilbahnen und Gondelbahnen, aber auch schöne Wanderwege erschliessen das Feriengebiet im oberen Landwasser-Tal.

915 RhB
Davos–Filisur (19 km)

Diese kurze RhB-Strecke hat erst seit 1974 ein eigenes Kursbuchfeld, früher wurde sie mit der Strecke Chur–Davos zusammen dargestellt. Nach der Entscheidung gegen die Scaletta- und für die Albulabahn [➤ 940] lag es nahe, Davos ohne den weiten Umweg über Landquart und Chur an die ins Engadin führende Linie anzuschliessen und damit auch den »Kreisverkehr« der RhB-Strecken zu schliessen. 1909 konnte die auch als Zügenlinie bekannte Strecke eröffnet werden, zehn Jahre später wurde sie zusammen mit der Albulabahn elektrifiziert. Betrieblich hat sie nie sehr grosse Bedeutung erlangt, bautechnisch ist sie vor allem durch das imposante Wiesener Viadukt von Interesse. Wie fast alle Brücken der RhB in Stein ausgeführt, hat sie eine Länge von 196 m und eine Höhe von 88 m.

Von Davos Platz, dem Ausgangspunkt unserer kurzen Reise, fahren wir in südwestliche Richtung talabwärts. Hinter Davos Monstein passieren wir in einer Kette kürzerer Tunnels die malerische Zügenschlucht. Weit unterhalb des Ortes Wiesen queren wir dann über das schon erwähnte Viadukt das tief eingeschnittene Tal der Landwasser. Am Hang des Muchetta setzen wir unseren Weg fort und erreichen in einer letzten engen Kurve unser Ziel Filisur (1080 mn ü.d.M.). Hier treffen wir auf die Albula-Bahn [➤ 940], mit der wir unsere Reise in Richtung Engadin fortsetzen oder auch nach Chur zurückkehren können.

920 ✳ RhB
Chur–Disentis/Mustér (59 km)

1896 eröffnete die RhB (Rhätische Bahn) nach jahrzehntelangen Diskussionen über eine normalspurige Ostalpenbahn die Strecken Chur–Landquart [➤ 910] und Chur–Reichenau–Thusis [➤ 940]. Die in Reichenau anschliessende Strecke durch die Ruinaulta, das Tal des Vorderrheins, nach Ilanz wurde zeitgleich mit der Albulabahn gebaut und im selben Jahr 1903 eröffnet. Die Fortsetzung durch die Surselva nach Disentis/Muster konnte 1912 fertiggestellt werden. Dort trifft seit 1926 die ebenfalls schmalspurige FO [➤ 610] auf das Netz der RhB. Die Elektrifizierung der Strecke wurde 1922 abgeschlossen.

Chur

Hauptstadt des Kantons Graubünden, 584 m ü. d.M., 32 000 Einwohner, Chur-Tourismus, Grabenstr. 5, 7000 Chur, Tel. 081 252 18 18, Fax 081 252 90 76.

Das rätoromanische Cuera ist die älteste Stadt der Schweiz, für ihre frühe Besiedlung war vor allem die verkehrsgünstige Lage im Schnittpunkt wichtiger Alpenpässe ausschlaggebend. Durch das lebhafte Geschäftszentrum führt der Weg vom nordwestlich gelegenen Bahnhof zu den engen Gassen der ***Altstadt**, die im Süden von der Plessur begrenzt wird. Sehenswert sind vor allem das mittelalterliche Rathaus und die romanische ***Kathedrale** mit den anschliessenden Gebäuden des Bischöflichen Hofes. Eine Luftseilbahn [2880] führt in zwei Sektionen auf den Brambrüesch (1594 m ü.d.M.), einem beliebten Ausgangspunkt für Rundwanderungen.

Eisenbahn: Chur liegt am Endpunkt der SBB-Strecken aus Zürich [➤ 900] und aus St. Gallen [➤ 880] und ist Betriebsmittelpunkt der schmalspurigen RhB (*Rhätische Bahn*). Das Empfangsgebäude des von SBB und RhB gemeinsam benutzten Bahnhofs stammt in seiner heutigen Form aus dem Jahre 1928, die Perrongleise wurden Mitte der neunziger Jahre zum Teil von einem grosszügig verglasten Busbahnhof überbaut. Die vom Bahnhofsvorplatz ausgehende Linie nach Arosa hat im Stadtgebiet eine weitere Station beim südlich der Altstadt gelegenen Obertor.

Stadtverkehr: Einen Trambetrieb hat es in Chur nie gegeben und auch die sonst in der Schweiz so häufigen Trolleybusse sucht man hier vergebens. Aber immerhin zehn Autobuslinien dienen dem Personenverkehr in der Stadt und der näheren Umgebung.

Vom Bahnhof in Chur führt unsere Reise in westliche Richtung rheinaufwärts. Wir passieren Domat/Ems mit den erwähnten Industrie-Anlagen und kommen bei km 10 nach Reichenau/Tamins. Hier vereinigen sich der Vorder- und der Hinterrhein, den wir zunächst überqueren, bevor linkerhand die nach Thusis und zur Albulabahn führende Strecke [➤ 940] abzweigt. Unsere Route überquert nun auch den Vorderrhein und wir kommen in die wild-romantische ***Ruinaulta-Schlucht**. Die sonst meist parallel verlaufende Strasse muss hier ihren Weg weit oberhalb der steilen Felswände nehmen, die canyonartige Schlucht mit ihren hellen Felswänden bleibt der Bahn, den Wanderern und den sich hier im Sommer tummelnden Wildwasserfahrern vorbehalten. Nachdem wir den Dabi- und den Ransun-Tunnel durchfahren haben, wechseln wir bei der Isla Bella die Talseite und kommen zur Station Versam-Safien, die einsam auf einer der halbinselartigen grünen »Islas« liegt.

Weiter am Fluss entlang, der hier seinem rätoromanischen Namen Rein noch alle Ehre macht, erreichen wir bei km 29 Ilanz (698 m ü.d.M., 2000 Einwohner). Das malerische Städtchen besitzt noch Reste der Befestigungsanlagen sowie eine gotische Pfarrkirche. Eine Postauto-Linie führt von hier in das beschauliche Valser-Tal bis zum 1862 m hoch gelegenen Zervreila-Stausee. Auch die oberhalb der Strecke gelegenen hübschen Bergdörfer sind von Ilanz aus per Bus erreichbar.

Unser Weg steigt rheinaufwärts weiter an und bei km 47 passieren wir das Dörfchen Trun (852 m ü.d.M.). Über Rabins und Sumvitg erreichen wir unser Ziel, das oberhalb der Rheinschlucht liegende Disentis/Mustér (1133 m ü.d.M., 2400 Einwohner). Schon von weitem erkennbar ist das grosse ***Benediktiner-Kloster** mit der barocken Kirche St. Martin.

Im grosszügig angelegten Bahnhof von Disentis (Mustér lautet der rätoromanische Name des Ortes) treffen wir auf die über Andermatt nach Brig führende FO [→ 610]. Die meisten Züge der RhB enden jedoch hier; die berühmte Ausnahme ist der *Glacier-Express* [→ 610], der von St. Moritz, Davos oder Chur kommend hier lediglich die Lok wechselt, um über die Strecken der FO und der anschliessenden BVZ [→ 140] nach Zermatt weiterzufahren. In das nach Süden abzweigende Val Medel und über den ***Lukmanier-Pass** (1916 m ü.d.M.) fährt von Disentis aus ein Postbus nach Biasca an der Gotthard-Strecke [→ 600].

930 ✳ RhB
Chur–Arosa (26 km)

Zwar verfügt die Arosabahn der RhB (*Rhätische Bahn*) nicht über das »klassische« Attribut anderer Bergbahnen, den Zahnrad-Betrieb. Mit einer durchschnittlichen Steigung von 46 m je Streckenkilometer kann sie sich jedoch mit ihnen durchaus messen (zum Vergleich: BVZ 21 m, LSE 17 m). Und landschaftlich gehört die durch das malerische Schanfigg führende Strecke wohl unbestritten zu den Glanzpunkten im Schweizer Eisenbahnnetz.

1914 wurde die schmalspurige Linie der damaligen ChA (*Chur-Arosa-Bahm*) eröffnet, sie wurde von Anfang an elektrisch betrieben. Nach wirtschaftlichen Problemen in den dreissiger Jahren erfolgte 1942 der Zusammenschluss mit der RhB. Seit ihrer Eröffnung nimmt die Arosabahn von einer damals als provisorisch angesehenen Station auf dem belebten Bahnhofsvorplatz in Chur ihren

930 – Das imposante Langwies-Viadukt der bis 1997 als »Gleichstrom-Insel« betriebenen RhB-Arosabahn. Seit der Umstellung ist hier kein spezieller Fahrzeugpark mehr vonnöten

Ausgang. Die lange geplante unterirdische Einführung in den Bahnhof ist 1996 dem Rotstift des Bundesrates zum Opfer gefallen. Ein anderes Problem konnte aber im November 1997 beseitigt werden: Seither ist die Arosabahn nicht mehr mit dem für Schweizer Verhältnisse völlig exotischen Gleichstrom von 2400 V, sondern mit dem normalen Wechselstrom 11 kV 16 2/3 Hz des Stammnetzes elektrifiziert.

RhB Rhätische Bahn

	Stammnetz	Arosabahn	Berninabahn	Misoxer Bahn
Eröffnet:	1889	1914	1908	1907
Streckenlänge:	276 km	26 km	61 km	13 km
Stromsysteme:	Wechselstrom 11 kV 16 2/3 Hz	Wechselstrom 11 kV 16 2/3 Hz	Gleichstrom 1000 V	Gleichstrom 1500 V
max. Neigung:	45 ‰	60 ‰	70 ‰	50 ‰
Depots:	Landquart, Chur, Davos-Platz, Samedan	Pontresina, Poschiavo	Grono	

Fahrzeuge: Auf dem Wechselstromnetz bilden die Ge 4/4 II und die ab 1993 beschafften Ge 4/4 III das Rückgrat der Zugförderung, hinzu kommen die älteren Ge 4/4 I und die Gelenkloks Ge 6/6 II. Die legendären »rhätischen Krokodile« Ge 6/6 kommen nur noch für Sonderfahrten zum Einsatz. Pendelzüge mit Be 4/4 kommen auf den Regionallinien zum Einsatz.
Auf der Berninabahn bestimmen die oft in Doppeltraktion verkehrenden ABe 4/4 I von 1964 und ABe 4/4 II von 1988 das Bild. Die beiden Zweikraftloks Gem 4/4 können im Dieselbetrieb auch auf dem Stammnetz verkehren.
Zum Einsatz vor Dampf-Sonderzügen hält die RhB die G 3/4 1 »Rhätia« und die beiden G 4/5 107 und 108 betriebsfähig.

Unsere Fahrt nach Arosa beginnt trambahnähnlich auf der vom Bahnhofsvorplatz in südliche Richtung führenden Stadtstrecke, an der Plessur entlang erreichen wir den Ortsrand und beim Haltepunkt Sassal (km 3, 620 m ü.d.M.) biegen wir in das bewaldete Schanfigg ein. Die Autostrasse verläuft hoch über uns am Hang, während wir mit stetiger Steigung talaufwärts fahren. Bei km 9 passieren wir das Dörfchen Lüen (938 m ü.d.M.), dessen Kirche interessante Wandmalereien aus dem 14. Jh. aufweist. Auf der an kurzen Tunnels und Viadukten reichen Strecke steigen wir weiter an und haben bald hinter Peist (km 14) rechterhand den Blick frei auf das imposante **Langwies-Viadukt**. Mit einer Länge von 285 m und einer Höhe von 62 m ist diese Brücke nicht nur die grösste im Netz der RhB, sondern auch die älteste Stahlbetonbrücke der Schweiz. Auch vom Bahnhof in Langwies (km 18, 1317 m ü.d. M.) haben wir noch einen schönen Blick auf das Viadukt, über das wir dann nach einer engen Kurve die Plessur überqueren und auf die linke Talseite wechseln.
Unsere Strecke läuft nun in südlicher Richtung am bewaldeten Hang entlang. Hinter Litzirüti (km21) führt sie über eine doppelte Kehre in die Höhe und erreicht schliesslich den in einer weiten Talmulde liegenden Luftkurort Arosa (1739 m ü.d.M., 2800 Einwohner), der sich in wenigen Jahrzehnten vom kleinen Bergdorf zu einem der bekanntesten Wintersportzentren entwickelt hat. Luftseilbahnen führen zu schönen Aussichtsplätzen auf das Weisshorn (2653 m ü.d.M., 1910) und das Hörnli (2493 m ü.d.M.,1912) Arosa ist aber auch für attraktive Bergwanderungen ein guter Ausgangspunkt.

940 – *Zu den wohl am meisten fotografierten Eisenbahn-Motiven gehört das nach einer engen Kurve direkt in die Felswand mündende Landwasser-Viadukt bei Filisur*

940 ✳ RhB
Chur–Thusis–St.Moritz (89 km)

Die Chur mit dem Engadin verbindende ***Albulabahn** zählt landschaftlich wie eisenbahntechnisch zu den schönsten und interessantesten Bahnstrecken Europas. Als Schnittstelle der Züge des Glacier-Express [➤ 610] und des Bernina-Express [➤ 950] ist sie von grosser touristische Bedeutung, die als »Albula-Zirkus« bekannten Kehrschleifen zwischen Bergün und Preda sind ebenso einzigartige Attraktionen wie das kühne Landwasser-Viadukt.

So verdient auch die Vorgeschichte dieser Bahn eine nähere Erwähnung: Überlegungen zu einer Überquerung der Ostalpen gab es bereits lange vor der Eröffnung der ersten Eisenbahn der Schweiz im Jahre 1847. In der Diskussion war sowohl eine Route über den Splügen-Pass wie auch der Weg über den weiter westlich gelegenenen Lukmanier. Als erste Zufahrtslinie wurde schon 1858 die Strecke Rorschach–Chur [880] eröffnet. Im Wettstreit mit der schliesslich ausgeführten Gotthardbahn [➤ 600] unterlag jedoch das Ostalpen-Projekt. Der Wunsch nach einer eigenen Alpen-Überquerung blieb aber in Graubünden lebendig, man konzentrierte sich nun zunächst auf eine schmalspurige Verbindung mit dem Engadin. In einer kantonalen Volksabstimmung fiel 1889 die Entscheidung für die Albulastrecke, zur Wahl stand alternativ das Projekt einer Scalettabahn von Davos [➤ 910] ins Unterengadin. Auf der Tal-Strecke Landquart–Chur–Thusis der RhB (*Rhätische Bahn*) wurde 1896 der Betrieb aufgenommen. Die eigentliche Albulabahn konnte jedoch erst realisiert werden, nachdem der Kanton Graubünden 1897 die Aktienmehrheit der Bahn, die seither auch den Übernamen »Bündner Staatsbahn« führt, übernommen hatte.

1903 wurde die Strecke Thusis–Celerina eröffnet, ein Jahr danach war auch der letzte kurze Abschnitt bis St. Moritz fertiggestellt. Zusammen mit der Strecke nach Scuol-Tarasp [→ 960] wurde der Abschnitt St. Moritz–Bever bereits 1913 mit dem damals noch kaum verbreiteten Einphasen-Wechselstrom elektrifiziert. Auf der Gesamtstrecke bis Chur konnte 1921 der elektrische Betrieb aufgenommen werden, im gleichen Jahr wurden auch die ersten der berühmten »Rhätischen Krokodile« der Reihe Ge 6/6 I in Dienst gestellt.

Wir verlassen Chur gemeinsam mit der durch die Ruinaulta nach Disentis/Mustér führenden Linie [→ 920]. Bis Reichenau-Tamins ist die Strecke doppelspurig ausgebaut, auf dem Abschnitt Chur–Domat/Ems gibt es zudem für den Güterverkehr zu den Emser Werke seit 1959 ein Drei-Schienen-Gleis. Hinter Reichenau (km 10, 604 m ü.d.M.) überqueren wir den Hinterrhein. Hier trennen sich die beiden Linien, auf absteigender Strecke zweigen wir in einem Bogen nach Süden ab. Vor Rhäzüns (km 15) erblicken wir linkerhand das Schloss aus dem 13. Jh., sehenswert ist auch das oberhalb des Ortes gelegene romanische Kirchlein St. Georg, den Schlüssel erhält man am Fahrkartenschalter der RhB-Station. Durch eine Talenge erreichen wir Rothenbrunnen und die durch ihre Schlösser und Burgen bekannte Talpartie des Domleschg, hoch über dem Rhein erhebt sich die Burganlage Ortenstein. Bei km 27 halten wir in Thusis (697 m ü. d. M., 2600 Einwohner). Den Hinterrhein weiter aufwärts führt von hier eine Strasse durch die malerische Schlucht der *Via Mala. Statt der einst geplanten Bahnverbindung gibt es einen Postauto-Kurs über den Splügen-Pass ins italienische Chiavenna, von dort aus kann man per Bus nach St. Moritz, aber auch nach Lugano [→ 600] weiterfahren. Eine andere Bus-Linie führt von Thusis über den San-Bernardino-Pass ins Misox und nach Bellinzona.

Thusis ist der eigentliche Ausgangspunkt der Albulabahn, hier befinden sich auch die Verladeanlagen für den Autotransport nach Samedan. Ein letztes Mal queren wir den Rhein, verlassen sein Tal und beginnen unseren Aufstieg durch die malerische *Schinschlucht, deren Eingang durch die Burgruine Campi markiert wird. Unsere Strecke windet sich durch eine Vielzahl von Tunnels am bewaldeten Hang entlang und wechselt über den imposanten Solis-Viadukt 85 m hoch über der Albula auf die nördliche Talseite. Vorbei an der noch aus der Zeit der Karolinger stammenden Kirche *St. Peter zu Mistail bei Alvaschein erreichen wir Tiefencastel (km 40, 884 m ü.d.M.). Hier kreuzt die aus Chur über Lenzerheide und den Julier-Pass nach St. Moritz führende Postauto-Linie unseren Weg. Nach Süden haben wir einen schönen Blick auf die Gipfel des Piz Mitgel und des Corn da Tinizong, vor uns liegt in östlicher Richtung die markante Spitze der Muchetta.

Hinter Alvaneu (km 47) passieren wir zunächst das Schmittentobel-Viadukt, von dem aus wir rechterhand, teils von Bäumen verdeckt, bereits die wohl meistfotografierte Eisenbahnbrücke der Schweiz erblicken, das berühmte *Landwasser-Viadukt. Auf 65 m hohen Pfeilern überwindet es die enge Schlucht der hier in die Albula mündenden Landwasser. Neben seiner Lage in einer Kurve mit nur 100 m Radius und einer Steigung von 20 ‰ liegt die besondere Faszination in dem an der lotrechten Felswand unmittelbar an den letzten Brückenbogen anschliessenden Tunnelmund. Die Kurve setzt sich im Tunnel fort und nach einem grossen Gegenbogen erreichen wir den hoch über den Ort liegenden Bahnhof von Filisur (km 50, 1080 m ü.d. M., 400 Einwohner, Gemeindebüro, 7477 Filisur, Tel. 081 404 13 10, Fax 081 404 22 03). Hier endet die aus Davos kommende Strecke [→ 915]. Wir fahren in südöstliche Richtung durch den Greifenstein-Kehrtunnel weiter talaufwärts. Am steilen Hang des dichtbewaldeten Tals passieren wir eine Reihe weiterer Tunnels und kommen bei km 59 zu dem kleinen Ferienort Bergün (rätorom. Bravuogn, 1372 m ü.d. M.) am Fusse des mächtigen Piz Ela.

Hier beginnt der *»**Albula-Zirkus**« mit seinen zum Teil ineinander verschlungenen Kehrschleifen. Die beim Blick aus dem Zugfenster oft verwirrende Streckenführung wird nur mit Hilfe einer Streckenkarte deutlich. Die erste Kehre liegt im 486 m langen God-Tunnel, es folgen auf dem 12 km langen Weg bis Preda (Luftlinie etwa 5 km) vier weitere Kehrtunnels, zwischen denen viermal auf gemauerten Viadukten die Albula überquert wird. Immer wieder ergeben sich überraschende Blicke hinab auf die bereits zurückgelegte Strecke. Die beiden letzten Kehrtunnels Toua und Zuondra liegen fast direkt übereinander spiralartig im Fels. In Preda (km 71) haben wir eine Höhe von 1789 m ü.d.M. erreicht.

Nicht nur für den Eisenbahnfreund von Interesse ist der 8 km lange ***Bahnhistorische Lehrpfad**, der von Preda zurück nach Bergün führt und auf angenehmen Wegen talabwärts den kunstvollen Streckenverlauf durch das malerische Tal erleben lässt. Die zahlreichen Hinweisschilder der RhB geben unterwegs Informationen zur Geschichte und zur Technik der Albulabahn.

Die Autostrasse zwischen Preda und Bergün ist im Winter zeitweise gesperrt und wird dann auf einer Länge von 5 km zur beliebten Schlittelbahn, für die von der RhB sogar Sonderzüge eingesetzt werden.

Unmittelbar am Bahnhof von Preda beginnt der 5865 m lange Albula-Scheiteltunnel. Mit einem Kulminationspunkt von 1824 m ü.d.M. ist er der höchstgelegene Alpendurchstich. Am Südende des Tunnels liegt die kleine, heute nur noch von wenigen Zügen besuchte Station Spinas. Durch das langsam sich öffnende Val Bever kommen wir auf die auch »Champagna« genannte Hochebene des Oberengadin und erreichen bei dem hübschen Dorf Bever (km 82, 1710 m ü.d.M.) den Abzweig der nach Scuol-Tarasp führenden Strecke [→ 960].

Über Samedan, wo die kurze Verbindungslinie nach Pontresina beginnt [→ 943] und den Ferienort Celerina mit der am Ortsrand gelegenen ***Kirche San Gian** aus dem 11. Jh. fahren wir am Inn entlang talaufwärts und erreichen durch die beiden letzten Tunnels von Charnadüra und Argentari unser Ziel, den Wintersportort St. Moritz (1775 m ü.d.M., 5900 Einwohner, Kur- u. Verkehrsverein, Via Maistra 12, 7500 St. Moritz, Tel. 081 837 33 33, Fax 081 837 33 77. Die Bahn-

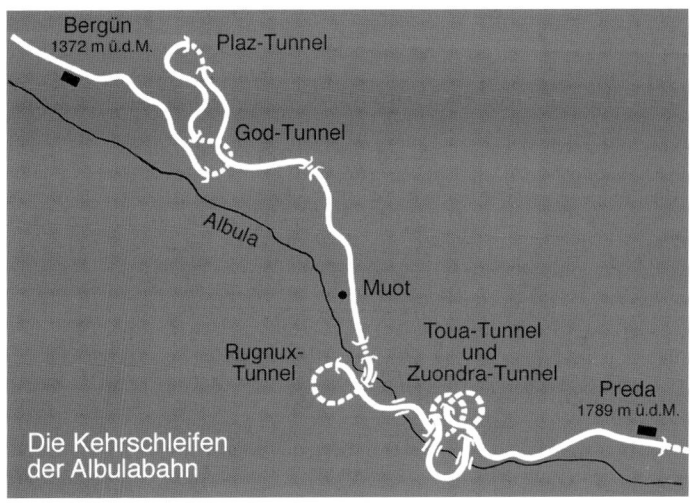

Die Kehrschleifen der Albulabahn

station liegt nahe am See unterhalb von St. Moritz Dorf, das mit seinen grossen Hotel-Palästen jedoch eher einen städtischen Eindruck macht. Hier können wir umsteigen in die nach Tirano führende Berninabahn [→ 950] oder mit der Standseilbahn und der anschliessenden Luftseilbahn [2970] einen Ausflug auf den ***Piz Nair** (3057 m ü.d.M.) machen, einen grossartigen Aussichtsberg inmitten der Engadiner Bergwelt. Ein herrlicher Wanderweg, der von hier aus durch alle Vegetationszonen führt, endet direkt am Tunnelmund in Spinas.

Die 1896 eröffnete Trambahnlinie StrStM von St. Moritz Dorf zur 1,6 km entfernten Endstation St. Moritz Bad wurde schon 1932 eingestellt. Postauto-Kurse führen über den Julier-Pass durch das Oberhalbstein zurück nach Chur sowie an den schönen Seen von Silvaplana und Sils vorbei, über den Maloja-Pass (1815 m ü.d. M.) hinab ins ruhige Bergell und weiter nach Chiavenna, Lugano [→ 600] und Locarno [→ 630].

943   RhB
Samedan–Pontresina (5 km)

Im Schienennetz der RhB ist dies die kürzeste Strecke, sie wurde 1908 zur direkten Verbindung der Albulabahn mit der ursprünglich selbständigen Berninabahn erstellt und vervollständigt die beiden Strecken auf der Hochebene der Champagna zu einem grossen Gleisdreieck. Sie dient einerseits dem Regionalverkehr, erspart aber auch durchlaufenden Kurswagen oder Zügen wie dem Bernina-Express Chur–Tirano den Umweg und das Kopfmachen in St. Moritz, das daher auch nur mit einem behelfsmässigen Übergang zwischen den unterschiedlich elektrifizierten Strecken ausgestattet wurde.

Die Verbindungsstrecke zweigt in Samedan von der Albulabahn [→ 940] nach Süden ab, überquert den Inn und erreicht bei km 3 den einzigen Zwischenhalt Punt Muragl. Nur durch die Autostrasse und den Bachlauf der Ova da Bernina getrennt, liegt gegenüber der Bahnhof Punt Muragl Staz der Berninabahn. Die längste einteilige Standseilbahn der Schweiz [2980] führt von hier hinauf zum beinahe schon klassischen Aussichtspunkt ***Muottas Muragl** (2453 m ü.d.M.). Der Blick reicht weit über die Engadiner Seen und die Alpen-Gipfel, auch der Linienverlauf der drei Bahnstrecken in der Talebene ist gut zu erkennen.

Ab Punt Muragl läuft die Strecke parallel zur Berninabahn weiter nach Süden bis zum unterhalb des Ortes gelegenen Bahnhof von Pontresina [→ 950].

950 ✳   RhB
St. Moritz–Pontresina–Tirano (61 km)

Vom Oberengadin, das auch den Übernamen »Dach Europas« trägt, über den Bernina-Pass hinunterzufahren ins Val di Poschiavo (dt. Puschlav) und weiter ins italienische Valtellina (Veltlin), bedeutet nicht nur für den Eisenbahnfreund ein einzigartiges Erlebnis. Die ***Berninabahn** folgt einem schon in vorrömischer Zeit bekannten Alpenübergang. Sie ist die einzige offen, also ohne Scheiteltunnel, den Alpenkamm überquerende Bahnlinie und weist für eine Adhäsionsbahn ungewöhnlich starke Steigungen bis zu 70 ‰ auf.

Um die Jahrhundertwende verfolgte die RhB (*Rhätische Bahn*) noch ihr Projekt einer Fortsetzung der Albulabahn über den Maloja-Pass durch das Bergell nach Chiavenna. Die Initiative zum Bau einer Bahnlinie ins Puschlav kam daher von privater Seite und bei der Projektierung der Strecke wurden vor allem auch touristische Interessen berücksichtigt. 1908 eröffnete die damalige BB (*Bernina-Bahn*) den Betrieb auf den ersten Teilstrecken, nach der Fertigstellung des schwierigsten Abschnittes Ospizio Bernina–Poschiavo konnte 1910 der durchgehende Verkehr aufgenommen werden. Der kurze Streckenteil von der Grenze bei Campocologno bis Tirano gehörte bis 1950 aus rechtlichen Gründen einer eigenen italienischen Gesellschaft.

Die Berninabahn wurde von Anfang an elektrisch betrieben, zunächst mit Gleichstrom 750 V, seit 1935 mit 1000 V. Die für den reinen Sommerbetrieb konzipierte Strecke wurde schon bald winterfest gemacht und ab 1914 konnte auf der gesamten Linie der Ganzjahresverkehr eingeführt werden. Nach wirtschaftlichen Problemen wurde die BB 1943 von der Rhätischen Bahn übernomrnen, nicht zuletzt durch ihr vom Stammnetz abweichendes Stromsystem führt sie aber bis heute ein gewisses Eigenleben. Im Juli und August verkehren in einigen Zügen offene Aussichtswagen, die die Reise auf der Berninabahn durch die majestätische Alpenlandschaft noch um eine Attraktion reicher machen.

In St. Moritz [► 940] sind die zum See hin gelegenen Gleise dem Gleichstrombetrieb der Berninabahn vorbehalten, während im vorderen Wechselstrom-Bereich die Züge nach Chur und ins Unterengadin abfahren. Der Übergang zwischen den Systemen ist durch eine nicht elektrifizierte Gleisverbindung möglich. Die von dem noch jungen Inn durchtoste Charnadüra-Schlucht passieren wir durch einen Tunnel, der mit 689 m bereits der längste der gesamten Strecke ist. Am bewaldeten Rand des weiten Talbodens von Celerina beschreiben wir einen Bogen in südöstliche Richtung und kommen über Punt Muragl Staz parallel mit der Verbindungsstrecke aus Samedan [► 943] bei km 6 zum Ferienort Pontresina (1774 m ü.d. M., 1800 Einwohner, Kur- und Verkehrsverein, Kongresszentrum Rondo, 7504 Pontresina, Tel. 081 838 83 00, Fax 081 838 83 10), der neben grossen Hotelbauten auch noch kleine Gassen mit typischen Engadiner Häusern aufweist. Hier erfolgt bei den aus Samedan kommenden durchgehenden Zügen der Traktionswechsel von den Lokomotiven des Stammnetzes zu den Bernina-Triebwagen, hierzu ist seit 1982 die Stromzufuhr über dem Gleis 3 umschaltbar. Eine empfehlenswerte Rundtour führt mit der Sesselbahn [2982] hinauf zur 2262 m hoch gelegenen Alp Languard und von dort über einen schönen Höhenweg zur Aussichtskanzel *Muottas Muragl* [943]. Durch das autofreie *Val Roseg* kann man bis zum Restaurant am Fusse des Roseg-Gletschers mit Pferdegespannen fahren, deren Abfahrtszeiten auch im gelben Autobuss-Teil des Kursbuches zu finden sind.

Gleich hinter Pontresina wird erstmals die maximale Steigung von 70 ‰ erreicht, in einem Bogen überqueren wir die Roseg und passieren den dichten Taiswald. Bachaufwärts geht es am Ova da Bernina zur Station Morteratsch (km 12, 1896 m ü.d.M.). Von der anschließenden Steilstrecke bei der *Montebello-Kehre* haben wir nach Süden einen überwältigenden Blick auf die weisen Gipfel des Piz Morteratsch, des Piz Bernina (4049 m) und die sich zum Morteratsch-Gletscher vereinigenden Firnfelder. Parallel zur Straße fahren wir durch das kahler werdende Tal. Vor Bernina Suot (km 16) überschreiten wir die anderswo nur per Zahnrad erreichbare Höhenmarke von 2000 m ü.d.M.), linkerhand der auffällig isolierte Kalkgipfel des Piz Alf. Die beiden nächsten Stationen dienen hauptsächlich dem Wintersportverkehr und sind nach den von hier per Luftseilbahn [2985 und 2987] erreichbaren Berggipfeln benannt: Von der als Sommerskigebiet beliebten *Diavolezza* (2973 m ü.d.M.) hat man einen faszinierenden Panoramablick über Piz Palü, Beilavista, Bernina und Morteratsch und vom gegenüberliegenden Piz Lagalp (2896 m ü.d.M.) reicht der Blick bis zu den Bergamasker Alpen südlich des Veltlin.

Wir steigen nun in die karge Pass-Region und kommen an den Seen Lej Pitschen und Lej Nair und dem grossen Stausee Lago Bianco zum Scheitelpunkt 203

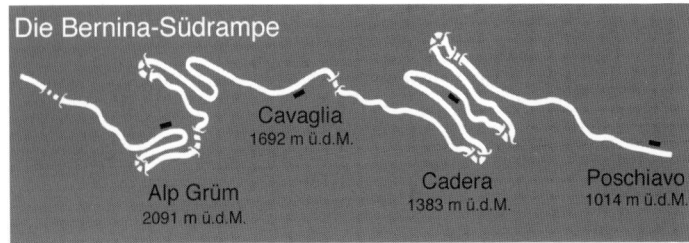

Die Bernina-Südrampe

Cavaglia
1692 m ü.d.M.

Cadera
1383 m ü.d.M.

Poschiavo
1014 m ü.d.M.

Alp Grüm
2091 m ü.d.M.

der Strecke am Ospizio Bernina (22 km, 2253 m ü.d.M.). Die Station liegt leicht oberhalb des Sees, über dem gegenüber der Piz Cambrena aufsteigt. Während die Strasse hinabführt ins ins östlichere Val Lagune, strebt die Bahnlinie am See entlang und durch umfangreiche Lawinengalerien der einmaligen Aussichtsterrasse *Alp Grüm (km 27, 2091 m ü.d.M.) entgegen. Der Blick reicht über Cavaglia weit hinunter ins Puschlav mit dem mehr als 1000 mtiefer liegenden Lago di Poschiavo. Die tiefste Talstufe, das italienische Veltlin, ist durch den dahinterliegenden Riegel der Bergamasker Alpen markiert. In Luftlinie sind es bis dort noch rund 22 km, per Bahn haben wir etwa 34 km zu fahren (das Kursbuch weist gar 47 Tarif-Kilometer auf). Im Westen fällt der Blick auf den Piz Palü (3905 m) mit seinem weiten Gletscherfeld.

Unmittelbar hinter der Station beginnt der oft fotografierte enge Kehrbogen, der Gegenbogen führt durch den 254 m langen Palü-Tunnel wieder nach Südosten. Durch das Val da Pila geht es mit vielen Lawinenschutzbauten in einer dreifacher Kehre nach Cavaglia (1692 m ü.d.M.) hinab und hinter der engen Schlucht des Cavagliasco-Baches erreichen wir den bewaldeten Westhang des oberen Puschlav. Die Kreuzungs-Station Cadera (1383 m ü.d.M.) liegt bei km 38 inmitten einer Serpentinenstrecke mit vier Kehrbögen, drei davon in Tunnels. Der letzte Bogen führt über die Cavagliasco-Schlucht in den Fels des östlichen Talhanges, hier folgen Tunnels und Viadukte in einer sonst nur auf Modellbahn-Anlagen anzutreffenden Gedrängtheit.

Nur kurz kann sich das Auge auf der nun fast ebenen Strecke erholen, bei km 44 erreichen wir Poschiavo (1014 m ü.d.M., 3300 Einwohner), den Hauptort des gleichnamigen Tales (dt. Puschlav). Der schon recht südländisch wirkende Ort hat eine gotische Stiftskirche mit romanischem Glockenturm und einige schöne Palazzi aufzuweisen. Parallel zur Strasse fahren wir durch die Talebene weiter nach Süden, die Ortsdurchfahrt in San Antonio wird von Eisenbahn und Autos gemeinsam benutzt. Bei dem hübschen Ferienort Le Prese (km 48) erreichen wir den Lago di Poschiavo. Auch hier verläuft die Strecke im Ort gemeinsam mit der Strasse, bei den oft recht langen Zügen sicher zur besonderen Freude der Automobilisten. Am westlichen Ufer des Sees entlang kommen wir nach Miralago, die Strecke führt nun wieder stetig bergab und nach einer doppelten Kehre halten wir bei km 54 in Brusio (780 m ü.d.M.). Hier hat die Berninabahn für den Eisenbahnfreund noch ein besonderes Bonbon parat: Die offene *Kehrschleife am unteren Ortsrand. Über einen Geröllhang und ein gemauertes Kreisviadukt gelangen wir auf eine Rampe mit einem Radius von nur 50 m, die Strecke führt dann unter einem Bogen des Viaduktes in einer Gegenkurve wieder in südliche Richtung.

Der letzte Streckenabschnitt führt durch Wiesen und Felder hinab zum Grenzort Campocologno (km 58, 553 m ü.d.M.), der über umfangreiche Gleisanlagen für den Güterverkehr verfügt. An der Wallfahrtskirche Madonna di Tirano vorbei erreichen wir unser Ziel, den direkt neben der FS-Station liegenden Bahnhof von Tirano (429 m ü.d.M., 8000 Einwohner). Durch das Valtellina, das Veltliner Tal, führt eine Bahnverbindung zum Comer See und weiter nach Milano. Wer diesen Abstecher nach Norditalien macht, kann anschliessend mit der Gotthardbahn oder der Simplonbahn wieder zurückkehren in die Schweiz.

960   RhB
St. Moritz–Scuol-Tarasp (57 km)

Innerhalb des Netzes der RhB (*Rhätische Bahn*) steht diese ins Unterengadin führende Strecke immer etwas im Schatten ihrer weltberühmten »Geschwister« Albulabahn und Berninabahn. Dennoch bietet auch sie eine Menge landschaftlicher Schönheiten auf dem etwas abseits der grossen Touristenströme liegenden Weg in den äussersten Ostzipfel der Eidgenossenschaft.

Die 1913 eröffnete Strecke wurde von Anfang an elektrisch betrieben. Sie ist damit die älteste elektrifizierte Strecke im Stammnetz der RhB und eine der frühesten mit Wechselstrom ausgerüsteten Bahnlinien überhaupt.

Von St. Moritz bis Bever (km 7, 1710 m ü.d.M.) benützen wir die Talstrecke der Albulabahn [→940], die gleich hinter der Station linkerhand ins Val Bever hinauf abzweigt. Wir begleiten den Inn weiter nach Nordosten und passieren die schönen Dörfer La Punt und Chamues-ch. Der malerische Ferienort *Zuoz (km 16, 1692 m ü.d.M., 1200 Einwohner) besitzt noch eine Anzahl mittelalterlicher Wohntürme, sehenswert ist auch der hübsche Dorfplatz mit dem Planta-Doppelhaus im typischen Bündner Stil.

Das Tal verengt sich nun, hinter Schanf passieren wir eine Reihe von Viadukten und Tunnels, durch die wir bei km 32 hinunterkommen nach Zernez (1471 m ü.d.M.). Von hier können wir im Sommer mit dem Postauto einen Ausflug in den benachbarten *Schweizer Nationalpark machen, aber auch über den Ofenpass bis nach Meran und Bozen fahren. In der herrlichen Gebirgslandschaft des fast 170 km≈ grossen Nationalparks leben Schneehasen, Marder, Murmeltiere und Hermeline, auch die bunte Alpenflora wird jeden Naturfreund faszinieren.

Weiter innabwärts erreichen wir durch das bewaldete Tal bei km 38 das idyllisch gelegene Susch. Hier endet die über den Flüela-Pass aus Davos kommende und auch von einer PTT-LInie bediente Bergstrasse. Vor Lavin (km 41) passieren wir die Baustelle der Autoverlade-Anlage am südlichen Tunnelmund der neuen Vereinalinie [→ 910]. Seinen ursprünglichen Charakter hat sich das malerische Dorf *Guarda (km 45,1653 m ü.d.M.) fast vollständig bewahren können, es liegt weit oberhalb des Talbodens und ist mit der Bahnstation durch einen steilen Fussweg, aber auch durch eine Postauto-Linie verbunden. Durch den 1909 m langen Magnacun-Tunnel kommen wir bei km 48 nach Ardez (1432 m ü.d.M.), das ebenfalls schöne alte Engadiner Häuser mit reichen Bemalungen besitzt.

Talabwärts passieren wir nun den Tasna-Tunnel, der mit 2350 m der zweitlängste Bergdurchstich der RhB ist. Oberhalb des engen Tales liegt auf der rechten Seite das eindrucksvolle Schloss Tarasp und über den viaduktreichen letzten Streckenabschnitt erreichen wir unser Ziel, den Ferienort Scuol (1287 m ü.d.M., 1800 Einwohner) mit der am weitesten östlich gelegenen Bahnstation der Schweiz. Das hübsche Val S-charl am Rande des Nationalparks wird durch eine Postauto-Linie erschlossen. Eine Buslinie führt auch weiter das Inntal hinab, anstelle der einst projektierten Bahn können wir so dennoch bei Martina die Grenze überqueren zum österreichischen Landeck an der Arlbergbahn, die uns bei einer Rundtour zurück in die Schweiz bringen kann [→ 880].

Anhang

Wichtige Anschriften

Aktuelle Informationen zum Zugverkehr erhält man über die im Kursbuch jeweils am Fuss der Fahrplanspalten angegebenen Telefon-Nummern. Nachstehend die kompletten Anschriften wichtiger Bahnen und ihrer Dienststellen. Angegeben sind bei Telefon- und Faxnummern jeweils die innerschweizerischen Vorwahlen, für Anrufe aus dem Ausland ist die jeweilige Landesvorwahl voranzustellen.

AB
Appenzeller Bahnen
Bahnhofplatz 5
9100 Herisau
Tel. *071/351 10 06
Fax. *071/351 10 04

AL, AOMC, ASD, BVB
Transports Publics du
Chablais
1860 Aigle
Tel. 024/466 16 35

BC
Chemin de fer-musée
Blonay-Chamby
1807 Blonay
Tel. 021/943 22 25
Fax 021/943 21 21

BDB
Ballenberg Dampfbahn
Herrn Martin Schwertfeger
Latthag 4
3860 Meiringen
Tel. 033/971 35 87
Fax. 033/971 61 78

BLS
Lötschbergbahn AG
Genfergasse 11-15
3011 Bern
Tel. *031/327 27 27
Fax. *031/327 29 10

BOB, BLM, JB, SchPB, WAB
Jungfraubahnen
Höheweg 37
3800 Interlaken
Tel. 033/828 71 11
Fax. 033/828 72 64

Brauerei Feldschlösschen
Theophil Roniger-Str.
4310 Rheinfelden
Tel. *061/835 01 11
Fax. *061/831 20 45

BRB
Brienz Rothorn Bahn
3855 Brienz BE
Tel. 033/951 12 32
Fax. 033/951 38 06

BT
Bodensee-Toggenburg-
Bahn
Bahnhofplatz 1a
9000 St. Gallen
Tel. 071/228 23 23

BVZ
Zermatt-Bahn
GGB
Gornergrat-Bahn
Nordstr. 20
3900 Brig
Tel. 027/922 43 11
Fax. 027/922 43 90

CJ
Chemins de fer du Jura
rue du Général Voirol 1
2710 Tavannes
Tel. 032/482 64 50
Fax. 032/482 64 79

CTVJ
Compagnie du train à
vapeur Vallée de Joux
c/o Victor Bélaz
rte Neuve 10
1347 Le Sentier
Tel. 021/845 52 46

DBB
Verein Dampf-Bahn Bern
Postfach 5841
3001 Bern

DFB
Dampfbahn Furka-
Bergstrecke AG
3999 Oberwald
Tel. *027/973 33 75
Fax 027/973 33 74

DVZO
Dampfbahn-Verein
Zürcher Oberland
Industriestr. 1c
8610 Uster
Tel. 01/940 71 50

EV
Eurovapor
Postfach 765
8021 Zürich

FO
Furka-Oberalp-Bahn
Ueberlandstr. 9
3900 Brig
Tel. 027/922 81 11
Fax 027/922 81 03

GFM
Chemins de fer
fribourgeois
rue des Pilettes 3
1700 Fribourg
Tel. *026/351 02 00
Fax. *026/351 02 90

LEB
Chemin de fer Lausanne-
Echallens-Bercher
pl. Gare 5
1040 Echallens
Tel. *021/881 11 16

MC
Chemin de fer Martigny-
Châtelard
MO
Martigny-Orsières
1920 Martigny
Tel. 027/722 20 61
Fax 027/722 45 10

MG
Ferrovia Monte Generoso
6825 Capolago
Tel. 091/648 11 05
Fax. 091/648 11 07

MOB
Montreux-Oberland
Bernois
MTGN
Montreux-Territet-Glion-
Naye
rue du Lac 36
1815 Clarens
Tel. 021/989 81 81
Fax. 021/989 81 00

MThB
Mittelthurgaubahn
Wiler Str. 2
8570 Weinfelden
Tel. 071/626 31 00
Fax. *071/626 31 90

OeBB
Oensingen-Balsthal-Bahn
Bahnhofpl. 1
4710 Balsthal
Tel. 062/391 31 01
Fax. *062/391 17 30

RB
Rigi-Bahnen
6354 Vitznau
Tel. 041/399 87 87
Fax. 041/399 87 00

RBS
Regionalverkehr Bern-
Solothurn
3048 Worblaufen
Tel. 031/925 55 55
Fax. 031/925 56 73

RhB
Rhätische Bahn
Bahnhofstr. 25
7000 Chur
Tel. *081/254 91 00
Fax. *081/254 91 01

RM
Regionalverkehr
Mittelland
Bucherstr. 1-3
3400 Burgdorf
Tel. 034/424 50 00
Fax. 034/424 50 80

SBB
Schweiz. Bundesbahnen
Generaldirektion
Hochschulstr. 6
3030 Bern
Tel. 051/220 11 11

SBB-Lokomotivdepot
Walkeweg 55
4053 Basel
Tel. *051/229 22 45

**SBB-Hauptwerkstätte/
Officine principali FFS**
viale Officina 18
6500 Bellinzona
Tel. *091/821 77 11
Fax. 091/821 77 97

SBB-Lokomotivdepot
3012 Bern
Tel. 051/220 20 20

SBB-Hauptwerkstätte
Ob. Quai 140
2503 Biel/Bienne
Tel. *032/328 71 11
Fax. *032/328 71 20

SBB-Lokomotivdepot
3900 Brig
Tel. *027/922 24 54
Fax. *027/922 23 54

SBB-Lokomotivdepot
6472 Erstfeld
Tel. 157/22 22
Fax *041/880 21 04

**SBB-Lokomotivdepot/
Dépôt des locomotives
CFF**
1201 Genève
Tel. *022/715 22 51

**SBB-Lokomotivdepot/
Dépôt des locomotives
CFF**
1003 Lausanne
Tel. *051/224 28 34

SBB-Lokomotivdepot
Neustadtstr.
6003 Luzern
Tel. *051/227 32 49

SBB-Lokomotivdepot
4600 Olten
Tel. 062/286 44 25

SBB-Lokomotivdepot
8590 Romanshorn
Tel. *071/463 14 21

SBB-Lokomotivdepot
9400 Rorschach
Tel. *071/841 50 49
Fax. *071/841 55 49

SBB-Lokomotivdepot
8640 Rapperswil SG
Tel. *055/210 53 23

SBB-Lokomotivdepot RBL
8957 Spreitenbach
Tel. *056/401 29 50
Fax. *056/401 60 18

SBB-Hauptwerkstätte
Hohlstr. 400
8048 Zürich
Tel. 051/222 55 10
Fax. 051/222 55 63

SchBB
Schinznacher Baumschul-
bahn
Degerfeldstr. 4
5107 Schinznach Dorf
Tel. 056/463 62 82
Fax. *056/463 62 00

SOB
Schweizerische Südost-
bahn
Merkurstr. 3
8820 Wädenswil
Tel. 01/780 31 57
Fax. *01/780 37 56

ST
Sursee-Triengen-Bahn
6234 Triengen
Tel. *051/227 22 42

SZU
Sihltal Zürich Uetliberg
Bahn
Manessestr. 152
8045 Zürich
Tel. 01/206 46 91
Fax. 01/206 45 10

ThBE
Trains historique
Bouveret-Evian
Tel. 024/481 28 15

Verkehrshaus der Schweiz
Lidostr. 5
6006 Luzern
Tel. 041/370 20 20
Fax 041/370 61 68

VVT
Club Vapeur Val-de-
Travers
case postal 464
2114 Fleurier
Tel. 032/861 34 98
Fax 032/861 40 53

WB
Waldenburgerbahn
Hauptstr. 12
4437 Waldenburg
Tel. 061/961 90 40
Fax. 061/961 90 22

Anschriften, Telefon- und
Fax-Nummern der Ver-
kehrsvereine wichtiger
Reiseziele sind in den
Streckenbeschreibungen
vermerkt. Über alle touristischen Belange informieren zuverlässig die Ver-
kehrszentrale »Schweiz
Tourismus« in Zürich und
ihre Niederlassungen:

Schweiz Tourismus
Bellariastr. 38
8038 Zürich
Tel. *01/288 11 11
Fax. *01/288 12 05
Internet: http://www.swit-
zerlandtourism.ch

Schweiz Tourismus
Kaiserstrasse 23
60311 Frankfurt am Main
Tel. 069/25 60 01-0
Fax 069/25 600110

Schweiz Tourismus
Kärtnerstrasse 20
1015 Wien
Tel. 01/512 74 05
Fax 01/513 93 35

Register der Bahngesellschaften
mit Initialen, Namen der Bahnen und Streckennummern

AB	Appenzeller Bahnen	854, 855, 856
AL	Chemin de fer Aigle-Leysin	125
AOMC	Chemin de fer Aigle-Ollon-Monthey-Champéry	126
ASD	Chemin de fer Aigle-Sépey-Diablerets	124
BAM	Chemin de fer Bière-Apples-Morges	156
BC	Chemin de fer Musée Blonay-Chamby	105
BD	Bremgarten-Dietikon-Bahn	654
BLM	Bergbahn Lauterbrunnen-Mürren	313
BLS	Lötschbergbahn	
	Stammstrecken	300, 310
	ehem. Bern-Neuenburg-Bahn	220
	ehem. Gürbetal-Bern-Schwarzenburg-Bahn	297, 298
	ehem. Spiez-Erlenbach-Zweisimmen-Bahn	320
BLT	Baselland Transport	505
BOB	Berner-Oberland-Bahnen	311/312
BRB	Brienz-Rothorn-Bahn	475
BT	Bodensee-Toggenburg-Bahn	870
BTI	Biel-Täuffelen-Ins-Bahn	261
BVB	Chemin de fer Bex-Villars-Bretaye	127/128
BVZ	Brig-Visp-Zermatt-Bahn	140
CEV	Chemins de fer électriques Veveysans	112
CFF	Chemin de fer féderaux suisses ➤ SBB	
CJ	Chemins de fer du Jura	
	Schmalspur	236, 237
	Normalspur	238
CMN	Chemins de fer des Montagnes Neuchâteloises	214, 222
Db	Dolderbahn	732
DFB	Dampfbahn Furka-Bergstrecke	615
FART	Ferrovie Autolinee Regionali Ticinesi	620
FB	Forchbahn	731
FLP	Ferrovia Lugano-Ponte Tresa	635
FO	Furka-Oberalp-Bahn	610, 612
FW	Frauenfeld-Wil-Bahn	841
GFM	Chemins de fer fribourgeois	
	Normalspur	254, 255
	Schmalspur	256
GGB	Gornergratbahn	142
JB	Jungfraubahn	311, 312
KLB	Krienz-Luzern-Bahn (*nur Güterverkehr*)	600
LEB	Chemin de fer Lausanne-Echallens-Bercher	101
LO	Chemin de fer Lausanne-Ouchy	103/104
LSE	Luzern-Stans-Engelberg-Bahn	480
MC	Chemin de fer Martigny-Châtelard	132
MG	Ferrovia Monte Generoso	636
MIB	Meiringen-Innertkirchen-Bahn	474
MO	Chemin de fer Martigny-Orsières	133
MOB	Chemin de fer Montreux-Oberland Bernois	120
MTGN	Chemin de fer Montreux-Territet-Glion-	
	Rochers-de-Naye	121
MThB	Mittel-Thurgau-Bahn	830
NStCM	Chemin de fer Nyon-St-Cergue-Morez	155
OC	Chemin de fer Orbe-Chavornay	211
OeBB	Oensingen-Balsthal-Bahn	412
OSST	*Dachgesellschaft von BTI, RVO, SNB*	

Ortsregister mit Streckennummern